이것이
중국의
역사다
1

중국의 현재와 미래를 읽다

이것이 중국의 역사다

1

고대부터 위진남북조 시대까지

홍이 지음 | 정우석 옮김 | 김진우 감수

애플북스

* 일러두기

인명, 지명 등은 현재 통용되는 외래어 표기법에 따랐습니다. 필요한 경우 한자음을 썼으며, 특히 근대 이전의 인명은 한자음으로 표기했습니다.

** 이미지 제공

shutterstock, Underbar dk, Stout256, Cold Season, Jbarta, Guss, Cncs Wikipedia, Taipei National Palace Museum, Brooklyn Museum, White whirlwind, Gtoffoletto, Kevin Poh, Wuchernchau, Metropolitan Museum of Art, Sinopitt, kanegen, Rolfmueller, 幽灵巴尼, Antolavoasio, Iflwlou, 周子仪, Deadkid dk, Zossolino, 三猎, Azu83, Prof. Gary Lee Todd, Jason22

목차

제3부

제국시대

제3부 제국시대

역사라는 기나긴 강물 속의
징검돌을 디디며

이 책은 중국사 입문서다. 중화민족이라는 민족 집단 전체의 흥망성
쇠를 생동감 있는 유려한 언어와 새로운 시각으로 서술해 중국사를
빠르게 이해할 수 있게 인도한다.

　역사란 생존 경쟁의 기록이다. 종의 경쟁이라는 거대한 물결에서 인
류는 수백만 년간의 노력으로 먹이사슬의 중간에서 최고 위치까지 올
랐다. 인류 사회의 내부를 들여다보면 생존 경쟁은 민족 집단의 분화
와 도태를 촉진했다. 인류 역사상 수만 개의 종족과 수천 개의 문명
대부분은 이미 생존 경쟁의 거대한 파도에 휩쓸려 사라졌다. 지금까
지 남아 있는 10만 인구 이상의 민족은 전 세계에 겨우 300여 개이며,
그중 문명을 건설한 민족은 극소수에 불과하다. 수천 개의 작은 문명
은 소멸되거나 더 크고 복잡한 문명에 녹아들었다. 중화민족과 중화
문명은 이런 역사의 발전 과정에서 특수한 위치를 차지한다.

기억을 상실한 사람이 정보를 바탕으로 기억의 체계를 다시 세우듯이, '시대의 뇌진탕'을 겪었던 중국도 역사의 정보에 의지해 가치 체계를 새로 세웠다. 대담하게 예측해보면 수십 년 내에 중국 사회에는 중국사를 새롭게 연구하는 열기가 반드시 일어날 것이다. 이 책이 '선구자'로서 탐색해보고자 한다.

각 시대에 부응하는 역사책이 필요하다

이 책은 학술 목적이 아니라 일반 독자들을 위해 쓰였다. 만일 현재 중국 사회를 사람으로 간주한다면, 평균 연령은 40세에 학력은 겨우 중학교를 졸업하고 고등학교 1학년이 되어 관념과 학식이 빠르게 성장하는 사람으로 볼 수 있다(상대적으로 독일, 미국은 평균 연령 약 38세에 14년간 교육을 받은, 즉 단과대학을 졸업한 정도다). 200년 전 또는 100년 전의 중국인 평균치와는 크게 다르다는 점을 알 수 있다. 당시 중국인은 평균 30대 초반이지만, 문맹에 가까우며 지식과 관념이 모두 전통의 타성에 젖은 채 상부에서 주입되는 식이었다.

200년 전의 중국인은 오로지 과거에 급제한 소수만 정사(正史)를 읽을 수 있었다. 대중은《삼국지연의(三國志演義)》나 창극을 통해 역사를 이해하고 역사관(통일된 것은 반드시 분열된다는 사고나 갖은 음모와 권모술수 등)을 정립했다. 이제 더 이상 그래서는 안 된다. 그렇다면《삼국지연의》가 아닌 무엇을 통해 역사를 이해해야 하는가? 이 책을 통해 '평균의 중국인'에게 적합한 역사서를 새로이 탐색하고자 한다.

우선 해결해야 할 문제가 두 가지 있다.

첫 번째로는 학술적 장애를 뛰어넘어야 한다. 고대에 저술된 진

수(陳壽, 233~297)의 《삼국지(三國志)》, 확암(確庵)의 《정강패사전증(靖康稗史箋証)》이든, 현대에 쓴 천멍자(陳夢家)의 《은허복사종술(殷墟卜辭綜述)》, 첸무(錢穆, 1895~1990)의 《국사대강(國史大綱)》이든, 또는 해외에서 출간된 존 킹 페어뱅크(John King Fairbank, 1907~1991)의 《중국: 전통과 변천(China : Tradition and Transformation)》, 호세아 발로우 모스(Hosea Ballou Morse, 1855~1934)의 《중화 제국 대외 관계사(The International Relations of the Chinese Empire)》든, 이 같은 순수 학술 또는 반(半)학술 저서를 일반 녹자들에게 강요하는 것은 적절하지 못하기 때문이다. 이는 장자(莊子, B.C.365?~B.C.270?)의 글에 나오는 제나라 왕이 바다 갈매기들에게 술과 고기로 연회를 마련해주지만 갈매기들의 입에는 맞지 않은 것과 같다.

두 번째로는 시대의 핵심이 되는 문제에 답해야 한다. 시대는 빠르게 변화하는데 역사책은 대부분 '눈을 크게 뜨고 그 뒤를 바라보지만' 시대의 변화를 따라가지는 못한다. 사회는 대변환을 겪으면서 반드시 보편적 지식과 가치관이 재결합하는 발전 과정을 거친다. 좋은 역사책은 시대의 중심이 되는 사건에 필요한 해답을 제시해야 한다. 좋은 역사책은 망원경이지 눈을 가리는 뜬구름이 아니다. 좋은 역사책은 역사의 기원과 발전을 분석하고 전략적 시야와 역사관을 제공하지, 옹정제의 여인을 다룬 드라마 〈견환전(甄嬛傳)〉처럼 궁중 암투극으로 전락하지 않는다. 따라서 시대마다 그에 상응하는 역사책이 있어야 한다.

이 책은 이런 두 가지 방면에서 탐색하고자 한다.

공자도 부족한 점이 있다

지난 100년간 중국의 역사학 연구는 서양 학문 체계를 도입하여 비약적 발전을 이루었으며 수많은 학술 성과를 거두었고, 역사책에도 큰 변화가 나타났다. 이 책은 그 가운데 지혜와 양분을 흡수했으며 당연히 그중에서 부족한 부분은 수정했다.

일반 독자들이 자주 접했던 중국 통사를 다룬 책들은 다음의 몇 가지다.

첫 번째는 민국(民國) 시대의 학술 또는 반학술 작품이다. 당시는 역사 연구의 혁신적인 시대로 다양한 역사책이 그야말로 대성황을 이루었다. 두 번째는 몇십 년간 가장 주류를 이룬 '교과서파'다. 이 책들은 한때 전국을 휩쓴 문화대혁명 시기에 숨겨야 할 핵심 서적이었다. 대표적인 작품은 판원란(范文瀾)의 《중국통사간편(中國通史簡編)》, 바이서우(白壽彝)의 《중국통사(中國通史)》가 있다. 세 번째는 《사기(史記)》, 《자치통감(資治通鑒)》 같은 고전 작품이다.

중화민국 시대의 역사학계는 고증을 중시하는 '사료파(史料派)'가 가장 큰 유파로 '경전 연구' 방식을 반대했다. 그들의 학술계 지위는 거의 독점에 가까웠다(첸무는 이 때문에 '중앙연구원'의 원사(院士)가 될 수 없었다). 보쓰녠(博斯年)은 "사학은 사료학"이라는 유명한 말을 남겼다. 이는 당시 대다수 역사책의 기본 바탕이 되었다. 그 때문에 민국 학술 작품의 역사에 대한 해석은 원리적 접근이 주를 이루는 데 반해 재미는 부족했다.

대부분 일반 독자에게 역사를 이해시키는 의의는 역사 지식을 쌓아 인식을 형성하는 데 있다. 역사는 중국 전통상 가장 귀중한 지혜다. 사료가 쌓인다고 바로 역사의 지혜가 되는 건 아니다. 사료는 본래 파편화된 정보로 '작은 데이터'(부분 기록)이지 '큰 데이터'(전면적인 기록)가 아니다. '작은 데이터'를 통해 역사를 이해하는 것만으로는 크게 부족하다. 하물며 '큰 데이터'는 아직 어둠 속에 가라앉아 있다. 우리는 나무도 보고 숲도 보아야 한다. 안타깝게도 중화민국 시대의 사학계는 그렇지 못했다.

교과서파가 역사의 공백을 메우며 왕성하게 부상하자 사료파는 제나라, 노나라의 아악(雅樂)이 정나라, 위나라의 새로운 소리를 이기지 못한 것처럼 청년들의 관심을 얻지 못했다. 역사를 단선적으로 해석한 교과서파는 역사 철학의 최고봉 위치에서 사상의 기폭제가 되어 청년들의 머릿속에 새로운 체계를 잡았다. 이는 거대한 사회 정치 운동이 사학 영역에 반영된 것이다. 청나라 이래 반세기를 풍미하고, 세계관과 사상을 무기로 삼은 금문경학(今文經學)은 그에 비할 바가 못되었다.

상전벽해, 즉 시대가 변하고 세상이 변했다. 인터넷이 광속으로 달리지만 교과서파는 앞사람이 달리는 먼지만 바라볼 뿐 따라잡지 못했다. 어떤 역사적 해석은 다시 생각해봐야 했다. 예를 들어 '원시사회-노예사회-봉건사회-자본주의 사회-공산주의 사회'라는 스탈린이 주장한 '5단계론'은 궈모뤄(郭沫若, 곽말약, 1892~1978)의 제창으로 정부의 핵심 사상이 되었다. 하지만 이는 중국사의 진실한 발전에 결코 부합되지 않았다. 현대 사회의 출현과 성장 및 그 운행 규율의 해석에서 교과서파는 할 말을 잃었으니 미래에 대한 통찰은 논할 필요도 없다. 정색하고 권위를 자랑하며 메마르고 추한 글을 쓰던 교과서파가 새로운 인터넷 세대에게 가차 없이 버림받는 것은 어찌 보면 당연한 일이었다.

최근 몇 년간 일어난 '국학 열풍'으로 고전 작품이 다시 인기를 얻는 현상은 오늘날 사회가 다시 정신을 뿌리내릴 닻을 찾고 있음을 방증한다. 하지만 고전 역사책을 읽을 때 특히 그 안의 정수와 쓰레기를 분별해야만 한다. 예를 들어 유생이 역사를 쓸 때는 자신의 주관적인 설교를 목적으로 사실을 왜곡하기도 했다. 공자(孔子, B.C.551~B.C.479)를 예로 들어보자. 당시 노나라는 네 명의 군주가 신하에게 피살되었고[은공(隱公)·민공(閔公)·공자반(公子般)·공자악(公子惡)], 쫓겨난 자가 한 명[소공(昭公)]이며, 노환공(魯桓公)은 제양공(齊襄公)이 이복여동생 문강(文姜)과 근친상간한 일을 폭로해 제나라에서 치욕스럽게 암살당했다. 이런 중대한 사건들을 공자는 《춘추(春秋)》에서 완곡하게 감추었다. 공자의 제자들은 심지어 공공연하게 노나라에서는 신하가 임금을 시해한 일이 없다고 공언했다[《예기(禮記)》 〈명당위(明堂位)〉]. 맹자(孟子, B.C.372~B.C.289)가 주장한 역사 또한 거짓이 적지 않으며, 오히려 그가 반대한 역사가 진실인 경우가 많았다.[1] 사마광(司馬光, 1019~1086)이 쓴 《자치통감》은 '위대하고, 높고, 완전한' 인물 이미지를 만들어내기 위해 도잠(陶潛), 유비(劉備) 같은 '이상적 인물'의 결점은 선택적으로 무시하고 부정적인 정보는 걸러냈으며 긍정적인 부분만 부각했다.

　　그 밖에 정부 기관에서 주관해 편찬한 역사서는 정치적 입장을 갖는다. 사관은 독립적으로 보이지만 배후에는 늘 '보이지 않는 손'이 있다. 청나라 시기에는 이민족 정권이 체계적으로 삭제하는 일도 있었다. 이를 보면 영국의 역사가 토인비가 말한 대로 '역사는 승리자의 선전'이다.

1　몽문통(蒙文通), 《고사견휘(古史甄徽)》에서는 《맹자》에 나온 열네 가지 일에 대해 '맹자가 칭찬한 일은 의심이 가고, 맹자가 질책한 것은 믿을 만하다'라고 분석했다.

종합하면 이 책은 두 가지 목표를 추구한다.

첫 번째는 최근의 학술 연구와 고고학적 발견을 근거로 이전의 역사서를 종합하고 학술적 정확성을 추구해 서술한다. 프랑스 정치가가 러시아를 풍자하며 한 말이 있다. "러시아에서 역사는 차르의 재산이다(차르의 마음대로 좌지우지해 날조한다)." 필자는 이런 비웃음은 면할 자신이 있다. 이 책은 첨단 고고학과 분자인류학(分子人類學, DNA 등을 분석해 인류의 원류와 발전을 파악해나가는 학문-옮긴이) 등 수많은 분야의 새로운 연구 성과를 도입해 이전의 역사서보다 더욱 진상에 접근했다. 이는 선배 학자들이 하지 못한 일이다.

두 번째는 독립된 정신과 자유로운 사상으로 역사의 변화와 발전 뒤에 숨겨진 원리를 탐구해 역사의 폭풍우를 일으킨 날갯짓을 한 나비를 찾는 것이다.

역사의 나비를 찾다

역사의 발전 과정은 거대한 혼돈과 같다. 혼돈 중에서도 역사의 기원과 발전 과정을 분석하면 약간의 규율과 인과를 찾을 수 있다. 춘추시대 제나라 재상 관중은 "예의염치는 국가의 사유다(禮義廉恥, 國之四維)"라고 했다. 여기서 '사유'를 국가의 흥망을 결정하는 가장 중요한 요소로 보았는데, 이는 당연히 맞지 않는 소리다. 한 나라의 흥망성쇠를 진정으로 결정하는 것은 두 가지 근본 요소, 즉 제도와 민족의 유전적 자질이다. 민족의 유전적 자질은 잠재력을 대표하며, 제도는 잠재력이 발휘되는 정도를 결정한다. 국가의 발전은 이 두 가지가 누적되어 이루어진다. 민족의 유전적 자질은 다양하고 제도의 시스템도 천차만별이기에 둘의 조합에 따라 인류와 세계가 나뉜다.

관련 학과(제도경제학)가 비교적 늦게 생겼기 때문에 선배 학자들은 제도를 깊이 이해하지 못했다. 중국사에 대해서는 이미 매우 세밀하게 고찰했지만, 일부 학자는 역사 속 제도를 발견하지 못했다. 이는 장자의 글에 나오는 부엉이의 시력처럼 어떤 때는 짐승의 가는 털을 보기도 하지만 어떤 때는 눈을 크게 뜨고도 산을 보지 못하는 것과 마찬가지다. 필자가 보기에 역사학계는 중요도 면에서 이차적인 전문적 지표를 중국사의 시기를 나누는 기준으로 삼곤 했다. 하지만 이 책에서는 제도의 변천을 기준으로 중국사의 변화와 발전을 새롭게 분석한 뒤, 중국사를 '혼돈의 시대-봉건시대-제국시대-대국의 길을 묻는 단계', 이렇게 네 단계로 구분해 새로운 프레임으로 삼았다.

민족의 혈통을 통한 유전적 자질은 불변의 정수이고, 제도는 변수로 간주할 수 있다. 역사의 흥망성쇠는 정수와 변수의 함수 작용을 통해 결정된다.

물론 역사의 흥망성쇠는 매우 복잡하다. 그것을 촉진하는 요소는 위에서 밝힌 두 가지 외에도 굉장히 많다(상대적으로 덜 중요하지만). 역사의 발자취는 그러한 요소가 힘을 합쳐 작용함으로써 남은 것이다. 예를 들어 무예를 숭상한 상무(尙武)정신의 흥망은 중국 역사상 독특하고 중요한 작용을 했다. 대체로 상고시대부터 전한(前漢, 西漢이라고도 한다-옮긴이)까지는 무예를 숭상한 시대였고, 전한 중기 특히 후한(後漢, 東漢이라고도 한다-옮긴이) 이후에는 무예를 숭상하는 정신이 점차 사라졌다. 짧은 기간에 무예 숭상이 부흥했을 때 국가는 강성했지만(예를 들어 당나라, 명나라 초기) 국력이 약해지고 상무정신이 사라지면 국운은 장기간 하락했다.

상무정신은 문화의식의 범주에 속한다. 문화의식이 경제 발전과 국가 흥망에 끼친 작용을 논술한 가장 유명한 저서는 아마도 막스 베버(Max Weber, 1864~1920)의 《프로테스탄트 윤리와 자본주의 정신》일 것이다. 중국의 전통은 문화정신 영역을 지극히 중시한다. 공자와 그 후학들은 "가르침만 있을 뿐 가르치는 대상을 차별하지 않는다(有敎無類)"라고 주장했는데, 이는 중국에 2,000여 년간 영향을 미쳤다. 그 근원을 연구해보면 종족 차이 등 기타 요소를 뛰어넘어서 문화의식을 '보편적'으로 높이 평가했음을 알 수 있다. 이는 포르투갈 사람이 천주교를 유일한 종교로 인정해, 게르만족이든 인디오든 천주교를 믿기만 하면 동족으로 간주하는 것과 같다.

사실 문화의식이 역사에 미치는 작용은 상대적으로 덜 중요하다. 지구의 공전은 태양의 만유인력으로 일어난다. 다른 별의 인력은 상대적으로 덜 중요하며, 지구 공전에 미치는 가장 큰 작용은 궤도를 원형에서 타원형으로 만드는 정도다. 굳이 비유를 하자면 문화의식은 바로 '다른 별' 중 하나다.

문화의식은 제도와 마찬가지로 한 민족이 창조하고 계승할 수도 있고, 후천적으로 선택할 수도 있다. 문화의 선택은 때로는 주동적이고 때로는 피동적이다. 인류 역사를 보면 피동적인 선택이 대부분이다. 예를 들어 현재 인류 가운데 대부분의 사람들이 말하는 언어는 사실 그들의 조상을 도살한 정복자들이 사용하던 언어다. 물론 주동적으로 문화를 선택할 때도 있다. 위구르족(Uighur)은 원래 불교를 믿었으나 이슬람이 동쪽에서 일어나 확장된 후 이슬람교로 개종했으며, 선비족(鮮卑族)은 원래 샤먼교를 믿었으나 북위 효문제(孝文帝) 때 한족 문화를 그대로 받아들였다.

중국은 역사상 수차례 문화를 선택했으며 문화 변천의 조류도 줄곧 끊이지 않고 이어졌다. 첫 번째 대규모의 '서학동점(西學東漸, 서양 학문의 동양 유입)'은 남북조·수당 시기의 불교 유입이다. 두 번째는 아편전쟁 이후 출현한다. 신문화운동 중 후스(胡適, 1891~1962)의 전면적인 서구화나 구제강(顧頡剛, 1893~1980)의 중국 고사(古史) 부정이나 첸쉬안퉁(錢玄同, 1887~1939)의 한자 폐기 등의 주장은 이러한 사조의 극단적인 상태를 대표하는 것이었다.

문화는 창조할 수도, 선택할 수도 있다. 제도는 자생하거나 이식될 수도 있다. 역사를 고찰해보면 성패의 절반은 인력에, 절반은 하늘에 달렸다. 그리고 그 '인력'은 민족의 천부적 유전자로 발휘된다.

중국의 재인식: 함께 명월을 보며 눈물을 흘리다

인류의 생존은 공동체 의식에 의존한다. '역사'는 중국에서 특수한 의미를 가지며, 예로부터 지금까지 화하(華夏, 중국과 한족에 대한 명칭 또는 중국의 다른 이름-옮긴이)의 정신세계를 구성하는 핵심적인 저장 장치였다.

수백 년간 이기적인 모리배와 위선자 의식이 대다수 중국인의 심리를 지배했지만, 이런 분위기 속에서도 중국의 진정한 '선비'는 '천하의 흥망은 필부에게도 책임이 있다'는 정신을 포기한 적이 없었다. 중국을 위해 분투한 사람들이 무너지면 새로운 이가 그 뒤를 이어 계속 앞으로 나아갔기 때문에 중화는 끊임없이 번성했다. 중국이 피의 불길 속에서도 강인하게 버텨낼 수 있었던 데는 역사의식의 공이 크다.

하지만 역사의식은 이제 더 이상 군건하지 않다. 닐 포스트먼(Neil

Postman, 1931~2003)은 《죽도록 즐기기(Amusing Ourselves to Death)》에서 다음과 같이 주장했다. "문화정신을 시들게 하는 데는 두 가지 방법이 있다. 즉, 문화가 감옥이 되는 오웰 방식과 문화가 광대극이 되는 헉슬리 방식이다." 중국으로서는 문화정신의 고갈이 전혀 불가능한 일이 아니다.

중국을 현대화하려면 고전 문명을 새롭게 재창조하는 것이 핵심 임무다. 그중 핵심 가치 체계의 좌표는 역사에서 찾아야 한다. 제사, 전쟁, 처지, 신명, 종족, 고향 등은 모두 고대 사람들이 중시한 인생 가치로 그 속에 생존을 위한 유전자와 비밀이 담겨 있다.

"다 같이 밝은 달 바라보며 눈물 흘릴 것이니, 온 밤을 고향 그리는 마음 다섯 곳이 같으리라(共看明月應垂淚, 一夜鄕心五處同)." 이제 중국사도 재인식할 필요가 있다.

인류의 모든 문명은 현대화라는 거대하고 쉽지 않은 변화를 거쳐야 한다. 이 과정에서 일부는 성공하고 일부는 실패할 것이다. 성공하는 이는 번영을 향해 가고, 실패하는 이는 고통을 감내해야 한다. 우리는 중국사의 대전환이라는 거센 물결 한가운데서 돌멩이에 발을 디디고 서 있다. 저 멀리 어렴풋이 피안이 보이지만, 그곳에 도달하는 것은 그렇게 순조롭지 않다. 사방에 암초가 있기 때문이다. 역사는 경로의존성(Path Dependence, 과거에 선택한 부분이 관성 때문에 쉽게 바뀌지 않는 현상-옮긴이)이 있어, 비약하기 어렵다.

뱁새가 울창한 숲에 둥지를 틀 때 나뭇가지 하나로 족하고, 두더지가 강물을 마신다 해도 자신의 배를 채우는 데 불과하다(鷦鷯巢於深林 不過一枝, 偃鼠飮河不過滿腹). 수천 년에 달하는 중국사를 통찰하는 것은 개인의 힘으로는 영원히 역부족이다.

선배 사학자들은 진작 이를 감지했다. 장인린(張蔭麟)은 "중국 통사를 쓰는 것은 영원한 모험이다"라고 했고, 구제강은 "한 사람의 역량으로 통사를 쓰는 것은 가장 어려운 사업이다"라고 했다. 심지어 천인커(陳寅恪, 1890~1969), 장타이옌(章太炎), 량치차오(梁啓超, 1873~1929) 등 사학계의 대가도 중국 통사를 저술하려 했으나 하지 못했다. 이런 배경에서 필자가 부족한 재능으로 역사를 저술하는 것은 (설령 이 책이 통사라고 하기에는 부족하고 역사를 읽는 작은 책자라고 해도) 말(斗)로 바다의 깊이를 재려는 것과 대나무 대롱으로 하늘을 보려는 것에 비유할 수 있다. 그래도 나라의 흥망에는 필부의 책임도 있다며 돌아가신 스승 주지하이(朱季海, 1916~2011, 국학대사이자 장타이옌의 마지막 제자) 선생도 나에게 간절한 희망과 기대를 걸어주셨기에 도의상 거절하지 못했다. 이제 왕개미의 진력을 다해, 긴 강줄기에 물 한 방울을 봉헌하고, 좁쌀을 창해에 바치고자 한다.

왕선산(王船山, 1619~1692)의 시에 "육경은 나에게 새로운 모습을 보여 달라고 채근하는데(六經責我開生面)"라는 내용이 있다. 나를 '채근'하는 것은 시대의 압력이다. 통속적인 읽을거리는 지나치게 무거운 의미를 담을 필요가 없지만 중국사의 특수성 때문에 시대가 부여한 부담을 무시할 수는 없었다. 이에 시 한 수 지어 서문으로 삼겠다.

긴 강은 거세고 도도한 물줄기로 나는 듯 흘러가는데, 책을 덮고 들으니 만 마리 말이 달리는 듯하네. 눈에 보이는 모든 것이 누가 역사를 쓸지 묻는데, 홀로 횃불을 들어 중국을 비추네.

홍이(弘億)

인류가 유인원에서 사람으로 진화한 것은 이미 수백만 년 전의 일이지만 문자가 기록된 지는 불과 수천 년에 지나지 않는다. 인류는 수백만 년의 시간 동안 먹이사슬의 중간 단계에서 최고의 자리에까지 올랐지만, 이 시기의 역사는 문자 기록이 없어서 유사 이전 문명사라고 불린다. 문자가 출현한 이후의 역사를 인류 문명사라고 한다.

인류 사회의 발전은 가속도의 과정이다. 서양의 학자들은 인류가 사용한 도구에 따라 인류 초기의 역사를 석기시대, 청동기시대, 철기시대로 구분한다. 그중 백만 년 이상 지속된 석기시대가 인류 역사의 대부분을 차지한다. 그 마지막 부분은 '신석기시대'라고 부르는데, 이때 만들어진 도구가 그 이전에 만든 석기 도구보다 더욱 정교했기 때문이다. 신석기시대는 지금으로부터 겨우 1만여 년 전이다.

이 책은 지나치게 오래전 역사는 깊이 다루지 않고 중화 문명이 싹튼 시기에서 시작하려 한다. 즉 속칭 '중국 5,000년 역사'를 황제 시기부터 시작하려 하며, 이는 시간상 신석기시대 말기에 속한다. 이 초기 단계는 천지가 처음으로 개벽하고 문명의 서광이 비치기 시작한 시대로 '혼돈의 시대'라고 이름 지었다.

제 **1** 부

혼돈의 시대

다시 쓰는 중국 상고사

: 중화 문명의 기원

중화 문명은 어떻게 기원한 것일까? 수천 년 동안 사람들은 사서의 기록과 유교 경전의 묘사를 근거로 '삼황오제(三皇五帝)'가 중국인의 조상이며 황제로부터 요(堯)·순(舜)·우(禹)로 이어지는 계보와 하(夏)·상(商)·주(周)로 이어지는 역사를 당연하게 여겼다. 이 혈통의 서사는 완벽하고 체계적인 기록이어서 누구도 다시 고찰하거나 의심하지 않았다.

하지만 이런 관점은 100년 전에 깨졌다. 당시 중국 전통문화에 의구심을 품고 일어난 '신문화 운동'은 사학 영역에 반영되었고, 구제강·후스·첸쉬안퉁 등을 대표로 하는 '고사변파〔古史辨派, 의고파(擬古派)〕'가 출현했다. 그들은 서양에서 고대 자료를 정리한 방법을 사용해 고대 문헌과 사서를 새롭게 분석했고, 중국 고대사 속의 전설은 믿을 만하지 못하다고 여겼다. 구제강은 "고대사는 겹겹이 쌓아서 만든 것이다. 발생한 순서대로 배열한 것이 아니라 거슬러 올라가면서 배열한 것이다"라고 말했다. 그는 '삼황오제' 시대 전체를 부정하고 고대사에 기록된 황금시대도 부정했다. 후스는 "동주(東周) 이전에는 신뢰할 만한 역사가 없다"라고 공언했다. 구제강은 심지어 '고증'을 통해 대우(大禹, 중국 고대의 전설상의 하 왕조 시조-옮긴이)는 벌레일 뿐 사람이 아니라고 추정했다. 전통적인 고대사 체계는 무너지고 대통일 관념도 의지할 곳을 잃어버렸다.

"이전에 중국의 지식인들은 중화 문명의 기원에 대한 문제를 중시한 적이 없었다. 중국 전통 사학에서 '삼황오제'는 당연한 존재였기 때문에 문명의 기원은 아무런 문제가 없었다. 그러나 신문화 운동을 전개한 고사변파는 기본 신념을 흔들어놓았다." 북경대학교의 고고문박학원(考古文博学院) 학장 자오훼이(趙輝)가 한 말이다.[1]

우리는 어디서 온 것일까? 중국인은 전 세계 대다수 수많은 민족처럼 자기의 기원을 찾기 어려운 것이 아닐까?

푸단(復旦)대학교 역사학과 교수 황양(黃洋)은 말했다. "역사란 인류의 집단 기억이다. 그 기원을 잃어버리고 인류는 기억을 상실했다. 우리는 지금까지 자칭 염황(炎黃, 염제(炎帝) 신농씨(神農氏)와 황제(黃帝) 헌원씨(軒轅氏)-옮긴이)의 자손이라 했으나 만일 염황의 존재 여부조차 확실하지 않다면 난감하지 않겠는가." 따라서 탄탄한 과학적 연구를 통해 정확한 사실을 기초로 상고사의 체계를 재정립하는 것이 지난 100년간 사학계의 중요한 과제가 되었다.

1925년 저명한 학자 왕궈웨이(王國維, 1877~1927)는 고대사를 고찰하려면 문헌학과 고고학에서 이중의 증거가 필요하다고 제시했다. 땅

---

1 《삼련생활주간(三聯生活週刊)》.

속에서 발견된 고고학 자료를 문헌사료에 보충하고 개정하려면 직접 사료와 간접 사료가 서로를 인증해야 역사의 진위를 분석할 수 있다는 것이다. 예를 들어 만일 상고사 책에 기록된 어떤 일과 관련된 문물이 출토되어 그 일을 입증한다면 그 부분의 기록은 틀림없이 믿을 만하다.

이에 중국 학술계의 상고사 재정립과 문명의 기원에 대한 의문에 고고학이 한 줄기 희망을 주었다. 중국 학술계는 주동적으로 서방에서 유래한 학문을 받아들이기 시작했다. 고고학으로 고대사의 전설을 입증하고 믿을 만한 고대사를 재정립하는 것이 최근 한 세기 전 중국 1세대 고고학자들의 기본 마음가짐이었다.

1926년 하버드대학교의 인류학 박사이자 고고학자인 리지(李濟, 1896~1979)가 산서성(山西省) 임분(臨汾)에서 진나라 남쪽 지역을 현지 조사한 뒤 서화음촌(西華陰村)을 발견했다. 이는 중국 고고학자가 독립적으로 진행한 첫 번째 현지 작업이었다.

이후 중국에서 대대적인 고고학적 발굴이 시작되었다. 21세기를 맞아 고고학 연구는 더욱 광범위해졌다. 과학기술부가 2002년 입안한 '중화문명탐원공정'에서 전통의 역사, 고고학 등 학과 외에 환경사학, 물리, 화학, 지리, 컴퓨터, 동식물, 의학, 인류 유전학 등 거의 모든 자연과학 분야를 아우른 것이 한 예다.

100년 동안 고고학 분야가 중요한 진전을 계속해서 이루면서 나날이 더 많은 고대사 기록이 입증되었다.

중국 하나라와 상나라 왕들의 계보는 '고사변파'에서 의문을 제기함으로써 전설로 간주되어 학술계의 인정을 받지 못했다(구제강은 이 부분의 역사를 이야기로 봐야 한다고 주장했다). 하지만 20세기 상반기 갑골문(甲骨文)의 발견으로 《사기》 중 상나라 제왕 가계의 많은 부분이

은허 갑골문

확인되었다. 왕궈웨이는 《사기》〈오제본기(五帝本紀)〉에 나오는 제곡(帝嚳, 중국 고대의 전설에 나오는 오제의 한 사람 - 옮긴이)이라는 인물이 실제로 존재했음을 고증으로 밝혀내,[2] 《사기》에 기록된 상나라 기계도 신뢰할 수 있다는 것이 증명되었다. 이처럼 고사변파가 뒤집었던 하나라·상나라의 가계에 대한 전설은 다시 믿을 만한 증거를 획득했다.

1928년 상나라의 수도 '은허(殷墟)' 유적지가 하남(河南)성 안양(安陽)시에서 발굴되었다. 은허는 중국 역사상 첫 번째로 고고학과 갑골문으로 실존을 증명한 도시 유적지다. 은허의 발굴은 중국 상 왕조의 존재를 확증했으며 중국 고대 초기 역사의 프레임을 새로 구성해《사기》〈은본기(殷本紀)〉 등 전통 문헌에 기록된 상나라 역사가 신뢰할 만한 역사임을 다시 한 번 확인해줬다.

1959년 역사학자 쉬위성(徐旭生, 1888~1976)은 상고 사적의 기록에 근거해 하남 언사(偃師) 이리두촌(二里頭村)의 울창한 밀밭 지하에서 도시 유적지를 발굴했다. 약 3,700년 전에 형성된 것으로 보이는 이곳은 고고학자들의 연구를 통해 하나라 말기, 상나라 초기 유적지로 밝혀졌다.

'이중 증거법'으로 증명된 역사는 이미 하나라·상나라까지 거슬러

---

2 왕궈웨이, 《은복사소견선공선왕고(殷卜辭所見先公先王考)》.

올라갔다. 하지만 하나라 우왕 이전의 역사는 전설일 뿐 아직 고고학적 증거를 찾지 못했다. 해외 학자들은 이 부분의 역사에 대해 의문을 품었다.

그러다 마침내 상황이 전환될 기미가 보였다. 2002년 중국 사회과학원 고고학연구소가 산서 양분현(襄汾縣) 현성에서 약 15리 떨어진 도사촌 남쪽 밀밭에서 대규모의 상고시대 도성(都城)을 발굴했다. 도성은 전성기 때 면적이 4,000여 묘(280만 제곱미터)에 달해 현재 칭화대학교 교정과 비슷한 크기다. 이 발견으로 역사는 요순시대, 즉 하나라 건립 이전의 시기까지 한 걸음 더 거슬러 올라갔다.

산서 양분 도사 유적지는 왕족의 묘지·궁전 터·하층 귀족 거주 지구·일반 백성 거주지·수공업 공장 지구 등 도성의 기본 요소를 모두 갖추었다. 이 발견으로 고고학이 증명한 중화 문명의 기점이 이리두 유적지가 표명한 3,700년 전의 하상 시기보다 500년 더 앞당겨져 지금으로부터 4,200년 전으로 거슬러 올라갔다. 고서의 연대 기록에 근거해 이는 요순 시기에 해당한다.[3]

유적지 중 고대 기상대는 방사성탄소연대측정법을 통해 대략 기원전 2100년경에 사용되었다는 것이 밝혀졌다. 이 기상대는 4,000여 년 전 사람들이 이미 대형 건축 설계를 통해 절기를 측정했다는 것을 보여준다. 여기서 두 개의 아름다운 채색 용무늬 도자기 그릇도 출토되

---

3 도사 유적지는 시간상 요순 시기와 일치한다. 하지만 요순 두 제왕 본인이 거주한 도성은 아니다. 직접적인 증거가 없기 때문에 학계는 이에 대해 신중한 태도를 보이고 아직 완전히 확정적인 결론을 내리지 않았다. 중국 사회과학원 고고학연구소의 연구원이자 도사 유적지 고고대의 대장 허누짜이(何努在)는 《경화시보(京華時報)》와 인터뷰에서 다음과 같이 말했다. "현재의 상황에서 보면 도사 유적지는 요의 수도 평양(平陽)일 가능성이 가장 큽니다." 현재 관련 연구를 추진하고 있어 머지않아 명확한 결론을 내릴 수 있을 것이다.

었다. 직경 30센티미터에 내부를 용으로 장식했으며 용의 입에 소나무 가지가 물려 있다. 화하족의 용 토템이 이미 출현했다는 것을 알 수 있다. 그 밖에 윗부분에 짙은 붉은색의 고문자가 몇 개 쓰여 있는 도자기 편호(넓적한 항아리)도 출토되었다. 이는 상나라의 갑골문보다 최소한 700~800년 더 앞선 것이다. 이 모든 것은 당시의 문명이 이미 매우 높은 수준이었음을 잘 보여준다.

2011년 고고학자들이 산서성 신목(神木)에서 석란(石卵) 고성 유적지를 발견했다. 석란 고성의 규모는 연대가 비슷한 양저(良渚) 유적지(저장성, 약 300만 제곱미터)와 도사 유적지(산서, 280만 제곱미터) 등 이미 알려진 유적지보다 훨씬 크다. 지금까지 발견된 중국 선사 시기 유적지로는 가장 큰 규모로 자금성의 6배에 달한다. 석란 고성과 주위 위성도시의 주인이 누구인지는 현재로서는 확인할 수 없지만, 많은 학자가 헌원 황제의 영지일 가능성이 높다고 추측한다. 기타 소규모의 고고학적 발견은 일일이 열거할 수 없을 정도로 많다.

리지 교수는 "은허를 발굴한 경험은 중국 고대사의 구성이 매우 복잡한 문제라는 점을 알려준다. 상고의 전설은 결코 완전한 거짓으로 치부할 수 없다. 그 전설의 가치를 섣부르게 평가해서는 안 된다. 새로운 자료를 더 찾아 한 걸음씩 구성된 분자를 분석한 뒤 개별적으로 취해야 한다. 이렇게 자료가 누적되면 믿을 만한 중국 상고사를 쓸 수 있게 될 것이다"라고 말했다.

이와 동시에 몽문통, 쉬위성, 보쓰녠 등 수많은 학자도 문헌학을 기초로 새롭게 상고사를 정리해 그 당시 중국의 맥락을 이론적으로 복원하려고 했다. '삼대집단설', '이하동서설(夷夏東西說)' 등 혼돈의 시대 상황에 대한 새로운 묘사가 점차 나타나고 있다. 몽문통과 쉬위성은 각자 독립적 연구로 상고 시기 중국 대지에 삼대 부족 집단이 존재했다고 마치 약속한 듯 일치된 결론 내렸다.

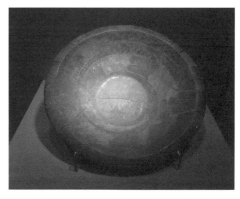

산서 양분 도사 유적지에서 출토된 붉은색 용무늬 도자 그릇

비록 중화 문명의 기원에 대한 탐색이 완성되려면 아직 멀었지만, 대량의 고고학적 실증과 고대사의 새로운 정리를 통해 상고 시기의 중국에 대한 윤곽이 점차 뚜렷해지고 있다. 수많은 학술 연구를 토대로 수십 년 전과 비교했을 때 중국사에 대한 인식은 크게 진일보했다. 사실 구제강이 대우를 고증하며 한 마리 벌레라고 주장했을 때 사용한 방법은 억지로 끌어 붙인 면이 많다. 후에 호사가들은 구제강의 논리에 맞춰 고증해보면 '구제강'은 한 마리 새라고 떠들어댔다.[4]

중국 상고시대의 역사는 100년 동안 '고전에 대한 믿음-고전의 파괴-새로운 고전의 건설'이라는 길을 걸어왔다. 이는 근대 중국 사회의 궤적과 꼭 닮았으며 중국인이 100년간 걸어온 사상 노정의 축소판이다. 중국인은 한때 고대 사람을 의심 없이 깊이 믿었다가, '5·4 운동', '문화대혁명'의 망치 아래 철저하게 무너졌다. 오늘날 서양 문명을 포용한 후 문득 돌아보니 네모난 글자가 가득 기록된 잔간(殘簡)과 황권

---

4 구제강 자신도 후에 대우가 벌레라는 관점을 포기했다.

(黃卷)이 (근대 이전 전통시대에 죽간과 종이에 남긴 기록들을 지칭한다) 가물가물 꺼져가는 등불 아래서 빛을 발하고 있었음을 뒤늦게 발견했다. 시대는 도도하게 앞으로 향하고 우리는 역사의 분수령에 서서 '정-반-합'이라는 100년간의 노정을 뚜렷하게 보았다.

이 책에서는 100년간의 고고학적 발견과 역사 문헌을 상호 참조해 혼돈의 시대를 묘사할 것이다. 이전의 역사 서적에서는 이 두 가지를 대부분 분리해놓았지만 이 책에서는 두 가지를 번갈아 참고한다.

이 두 가지 방법을 사용해 역사를 들여다보기 전에 우선 신화와 전설의 시대를 이야기해보자.

신화, 역사와 민족정신

문자가 생기기 전에 인류의 역사는 입에서 입으로 전해졌으며 이를 전설이라고 했다. 전설보다 더 오래된 전설은 까마득한 신화가 되었다. 신화와 전설의 시대와 삼황오제 시대는 중국 상고 역사상 혼돈의 시기였다. 민족을 사람으로 의인화한다면 신화는 어린 시절 꿈나라 이야기 같은 것이다. 우리가 신화를 탐색하는 이유는 첫째, 그 속의 사실을 고증하기 위해서고 둘째, 민족 문화 속에 스며 있는 유전인자, 오늘날 여전히 우리의 혈관 속에 거세게 흐르는 민족정신을 찾기 위해서다.

신화: 민족의 역사와 문화의 축소판

성인은 자신의 갓난아기 시절을 기억할 수 없다. 이와 마찬가지로 화하민족의 유년 시기는 너무 오래전 일이기에 오늘날 우리는 이미 아득히 멀어 알 수가 없다. 다행히 대대로 전해 내려오는 신화 덕분에 화하민족의 유년 시기 정신세계를 엿볼 수 있다.

신화는 한 민족의 자기 생명의 역사 이전 상태에 대한 추억이고, 자기 문명의 출발점에 대한 상상이다. 이러한 신화를 통해 그 민족의 생명과 문명의 창조를 가장 원초적으로 이해할 수 있다. 그러므로 신화는 민족정신의 진면목을 가장 집중적으로 반영한 민족의 역사, 문화의 축소판이라 불리며 민족 영혼의 가장 깊은 곳에 존재한다.

독일 심리학자로서 프로이트(Sigmund Freud, 1856~1939)의 제자이자 《주역(周易)》의 추종자인 융(Carl Gustav Jung, 1875~1961)은 "한 민족이 만일 신화를 잃어버린다면 그 어디에서든, 설사 문명사회에서라도 도덕적 재난이다"라고 말했다.[1]

강성한 문명의 탄생 이야기

중국 상고 신화를 살펴보면 강한 생명력이 솟구쳐 오른다. 바다의 파도 소리 같고, 사자의 울부짖음 같다. 중국 신화의 핵심은 문명의 창조에 있다.

고대 그리스 신화에서는 인류 문명의 모든 것, 즉 불·문자·의료·약·차·배 등이 전부 신에게서 나온다. 하지만 중국 신화에서는 이 모든 것들을 인류의 영웅이 창조한다. 나중에 중국인들은 이들 영웅을 감사하는 마음으로 추앙하고 제사를 지내며 신으로 숭상했다. 이것

---

1 융, 《원형과 무의식(Archetyp und Unbewusstes)》.

이 바로 중국인의 신이며 문명을 창조한 영웅이다.

인류 역사상 수천 개 이상의 민족이 출현했지만, 그중에 일부만이 문명 창조의 능력을 지녔는데 그중 하나가 화하민족이다. 화하민족의 문명 창시 능력은 후세에까지 길게 이어졌고 이는 역사적 사실을 고찰해보면 잘 알 수 있다. 창조와 학습 능력의 겸비는 화하민족의 특징 가운데 하나다(상대적으로 일본 민족은 학습 능력과 타인이 만들어놓은 기초를 바탕으로 최적화시키는 능력은 뛰어나지만 창조력은 거의 제로에 가깝다).

전설 속에서 수인씨(燧人氏)는 나무를 문질러 불씨를 얻고, 유소씨(有巢氏)는 집을 만들고, 신농씨(神農氏)는 의약을 발명하고, 후직씨(后稷氏)는 농경을 창조하고, 황제(黃帝)는 옷·활·지남차를 발명하고, 곤(鯀)은 축성술을 발명하고, 황제의 아내 누조(嫘祖)는 양잠을 발명해 천을 짜고, 창힐(倉頡)은 문자를 창조하고, 치우(蚩尤)는 병기를 발명했으며, 백익(伯益)은 우물 파는 기술을 발명하고, 해중(奚仲)은 수레를 발명하고, 공고(共鼓)와 화적(貨狄)이 배를 만들고, 이(夷)는 전투할 때 치는 북을 만들고, 영륜(伶倫)은 음악을 발명하고, 예수(隸首)는 산술을 발명했다.

그중 가장 전형적인 것은 복희씨가 팔괘(八卦)를, 그리고 신농씨가 백초를 맛본 이야기다.

복희씨의 이야기를 살펴보자. 수인씨가 인류에게 불을 사용해 음식을 익혀 먹는 법을 가르친 이후로 사람들은 더 이상 짐승의 고기를 날것으로 먹지 않게 되었다. 그리고 복희씨가 백성들에게 '끈을 묶어서 그물을 만들어 물고기 잡는 법'을 가르침으로써 물고기를 잡고 사냥을 하는 시대에 들어섰다. 하지만 사람들은 여전히 비바람과 천둥 등 기후의 변화를 몰라 어떻게 위험한 재난에 대처해야 할지 알 수

〈복희여와도〉 _ 하체는 뱀 또는 용이고, 상체는 사람이다

없었다. 복희씨는 하늘을 우러러 관찰하고 땅을 굽어 살피며 어둠 속에 담긴 철학적 이치를 사유했다. 그 후 황하에서 등에 '하도(河圖)'가 그려진 용마가 용솟음쳐 나오고, 등에 '낙서(洛書)'가 쓰여 있는 신귀가 낙수(洛水)에서 헤엄쳐 나왔다. 복희씨는 하도와 낙서의 계시를 통해 우주가 음양(陰陽) 두 가지의 근본적인 역량으로 조성되었음을 깨닫고 음양의 서로 다른 조합을 근거로 팔괘를 그려 상징, 지시, 우주 간의 각종 현상을 예측했다. 사실상 팔괘는 상고 시기의 생존을 미리 경고하는 부호로 이해할 수 있다. 사람들은 팔괘의 지시를 근거로 재앙을 피하고 생존했다.

신농씨가 백초를 맛본 이야기는 다음과 같다. 신농씨는 인간의 질병을 치료하기 위해 각종 식물을 맛보고 생약을 만들어냈지만 나중에 독초를 잘못 먹고 죽었다. 신농씨가 백초를 맛본 것은 아마도 실제 있었던 일을 모방해 만들었을 것이다. 이는 중국 전통 의학(中醫)의 기원이 된다.

상고시대 신화는 중국인이 죽음을 전혀 두려워하지 않았다는 것을 보여준다. 반고(盤古)는 하늘과 땅을 분리하라는 명을 완성한 뒤 죽음을 맞이했다. 그가 죽은 후 그의 몸은 대자연으로 돌아가 세상의 만물이 되었다. 그의 기는 바람과 구름이 되었고, 목소리는 천둥이 되고, 왼쪽 눈은 해가, 오른쪽 눈은 달이 되었다. 사지와 오체는 사극(四極)과 오악(五岳, 중국 역사상 5대 명산의 통칭. 동악태산(東岳泰山), 북악항산(北岳恒山), 남악형산(南岳衡山), 서악화산(西岳華山), 중악숭산(中岳嵩山)을 가리킴 - 옮긴이)이 되었고 피는 강물이, 혈관은 길이 되고 근육은 토지가 되었다. 머리카락은 별이 되고, 피부는 초목이 되었으며, 뼈와 이는 금석이 되고, 땀은 강물이 되었다.

중국의 상고 신화는 인류가 자연을 정복하고 생명의 의지로 여러 신에게서 승리하는 이상으로 가득하다.

하 왕조 대우의 치수(治水)는 노동으로 자연을 정복한 이야기다. 이 전설은 전 세계 각 민족의 신화 전설 중에서도 대단히 특이하다. 홍수 신화는 자연의 훼손과 인류의 재생에 관한 신화로 옛날 어느 시기 인류가 모든 것을 파괴하는 홍수를 만나 어려움에 처한 뒤 살아남은 사람들이 다시 살아가는 인류의 새로운 번성을 상징한다. 많은 민족의 신화와 전설에는 홍수가 등장한다. 고대 그리스, 로마 신화에도 인류가 홍수를 피하거나 홍수에 집어 삼켜져 소멸한다. 이스라엘 유대 민족에게 전해져온 《성경》에도 하느님이 홍수로 인류를 멸망시키고 노아만이 방주를 만들어 세상의 각종 생물을 구하는 내용이 기록되어 있다. 중국의 홍수 신화 전설은 그중 특이하게도 마지막에 사람의 힘으로 홍수를 극복한다.

대우가 물을 다스린 전설은 학자들의 고증을 거쳐 이미 신뢰할 만한 역사로 확인되었다. 하나라 또는 하나라 이전 중원 대지에 여러 차례 홍수로 인한 범람이 있었다. 갑골문에 나오는 '석(昔)'자는 둘 이상의 한자를 합쳐 새로운 뜻을 만든 회의문자(會意文字)로 '홍수가 일어난 날'을 의미한다.

후예(后羿)가 해를 쏜 이야기를 살펴보자. 당시 하늘에는 태양 열 개가 작열해 백성들이 도저히 생활할 수 없는 지경이었다. 땅 위의 짐승과 곤충, 뱀은 인류를 잔혹하게 해쳤다. 이에 후예가 화살을 쏘아 태양 아홉 개를 떨어뜨리고 한 개만 남긴 뒤 거대한 뱀과 맹금인 '대풍(大風)', 물과 불을 내뿜고 아기 울음을 우는 괴수 '구영(九嬰)' 등을 쏘아 없애 백성들을 편안하게 살게 했다.

고대 신화는 조상들의 생존 위기를 묘사하고 그 마지막 결말은 위기를 극복하는 구조다.

불의 신, 축융씨(祝融氏)와의 전쟁에서 패배한 물의 신, 공공씨(共工氏)는 분노를 참을 수 없어 하늘을 받치는 기둥인 불주산을 향해 박치기를 했다. 하늘은 북서쪽으로 기울고 땅은 남동쪽으로 기울어져 사람들은 무너진 하늘과 땅 사이에서 멸망할 위기에 처했다. 생사존망의 결정적 순간에 여와(女媧)가 묽은 액체로 오색 돌을 만들어 천지를 보수했다. 이때부터 천지간에 찬란한 노을빛이 생겼다. 여와는 또 거대한 돌로 하늘과 땅을 받쳐 천지의 네 기둥을 반듯하게 만들었으며, 홍수를 마시고 흑룡을 잡아 죽여 사람들이 다시 살아갈 수 있게 했다.

중국 고대 신화는 고난에도 굴복하지 않는 선조들의 강한 의지를 보여준다.

정위(精衛)가 바다를 메운 이야기가 좋은 예다. 염제(炎帝)의 딸이 동해를 유람하다가 불행히도 바다에 빠져 죽었다. 그녀의 영혼은 한 마리 새가 되어 정위라고 불렸다. 정위는 매일 '서산의 나뭇가지와 돌'을 입에 물고 와 바다를 메웠다.

이 비장한 정신은 화하족 영혼 깊숙한 곳에 자리 잡았다. 명나라 말기 사상가 고염무(顧炎武, 1613~1682)가 쓴 시를 보자. "나는 동해를 평평하게 만들고 싶으니 몸이 물에 빠져 죽어도 마음은 고치지 않을 것이다. 저 망망대해가 평지가 되는 때가 없다면 내 마음도 멈추는 날이 없을 것이다(我願平東海, 身沈心不改 大海無平期, 我心無絶時)." 고염무는 이민족에게 정복당해 망해가는 국가에서 살아가는 고통 속에서 정위의 정신으로 스스로를 독려한 것이다.

과부(誇父)가 해를 쫓는 이야기는 가뭄에 대해 말한다. 과부족의 수령은 가뭄을 해결하기 위해 태양을 없애기로 결심하고 해를 쫓기 시작해 태양과 달리기 시합을 벌인다. 도중에 목이 말라 황하와 위수를 다 마셔버린 그는 다시 거대한 연못으로 달려가던 중 그만 갈증이 심해져 죽는다. 그의 지팡이는 복숭아밭이 되고 몸은 과부산(誇父山)이 되었다.

중국 신화에 나오는 신은 흔히 진실함, 선량함, 아름다움의 화신으로 묘사된다. 반고, 신농, 대우, 과부 등은 모두 희생형 영웅으로, 대중의 이익을 위해 자신의 몸을 바쳐 사람에서 신이 되는 생명의 승화를 이룬다. 이 신화들은 대부분 춘추전국 시기에 문자로 정리되면서 후세 사람들이 일부 가공하기도 했다. 하지만 그 내용은 상고시대부터 전해 내려왔다. 역사의 각도에서 보면 신화는 결국 신화이기에 당연히 온전히 믿을 수는 없다. 하지만 그 안에는 역사적 사실 요소 또한 많이 포함되어 있다는 점을 알아야 한다. 예를 들어 신농씨가 백초를 맛본 이야기는 신기하게도 현대 유전학 연구를 통해 '사실임이 증명' 되었다.

중국의 신화집《산해경(山海經)》의 한 부분

　〈신민만보(新民晚報)〉는 2011년 6월 21일자에 푸단대학교 현대인류학 교육부 중점 실험실의 리훼이(李輝) 박사가 현대 중국인들의 유전자를 조사한 결과, 중국인은 '쓴맛'에 가장 민감하다는 점이 드러났다고 보도했다. 이 '쓴맛 유전자'는 식물에 독이 있는지 여부를 식별할 수 있는 유전자다.

　리훼이의 연구에 따르면 인체의 혀 세포에는 'TAS2R16'이라는 쓴맛 유전자가 있는데, 이 유전자는 모든 미각 유전자 중 독성을 가장 잘 식별한다. 중국인들의 TAS2R16 유전자는 대단히 뛰어난 능력을 보인다. 그래서 중국인은 보편적으로 쓴맛에 매우 민감하며 미각으로 식물에 독성이 있는지를 판별할 수 있다. 연구 결과 중국인의 '쓴맛' 유전자 돌연변이는 5,000년에서 6,000년 전에 출현했으며 이는 전설 속의 '신농씨가 백초를 맛본' 시기와 대체로 겹친다. 이로써 이른바 '신농씨가 백초를 맛본' 것은 진실한 역사임을 실증할 수 있다(신농씨 개인이 아니라 당시 전체 부족이 대량으로 야생 식물을 맛보기 시작했을 가능성이 크다). 리훼이의 연구 성과는 이미 저명한 학술 잡지 〈인류생물학〉에 발표되었다.

중국인의 '쓴맛' 유전자가 우세한 덕분에 고대 중국인의 음식 종류는 유럽보다 훨씬 많았으며, 중국의 인구수도 유럽보다 훨씬 많아졌다. 이는 또한 중국이 찬란한 문명을 창조할 수 있었던 또 하나의 중요한 원인이기도 하다.

1982년 고고학자 인다(尹達)는 잡지 〈선사 연구〉 창간호에 '충심의 소망'이라는 제목의 글을 실었다. 이는 그의 마지막 학술 논문이기도 했다. 이 글에서 그는 고고학의 발전이 이미 중국 고대의 신화와 전설을 충분히 증명해 역사적 사실의 요소를 밝혔으니 신화와 전설을 절대로 없애서는 안 된다고 주장했다.

화하족의 성격: 중국과 일본 신화 비교

민족정신은 두 가지 핵심 특징이 있다. 바로 불변성과 독특성이다. 불변성은 오랜 시간 동안 변하지 않는 것이며 독특성은 다른 민족과 구분되는 점이다. 따라서 독특성은 비교를 통해 발견되며, 상대뿐 아니라 자신을 식별해낼 수 있다.

일본을 참고로 살펴보자.

일본 신화에는 죄악과 관련한 요소가 많다. 즉 의심, 복수, 징벌 등 죄악과 관련된 신이 많다. 일본의 창세 신화는 남매(대신(大神))가 결혼해 수십 명의 후대(제신(諸神))를 낳았는데, 그중 불의 신이 태어나며 그 열기로 어머니를 태워 죽이자 아버지는 '십권검'으로 불의 신을 죽인다. 죽은 어머니의 몸은 일본의 산천으로 바뀐다. 신화 중에 아들이 어머니를 태워 죽인 부분은 죄악의 색채를 짙게 띤다. 사악하고 불길하며 복수의 의미가 가득하다.

일본의 스사노오노미코토(須佐之男命)는 의심과 원한이 많은 신이다. 한번은 그가 음식을 요구하자 대지의 여신 오호케츠히메노가미(大氣都比賣神)는 입과 항문, 콧구멍에서 각종 맛있는 음식을 꺼내어 주었다. 상대가 일부러 자신에게 더러운 것을 먹게 한다고 여긴 스사노오노미코토는 여신을 죽여 버렸다. 그가 얼마나 의심 많은 신인지 알 수 있다. 그 밖에도 고천원(천궁)에서 소란을 피우고, 밭두렁을 훼손하고, 수로를 막고, 대상전에서 똥을 싸기도 했다. 직녀의 작업실을 망가뜨리고 얼룩말의 피부를 벗겨 베틀 실에 던져 놀란 직녀가 베틀 북에 음부를 찔려 죽는 일도 있었다.

세상을 창조한 남매 부부도 마지막에 반목하다 서로 원수가 되었다. 남편은 지옥에서 만난 아내의 온몸이 구더기로 뒤덮인 것을 보고 놀라서 도망가 버렸다. 이에 치욕을 참지 못한 아내는 저승의 군대를 보내 남편을 죽였다.

중국 신화 속에는 주인공에 대한 찬양, 그들의 공로에 대한 인정, 희생과 봉헌, 위대한 이상에 대한 묘사가 대부분이다. 이에 반해 일본 신화 속의 신들은 강렬한 욕망이 있고 그 욕망을 실현하기 위해 전쟁을 일으키는 것도 두려워하지 않는다.

아마테라스오미카미(天照大神)는 일본 신화에 등장하는 태양신으로, 일본 왕실의 조상신이다. 아마테라스오미카미는 인간 세상에 아직도 옥토가 있으며, 그 땅을 세속의 다른 신령들이 통치한다는 사실을 알고 자신에 대한 멸시라고 여겼다. 이에 명령을 내려 일본 땅을 평정한다. 한편 국토 끌어오기 신화에서 야쓰카미즈오미쓰노노미코토 (八束水臣津野命)는 이즈모(出雲國, 현 시마네현)의 국토가 협소하고 척박한 것을 보고 밧줄로 다른 땅들을 끌어와 이즈모와 연결해 자신의 세력 범위를 넓혔다.

과부가 태양을 쫓고 정위가 바다를 메운 중국의 신화는 정복하려해도 정복할 수 없는 대자연의 힘에 대한 중국인의 경외와 결의를 표현한다. 반면 일본에는 이런 뚜렷한 결말이 없는 신화는 존재하지 않는다. 그들은 신속한 효과를 요구하기 때문이다.

땅이 지극히 광활한 중국은 수많은 거인 신화를 창조했다. 하지만 일본은 상대적으로 영토가 협소한 편이라 신화도 기이하고 세밀하다.

중국의 문명 창조력과 달리 일본인은 영역을 세분화해 끊임없이 완벽을 추구한다. 하지만 일본 역사상 기초성, 방향성, 거시적 영역에서는 어떠한 창조력도 발휘하지 못했다. 이런 민족 유전자의 가장 깊은 곳에 존재하는 특징은 오늘날 여전히 관찰되며 느낄 수 있다. 예를 들어 일본은 경제 영역에서 세계 3대 경제국이지만 창의성 영역에서는 부족하다. 그렇기 때문에 중공업 기술과 상업 모델의 혁명이 일어날 때마다 일본은 한 걸음씩 뒤처졌다. 이 책을 쓸 때 모바일 인터넷 영역의 최전선에서 일본이 이미 중국이라는 개발도상국가에 뒤처진 것이 그 예다.

삼황오제 시대

: 전설과 역사 사이

정확하고 연속적인 중국 역사 기록은 기원전 841년(서주(西周) 시기)부터 시작되었다. 이때부터 비교적 확실하게 연대를 기재했다. 그 이전의 역사는 기록되지 못했기에 후세의 역사학자들이 고고학적 유물, 역법, 전설과 고대 서적 자료 등을 종합해서 고증하고 추측해 만든 것이다.

삼황오제의 사적은 중국의 많은 고대 서적에서 찾아볼 수 있다. 이때는 전설과 역사 사이에 낀 시대로 고서적 중에 나오는 관련 기록들은 비교적 신뢰할 만하다. 하지만 이를 엄격한 역사적 사실을 묘사했다고 생각해서는 안 된다. 프랑스 인상파 화가 모네의 유화를 멀리서 보면 고요한 연못에 연꽃이 가득 피어 있는 모습이 뚜렷하게 보이지만, 가까이 다가가서 보면 점점이 찍힌 유화 안료만 볼 수 있는 것과 마찬가지다. 아주 오래전인 삼황오제 시대에 대한 묘사는 '사실파'가 아닌 '인상파'의 방식으로 이해해야 된다.

오제시대는 국가가 탄생한 초기로 그 후 하·상·주로 이어지며 차츰 중화 문명의 첫 번째 단계인 봉건사회를 형성했다. 동주 말기부터 시작해서 사회는 대전환기로 들어서 300년 동안 격동의 시기를 겪은 뒤 중국사는 봉건체제에서 제국체제로 바뀐다. 제국체제는 진한 제국의 확립부터 1911년 청 왕조의 해체로 끝날 때까지 혼란한 상황이 반복되었다. 제국체제가 끝난 후 중국은 다시 제2차 역사의 대전환을 시작했다. 이는 전통 사회에서 근대 사회로 향하는 대전환으로 오늘날까지 끝나지 않고 현재 진행 중이다.

상고시대 생활: 자유와 평등

구석기시대 말기와 신석기시대는 고서 속에서 묘사한 삼황 시기(정확한 연대는 고증할 수 없다)와 대체로 상응한다. 당시는 짐승을 잡아 살과 피를 날것으로 먹고 화전을 경작하던 시대다.

삼황은 통상적으로 수인씨·복희씨·신농씨(고서에는 여러 가지 이름이 있지만 이 이름들이 비교적 공인된 이름이다)를 가리킨다. 현대 학계는 이른바 삼황이란 세 명의 개인이 아니라 불을 사용하고, 사냥과 낚시를 하며, 농사를 짓는 세 시대를 가리킨다고 여긴다. 인류 발전사를 보면 불을 사용하고 사냥과 낚시를 하고, 농업혁명이 일어난 모두가 역사상 중대한 사건이다. 이런 단계를 거치며 인류는 동물과의 거리를 끊임없이 벌렸으며 먹이사슬의 정점까지 올라갔다.

불을 사용하면서 초기 인류의 음식 섭취 방식이 변했고, 인류의 영양 흡수 능력이 동물보다 대폭 상승했다. 이는 인류 역사의 한 단계라고 부를 만하다. 이 때문에 많은 민족이 불에 숭고한 의미를 부여했다. 고대 그리스 신화에서 불은 프로메테우스가 하늘에서 몰래 훔쳐 인류에게 준 선물이다. 중국에서는 수인씨가 나무를 문질러 불씨를 얻었다고 구전되고 있다.

복희씨는 점술에 능하고 낚시와 수렵으로 유명한 씨족일 것이다. 《주역》〈계사하진(繫辭下傳)〉에는 복희씨가 팔괘 부호를 창조하고 어망을 발명한 사적에 대해 다음과 같이 묘사했다.

> 우러러 하늘의 형상을 보고, 구부려 땅의 법도를 보며, 조수의 무늬와 땅의 마땅한 것을 관찰하며, 가까이는 몸에서 취하고, 멀리는 사물에서 취했다. 이에 처음 팔괘를 만들어 신명의 덕을 통하고, 만물의 정을 분류했다. 노끈 맺기를 시작해서 그물을 만들었고 그 그물로 새를 사냥했고 그 그물로 물고기를 잡았다.

신농씨 시대에 사람들은 이미 화전 경작 식의 원시 농업을 시작했다. 농업은 상고시대 인류가 현대 인류로 발전하는 데 핵심 요소였다. 농업기술이 출현함으로써 전 세계 인류의 생활방식이 점차 변하기 시작했다.

석기시대는 생산력이 지극히 낮아서 사람들은 짐승을 잡아 털과 피까지 날것으로 먹는 등 짐승보다 나을 것이 없는 생활을 했다. 섬서 역사박물관, 서안 반파박물관 등에 소장된 당시 출토물을 살펴보면 사람들이 강가에 촌락을 이루고 살며 조잡한 원시 석기와 도기를 사용했다는 것을 알 수 있다.

생활은 비록 고되었지만 석기시대 사람들의 마음은 아마도 즐겁고 낙관적이었을 것이다. 신석기시대의 많은 도기에는 노루·물고기·개구리·나비 같은 동물이나 춤을 추는 장면이 그려져 있다. 당시 사람들의 순수하고 아름다운 정신세계가 반영된 것이다. 그에 반해 후세의 도철무늬는 엄숙하고 무거운 예술적 풍모를 띠었다.

이런 낙관적 마음가짐의 배후에는 모든 사람들이 평등하고 자유로운 사회 분위기가 있었다. 신석기시대의 고고학 발견에 대해 살펴보면, 이 시기 고분은 대부분 매우 간단했으며, 후기에 들어서야 지위의 분화가 나타났다. 예를 들어 앙소문화(仰韶文化, B.C.5000~B.C.3000)에 속하는 섬서 화음(華陰) 횡진(橫陳) 유적지의 고분은 모든 무덤 굴에 한 가족이 함께 수장되었다. 수장한 병·사발·항아리 등은 모두 매우 균등해 빈부귀천의 차이가 드러나지 않았다.

고분은 당시 사회에서 존중받은 인물, 예를 들어 부족의 수령·무당·영웅 들을 반영한다. 앙소문화에 속하는 하남 복양(濮陽) 서수파(西水坡) 유적지의 묘지는 지금으로부터 약 6,500년 전의 것으로 특이하게 조개껍데기를 쌓아 용과 호랑이 도형 및 별자리 도안을 만들었다. 그 가운데에는 장년 남자의 뼈대가 있었는데 아마도 존경받고 숭배되던 지도자나 전쟁 영웅이었을 것이다.

오제시대: 민족과 국가의 형성

화하족의 기원

'오제시대'는 중화 문명사의 발단이다.

상고시대에는 부족이 각지에 흩어져 살며 각각의 지도자와 신령이 있었다. 은상(殷商)시대 이전은 신권이 성행하던 시대로 부족 지도자의 존호는 '제(帝)', 즉 하느님, 천신을 뜻했다. 주나라 이후 백성의 신에 대한 관념이 점차 변화하자 통치자는 제라는 호칭을 폄하하고, 왕이라 불렸다. 진나라 왕 영정(嬴政, B.C.259~B.C.210)이 천하를 통일한 후 '황제'라는 말을 만들어 내면서 최고 통치자의 존호는 '왕'에서 '황제'로 바뀌게 되었다.

'오제'라는 말은 전국시대에야 출현하며 이전의 문헌 중에는 '고제(古帝)'라고 했지 '오(五)'자를 쓰지 않았다. 그렇기 때문에 오제가 누구를 가리키는지는 판본에 따라 다르다(통상적으로 황제(皇帝)·전욱(顓頊)·제곡(帝嚳)·요(堯)·순(舜)을 가리킨다). 이 책은 '오제시대'라는 단어가 약속된 속칭이라 편하기에 따를 뿐이다.

전한시대의 《대대예기(大戴禮記)》, 《사기》 등은 오제의 가족 관계에 대해 자세하게 설명했지만 전부 다 믿을 수는 없다.

오제시대의 중국 대지에는 몇 개의 부족이 왕래하며 전쟁을 벌였다. 혈연과 지리적 분포에 따라 대체로 중원의 하락(河洛)집단, 동부 연해의 해대(海岱)집단, 남쪽의 강한(江漢)집단 등 3대 씨족의 대립으로 정리할 수 있다.[1] 3대 집단은 1,000여 년이 지난 후 최종적으로 화하족으로 융합 통일되었다.

《사기》에 대표적으로 수록되어 있는 상고시대 성왕 계통은 세 개의 집단 안에서 모이고 뒤섞여서 종합되어 이루어진 것으로 실제 역사의 발전 과정은 그렇지 않았다.

하락집단은 크게 둘로 나뉜다. 하나는 염제(炎帝) 계열이고 다른 하

---

1 이는 역사학자 몽문통이 발견하고 명명했으며, 역사학자 쉬위성도 기본적으로 동일한 논술을 했다. 화하족, 동이족과 묘만족의 3대 집단으로 이름 지은 것은 아래에 쉬위성의 연구에 따르고 이름은 몽문통의 명명법을 따른 것이다.

한나라 벽화에 묘사된 염제와 황제

나는 황제(皇帝) 계열이다. 일반적으로 황제가 생활한 연대는 기원전 3000년경으로 본다.

염제와 황제는 '소전(少典)'부족에서 함께 나왔다. 당시 씨족 명칭은 인명과 종종 혼동되었다. 고서에서 '소전이 염제와 황제를 낳았다'라고 하는 것은 염제와 황제가 모두 소전부족에서 나왔다는 뜻이지 소전 본인이 그들의 부친이라는 말은 아니다. 많은 사람이 이를 들어 황제와 염제가 형제라고 오인하지만 이는 글자만 보고 잘못 해석한 오류다.

황제는 희수(姬水) 강가에서 기원해 성을 희(姬)라고 했고, 염제는 강수(姜水) 강가에서 기원해 성을 강(姜)이라 했다. 희수가 어디에 위치했는지는 고증할 수가 없다. 강수는 대체로 현재 위하(渭河)의 상류 일대, 보계(寶鷄)와 기산(岐山)에 근접한 지역이라고 확정할 수 있다(고고학자들이 이 일대에서 많은 채색 도기를 출토했다). 각종 사료를 종합해서 추정하면 황제 씨족의 발상지는 대략 오늘날 섬서성 북부에 위치했을 것이다. 최근 들어 고고학계에서 석란 고성 유적지를 발견해 이곳이 황제의 도성이라고 추측했다.

전국 시기의 고서에는 종종 염제를 신농씨와 혼동해 동일인으로 나온다. 사실 그들은 시대상 차이가 매우 크다.

염황부족은 산서에서 발원해 후에 점차 동쪽으로 이동하고 확장해 성씨를 명명한 몇 개의 소국을 세웠다.

해대집단의 주요 씨족은 태호(太皞), 소호(少皞)〔또는 태호(太昊) 소호(少昊)라고도 하는데, 사실 대호(大皞), 소호(小皞)다〕, 치우다. 여러 고서의 기록을 종합해보면 소호의 활동 범위는 대략 오늘날 산동성 곡부(曲阜) 일대다.

해대집단에서 가장 유명한 인물은 치우다. 이전 사람들은 치우가 강한집단(묘만집단)에 속한다고 잘못 생각했지만, 쉬위성의 상세한 고증을 거쳐 치우가 해대집단(동이집단)에 속한다는 것을 확증했다. 치우는 살아 있을 때 사방에 명성을 날렸다. 그가 전투에서 지고 사망한 후에도 여전히 그의 이름을 빌려 '천하를 위협'했다. 치우는 비록 패했지만, 상무의 기백으로서 드높은 명성을 후세에 전했다. 진나라 때 동방의 여덟 신에게 제사를 지냈는데, 치우는 전쟁의 신으로 이름을 올렸다. 한고조 유방(劉邦, B.C.247~B.C.195)은 군사를 일으킬 때 황제와 치우에게 동시에 제사를 지냈다. 후세에 어느 사관이 한 혜성에 '치우의 깃발'이라고 이름 붙이고, 전쟁의 조짐을 보이는 기상이라며 "(치우의 깃발이) 나타나면, 왕이 사방을 정벌한다"라고 했다.[2]

고서의 기록을 종합 정리하면 치우의 묘지와 기념 사당은 산동성

---

2 《한서(漢書)》〈천문지(天文志)〉.

양곡(陽谷) 수장진(壽張鎭) 경내에 있었던 것으로 확인할 수 있다. 현지인이 묘사한 바로는 묘지는 여전히 존재하나 제대로 보존되지 않아서 현재는 황토 무더기일 뿐이라니 탄식만 나올 뿐이다[치우는 전사 후 머리와 몸이 분리되어 신체와 의관 무덤은 산동성 거야현(巨野縣)에 있다].

강한집단의 대표 인물은 후대에 불의 신으로 여겨진 축융이다. 이 집단의 중심은 오늘날의 호북, 호남, 강서 일대로 북쪽 지역은 중원의 하락집단과 인접해 있다. 복희, 여와는 원래 그들의 신이다.

사마천이 지은 《사기》에서는 〈오제본기〉를 중국사의 발단으로 보았는데, 이는 탁월한 고견이다. 왜냐하면 오제시대가 바로 중국의 고대 인류가 문명의 문턱으로 들어선 시기이기 때문이다.

《사기》 제1편에는 황제에 대해 기록했으며, 세 번의 대전쟁을 핵심 내용으로 다루고 있다. 사실 신석기시대 중후기부터 중원 대지에는 격렬한 전쟁이 빈번히 일어났다. 염제와 황제의 전쟁, 황제와 치우의 전쟁은 그중 비교적 중대한 전쟁일 뿐이다. 전쟁은 고도의 이성으로 지휘해야만 살아남을 수 있다. 이런 혼돈의 시기에 전쟁이 빈번하게 일어남으로써 형성된 냉정하고 이성적이며 멀리 내다보는 심리는 중화 문명의 사유방식과 지혜의 근원이 되었을 것이다.

우선 염제와 황제가 판천(阪泉)의 들판에서 대전을 벌였다. 이는 하락집단의 내전으로, 황제가 승리를 거두었다.

다음은 황제를 우두머리로 하는 하락집단과 해대집단이 대단히 처참한 전쟁을 벌였다(그전에 치우가 염제를 물리쳤다). 《사기》에는 황제가 남쪽을 가리키는 수레인 지남차(指南車)를 발명해 방향을 쉽게 알기 어렵던 옛날 전장에서 방향을 구별했다고 나온다. 이후 중원의 하락집단과 동쪽의 해대집단이 결합해 황제가 천하의 맹주가 되었다.

섬서성 황제릉

《사기》에 황제에 대한 묘사가 나온다. 그는 순임금 및 하·상·주 각 시대 제왕들의 혈연의 시조로, 통일 국가의 창시자다. 황제는 천하를 얻은 후 국토의 사방을 순행했다. 그와 왕비는 수많은 문화와 문명 사물의 창시자이기도 하다. 사마천은 이처럼 황제를 통해 자기 마음속 화하의 이미지, 즉 혈연, 정치, 국가 영토와 문화의 종합체를 나타냈다.[3]

섬서성 황릉현(黃陵縣)에 세워진 황제릉의 사당 정자 위에 '인문의 첫 번째 조상(人文初祖)'이라는 네 글자가 적혀 있다. 즉 황제를 '문명의 첫 번째 조상'으로 삼았다는 뜻이다.

일반적으로 한자는 황제 시기에 형성되었다고 알려져 있다. 전국 시기의 수많은 학파는 황제 시기의 창힐(倉頡)이 문자를 창조했다고 보았다. 최근 수십 년간 고고학 발굴로 기원전 3000년 혹은 4000년경의 도기(시간상 대략 황제시대)들이 많이 출토되었는데, 그 위에 모기를 닮은 각종 부호가 그려지거나 새겨져 있었다. 학자들은 이것이 원시문자일 가능성이 있다고 여긴다.

염황 이전 씨족은 아마 아직 규모가 작았을 것이다. 자체적인 번식과 확장을 거친 후에 동쪽의 해대집단과 전쟁을 통해 융합하여 씨족

---

3 왕밍커(王明珂), 《화하변연(華夏邊緣)》.

은 거대 부족과 부족 간의 연맹으로 변하고 영토 범위가 중원 대지에서 동해의 변경까지 매우 광대해졌다.

그 후 중원의 하락집단과 남쪽의 강한집단 간에 충돌이 발생해 요, 순 시대 후기에 전쟁이 발발했다.

3대 집단은 점차 융합했지만 차이는 오랫동안 존재했다. 하나라 초기 동쪽의 해대집단의 수령 예(羿)와 백익(伯益)은 대우의 아들 계(啓)와 군사 충돌이 생겼다. 강한집단의 혈통은 후에 초나라에 계승되었다. 몇 개의 대집단이 최종적으로 융합되어 통일된 화하족이 되는데, 바로 2,000년 후의 주나라다.

당시 중국은 통일되지 못했기에 각지에 즐비한 부족들이 여기저기서 들고일어났다. 어떤 한 부족이 특히 강성하면 그 우두머리는 후세에 이름을 남겼지만, 그렇지 않으면 이름은 전해지지 않았다. 오제 간의 시간적 거리가 얼마나 되는지 우리는 알 수 없다. 하지만 요·순·우는 시간적으로 밀접하고 연속적이다. 그들은 황제가 활동한 시기에서 약 1,000년 정도 떨어져 있다.

황제의 자손 혈통은 정확하게 알기 어렵다. 《사기》에 황제의 후손에 대한 상세한 혈통이 묘사되어 있기는 하다. 사마천은 엄격한 학자이니 물론 근거 없이 날조하지는 않았을 것이다. 하지만 사마천은 황제의 시대로부터 약 3,000년 정도 떨어져 있었으니, 실수와 누락이 있을 수 있다. 따라서 이 책에서는 황제 자손의 혈통에 대해 논하지 않고 비교적 확신할 수 있는 부분에 대해서만 간단하게 묘사하겠다.

황제로부터 번성한 수많은 일족 중 전욱과 제곡은 비교적 이른 시기에 나타난 가장 유명한 두 지파다.

전욱과 제곡의 시대에 사회제도 개혁이 이루어졌다.

전욱은 종교 색채가 지극히 농후한 인물로 종교 지도자 겸 부족의 맹주였다. 그는 북쪽의 제왕으로 불렸으며 북쪽의 신이기도 했다. 그에 관한 전설은 매우 흥미로운데 그가 낳은 세 아들이 사후에 모두 귀신이 되었다고 한다. 한 아들은 강에 사는 호랑이가 되고, 다른 하나는 약수에 살며 귀신이 되고, 나머지 하나는 인간의 궁실 구석에 살며 어린아이를 놀라게 했다고 전해진다. 이런 전설은 그저 이야기로 받아들이면 된다.

전욱의 주된 사적은 종교개혁의 실행으로 그 가운데 '하늘과 땅의 연결을 끊은 것'이 포함된다. 다시 말해 각지의 크고 작은 무당이 천신과 마음대로 교류해 천신의 뜻을 전파한다며 떠벌리는 것을 금지하고 자신을 포함해 소수의 몇 사람만이 가능하게 했다. 이는 사람들의 사상과 인식을 통일해 민심의 혼란을 방지했다.

제곡에 관한 사료는 매우 적다. 《사기》〈오제본기〉의 기록에 따르면, 제곡은 "태어날 때부터 신령해 자신의 이름을 말할 수 있었다"고 한다. 그도 성직을 겸한 부족연맹의 우두머리였음을 알 수 있다. 제곡은 전욱의 뒤를 이어 제사와 부족연맹 우두머리의 권력을 결합했다.

당시 동류 집단 간에 전쟁이 자주 발발해 전욱과 제곡은 공공족(共工族)과 격렬한 전투를 벌였다. 《회남자(淮南子)》〈천문훈(天文訓)〉에는 "옛날에 공공이 전욱과 제의 지위를 두고 싸우다가 화가 나서 부주산을 들이받으니 하늘 기둥이 무너지고 땅의 매듭이 끊어졌다"라고 했고, 《회남자》〈원도훈(原道訓)〉에서는 "예전에 공공은 힘이 천하무적이었는데, 부주산을 가격해 대지가 동남쪽으로 기울게 했다. 고신(高辛)과 제위 쟁탈전을 벌였다"라고 했다. 이 투쟁은 오랜 기간 계속되었고 순과 우의 시기에 와서야 끝이 났다. 이후 요·순·우의 시대가 펼쳐진다.

태평성대를 구가한 요시대

요(堯)의 시대는 사방의 이민족이 복종하고, 천하가 태평스러우며, 문명이 발달한 황금시대였다고 유가 고전에 묘사되어 있다. 많은 사람이 타임머신을 타고 돌아가 살아보고 싶어 하는 것도 이상하지 않다. 만일 과거로 돌아갈 수 있다면 어떤 견문을 쌓을 수 있을까?

아마도 눈을 들어 사방을 둘러보면 울창한 늪지와 코끼리 무리가 유유히 행진하고, 활엽수림 사이로 불어오는 바람에 나뭇잎이 나부끼는 아열대 풍경을 볼 수 있을 것이다. 당시 기후는 습하고 따뜻해 코끼리, 코뿔소 등 열대 동물들을 중원 대지에서 흔하게 볼 수 있었으며〔오늘날 하남성의 약칭인 '예(豫)'는 사람이 손으로 코끼리를 끈다는 뜻이다〕사람들은 엄동설한의 고통을 겪을 필요가 없었다. 불행히도 온난한 기후는 독사의 출몰을 불러왔다. 사람들은 만나면 '식사하셨나요?'라는 인사 대신 '없어요?'라며 뱀을 만나지 않았는지를 물었다. 고대 사람들은 뱀을 지독히 싫어했다![4]

기상학자 주커전(쓰可楨)의 연구에 따르면 앙소문화 시기부터 온난한 기후가 시작되어 하나라와 상나라 때까지 지속되다가 주나라 무왕(武王) 연간이 되어서야 끝나고 한랭 시기로 들어섰다. 이때부터 코끼리 같은 열대 동물이 중원에서 점차 사라지기 시작했다.[5]

어떻게 계절을 판단하고 절기를 구분했을까? 동지와 하지는 언제인

---

4 쉬위성,《중국고대사의 전설시대(中國古史的傳說時代)》.
5 《여씨춘추(呂氏春秋)》〈고락(古樂)〉,《맹자》〈등문공하(騰文公下)〉에 모두 주(周) 무왕이 주(紂)를 멸할 때 '호랑이, 표범, 코뿔소, 코끼리를 먼 곳으로 내쫓았다'라고 기록되어 있다. 이 시기가 코뿔소, 야생 코끼리가 황하 유역에서 사라진 중요한 시기였음을 보여준다.《죽서기년(竹書紀年)》에는 주효왕(孝王) 시대에 장강, 한수에 얼음이 얼었다고 서술되어 있다.

지 어떻게 알았을까? 기상학을 배운 현대인들로서는 4,000년 전 고대 사람들의 지혜에 감탄하지 않을 수 없다.

산서 도사 유적지에서 웅장한 고대 관상대가 발견되었다. 고고학 연구 결과, 당시 사람들이 관상대 대형 기둥의 좁은 틈 사이로 일출을 관측하고 절기를 판단했음을 밝혀냈다. 연구에 의하면[6] 당시 사람들은 동시, 하지 및 춘분, 추분을 정확하게 판단할 수 있었고 하늘을 관측해 정확한 시간을 알렸다. 방사성탄소연대측정법으로 측정한 결과 이 관상대의 사용 시기는 기원전 2100여 년 전으로 보인다.

이는 사서에 기록된 내용과 동일하다. 《상서(尙書)》〈요전(堯典)〉에 요가 대신들에게 하늘을 관측해 시기를 알리라는 명을 내렸다고 기록되어 있다. "희씨와 화씨에게 명해 큰 하늘을 삼가 따르게 하고 일월성신의 운행을 관측하게 해 사람에게 농사의 때를 알려주게 했다." 여기서 '때를 알려주다'라는 것은 표준 시간을 측정해 백성들에게 알려주었다는 뜻이다.

요의 시대에는 춤이 유행했는데, 주로 건강과 군사훈련을 위해서였으며 무도와 함께 음악도 매우 발전했다. 고서 《세본(世本)》〈작편(作篇)〉에 요 임금의 대신인 창(夔)이 음악을 창조하고 무함(巫咸)이 북을 발명하고 무구(無句)가 경쇠(틀에 옥돌을 달아, 뿔 망치로 쳐 소리를 내는 아악기-옮긴이)를 제작했다고 기록되어 있다. 재미있게도 도사 유적지에서 몇 가지 악기가 마침맞게 출토되었다.

큰 묘에서 나온 특경(큰 돌 하나만 따로 틀에 매달아놓고 치는 타악기의 일종-옮긴이)은 길이가 81~90센티미터에 달하는데 이는 이전에는 상

---

6 〈도사 관상대 유적지의 천문기능과 연대(陶寺觀象臺遺址的天文功能與年代)〉, 《중국과학》.

상하기 어려운 것으로 '무구가 경쇠를 만들었다'는 근거가 되기에 충분하다. 도사 유적지의 무덤 중에는 쌍을 이룬 타(鼍)북이 있었다. 타는 악어를 가리킨다. 북의 빈 부분에 악어의 뼈가 남아 있어 북에 악어가죽을 사용해서 만들었음을 알 수 있다. 북 소리는 마치 악어의 울음소리 같았다고 한다. 한나라의 사마상여(司馬相如, B.C.179~B.C.117)는 《상림부(上林賦)》에 "깃털로 꾸민 기를 꽂고, 악어가죽으로 만든 북을 세우고, 도당씨(陶唐氏)의 무악(舞樂)을 연주하고, 갈천씨(葛天氏)의 노래를 듣는다"라고 했다. 악어북과 도당씨(요를 가리킴. 그가 도와 당 두 곳에서 봉해졌기에 얻은 이름이다)가 서로 연계되었고 게다가 무도가 당시의 특색이었다는 내용이 나오니 "무함이 북을 만들었다"는 근거가 충분히 증명된 것이다.

도사 유적지에 대한 연구는 그 당시 농업과 예술 모두 이미 매우 발달했다는 것을 보여준다.

이렇게 높은 성취를 얻었기 때문에 요는 그 시대 위대한 지도자로 공인되었다. 《사기》에는 "그 인자함이 하늘과 닮았고, 그 지혜가 신과 같으며, 그에게 나아감은 해에 다가서는 듯하고 그를 우러러 바라보는 것은 구름을 우러러 보는 듯하다"라고 그를 찬미했다. 이렇듯 요가 백성을 위하는 마음은 변함이 없었다. 그는 권력의 근원이 백성임을 알고 백성의 이익을 위해서 국가를 세웠다.

사서에는 요가 간언하는 북을 만들어 천하의 백성이 할 말을 하고, 비방하는 나무를 세워[오늘날의 대자보에 해당, 화표(華表, 길을 가리키거나 왕이 신하의 간언을 채택했음을 표시하는 나무 기둥-옮긴이)의 초기 형식] 백성이 비방나무에 쪽지를 붙여 그의 잘못을 비판하게 했다는 기록이 나온다.

선양의 진상

요 이후 순(舜)이 천하의 지도자가 되었다. 《사기》에 순이 현자와 재능 있는 이를 뽑아서 임명하니, '팔개(八愷)' '팔원(八元)' 등을 등용해 민사를 처리하고 '사흉(四凶)'을 쫓아내고, 우(禹)에게 물을 다스리라 명했다고 한다. 순의 통치 시기에 정치와 종교가 크게 성행하고 사방이 그에게 복종했으며, 사해가 그의 공로를 칭송했다. 《사기》〈오제본기〉에는 "세상을 밝히는 덕이 순 임금 때부터 시작되었다"라고 쓰여 있다.

순의 재위 중 수년간 계속 수해가 발생하자, 우가 여러 부족과 함께 홍수를 다스렸다. 이 과정에서 우는 지도자의 지위를 다졌다.

요·순·우로 이어진 선양(禪讓)의 이야기는 모두가 잘 알 것이다. 대략 이야기하면 요는 관찰 끝에 순이 매우 현명하고 능력 있음을 발견하고 임금의 자리를 물려주었다. 순은 나이가 들 때까지 일하다 전례를 따라 우에게 왕위를 넘겼다. 선양 전설의 핵심 내용은 권력을 어떻게 넘겨주었는지에 대한 것이지만 진실은 명확하지 않다. 후세 학자들은 긍정하거나 부정하는 두 가지 학파로 나뉜다.

유가를 대표로 하는 학파는 요·순·우 간에 분명 권력의 양보가 이루어졌으리라 보며 모범적인 정치라고 떠받든다. 맹자는 요·순·우 모두가 고상하고 신성한 '덕이 있는 사람'으로 요·순·우 시대가 태평하고 서로 양보하는 인류의 황금기였다고 보았다. 이런 견해는 중국 사회에 오랫동안 깊은 영향을 미쳤다. 명청(明清) 시기까지 황제의 스승은 요·순·우를 귀감으로 삼아 황제를 교육했다. 젊은 시절의 마오쩌둥(毛澤東, 1893~1976)도 《사기》의 기록을 믿었다. 《사기》에는 순이 선양받기 전 시험받는 중에 산속에서 "거센 바람과 폭풍우에도 길을 잃지 않는" 모종의 신성성(神聖性)을 보여주었다고 쓰여 있다. 마오쩌둥은 크게 감화를 받아 폭풍우 중에 발가벗고 호남의 깊은 산속에 들어가 자신이 길을 잃지 않는지 시험했다고 한다.

하지만 다른 학파는 이 부분의 역사 기술에 대해 전혀 다른 태도를 보인다. 그들은 폭력으로 제위를 빼앗아 온 것이지 온화하고 겸손하게 왕위를 양보한 것이 결코 아니라고 주장한다. 《죽서기년》의 '순이 요를 가둔' 투쟁의 기록에서 《한비자》의 설득력 있는 추리까지 모두 선양의 전설은 조금도 발을 붙일 수 없다.

도대체 어느 학파의 설이 맞는 것일까?

사실 두 학파의 의견 모두 그다지 정확하지 않다. 유가학파는 지나치게 미화했고, 법가 등 학파는 전국 시기의 권력투쟁을 근거로 역사를 거슬러 올라가 추측한 뒤 과도하게 부정적으로 묘사했다. 상고사회는 원시 민주주의의 유습이 짙게 남아 있었다. 단지 구체적으로 순 임금이 우에게 왕위를 양보한 모습은 그처럼 단순하고 온화하며 겸손하게 이루어지지는 않았을 수 있다.

설사 맹자 본인이라도 이 이야기를 분명하게 말할 수는 없다. 맹자의 제자 만장(萬章)이 어째서 우는 요나 순 임금처럼 천하를 현자에게 물려주지 않고 자신의 아들에게 물려주었는지 묻자 맹자는 대답하지 못하고 이는 하늘의 뜻이라고만 했다. '하늘이 현인에게 주면, 즉 현인에게 주고, 하늘이 아들에게 주면, 즉 아들에게 주었다'(민국 연간, 역사학자 몽문통은 자세한 고대사 자료의 고증을 통해 울지도 웃지도 못할 발견을 했다. 맹자가 주장한 역사는 통상적으로 전부 믿을 수가 없는 반면에 맹자가 비판한 역사에는 오히려 진실이 많았다).

유가학설은 확실히 진부한 면이 있지만, 이 때문에 그 가치를 함부

복희, 요, 대우, 상나라 탕왕

로 부정해서는 안 된다.

유가학파의 이상은 매우 위대하며 이런 숭고한 이상은 중화 문명이 자강불식(自強不息)할 수 있었던 원동력 가운데 하나다. 요·순·우가 왕위를 양보한 전설은 유가가 주장하는 이상적인 정치의 핵심이다. 이로부터 일련의 신심을 닦고 교양을 쌓는 인본 정치 질서의 이론이 시작되었다.

유가가 이상적으로 여긴 정치 운영 방식은 무엇인가? 한마디로 말하면 천하는 백성이 공유하는 것이다. 즉 이상적 정권은 공유하는 것이지 한 집안이 소유하는 것이 아니다. 이는 완전한 환상이 아니라 상고 시기 공동체의 아름다운 생활에 대한 동경이 담겨 있다. 역대 유가학자들은 완고하게 이 이념을 고집했으며 현실 정치에 고개 숙이려 하지 않았다.

현실 정치란 무엇인가?

인류의 고대사가 이미 명료하게 기록했듯이 정권의 최종 뿌리는 무력(폭력)이다. 마지막 무력을 장악한 사람이 정권을 소유한 뒤 자기 마음대로 악이란 악은 다 저지르게 마련이다. 유가학자들은 우가 아들에게 왕위를 물려준 뒤부터 고대사회는 대동(大同)시대에서 소강(小康)시대로 진입했으며 사회생활 환경이 나날이 나빠졌다고 여겼다.

유가는 선양의 이상을 끊임없이 전했으며, 한나라에 이르러 유생들이 한 왕조를 현인에게 양보할 것을 제안했다. 왕망(王莽, B.C.45~A.D.23)이 민심에 순응해 왕위에 올라(권력 찬탈이 아니다) 이 학설의 현실적 성과를 이루었다. 하지만 왕망이 크게 망한 뒤 이 학설은 무너졌다. 이후 유가는 힘을 잃고 갈수록 자신의 토대를 찾지 못했다. 이 과정은 마치 도덕적으로 고상한 사람이 최후에 처참하게 패한 것과 같다. 어째서 참패한 것일까? 그의 해결 방안이 현실에 기반을 둔 것이 아니라 모든 사람에게 반허구의 이론을 믿게 하는 희망에 기댔기 때문이다.

맹자는 평화롭게 왕위를 물려주는 선양을 모범의 전형으로 세우고 매우 고심했다. 그는 일관되게 도덕으로써 적나라한 권력을 길들이려 했으나, 단 한 번도 제대로 작용된 적이 없었다. 폭력적인 권력 앞에서 도덕적 설교는 무기력했으며 권력을 틀 안에 가둘 수 없었기 때문이다.

맹자는 심성의 학문에 대해 이야기하는 것을 좋아했다. 이는 송나라 사람의 구미에 부합해 맹자는 송나라 이후 높게 받들어졌으며 순자(荀子, B.C.298~B.C.238)는 공묘에서 쫓겨나게 되었다. 이에 중국인의 정권에 대한 인식은 진상으로부터 점점 멀어졌다.

당연히 고대 사람들에게 너무 높은 수준을 요구해서는 안 된다. 권력을 상자 안에 가두는 것, 인류는 이 거대한 성취를 실현하는 데 수백 년의 시간이 걸렸다. 권력에 제약을 두는 것은 역사가 진화하면서 나온 것이지 사상가가 미리 설계한 것이 아니다. 미국의 연방주의자들이 오직 권력으로만 권력을 제한할 수 있다고 지적한 지 불과 200년, 300년의 시간이 지났을 뿐인데, 우리가 어찌 맹자 선생에게 더 높은 기준을 요구할 수 있겠는가?

국가는 사회가 자라난 나비

: 한 나라는 한 사회가 발육한 결과다

사람의 신체는 각각의 기관으로 구성되어 있고 기관 간의 상호 협조로 생명이 유지된다. 마찬가지로 사회도 수많은 기관으로 구성되며 그것들의 상호 협조로 운영된다. 그중 핵심 기관 가운데 하나가 바로 국가기구이고, 줄여서 국가라 부른다. 사람은 수정란 하나가 선후 순서에 따라 자라나 각 내장 기관이 점차 발육한다. 국가 역시 그렇다. 인류의 수만 년 역사 중 국가는 수천 년 전에야 발육하기 시작했다.

모든 인류 집단이 다 국가기구를 만들어낸 것은 아니며 국가는 생존 경쟁의 필요에 따라 출현했다. 태평양의 일부 섬 중에는 여전히 국가기구를 만들지 않고 원시상태로 살아가는 원주민도 있다.

국가의 기능은 공공으로 통치하는 서비스를 제공하는 것이고 이는 국가의 근본 의의다. 즉 "대도가 행해지면 천하(국가)가 공공의 것이다." 하지만 국가기구는 사람이 조성한 것이며 사람이 조작해 운영된다. 사람은 사욕이 있기에 국가기구의 기능은 자주 왜곡되었다.

역사를 살펴보면 국가기구는 진화의 산물이지 인류 두뇌

가 설계한 작품이 아니다. 염제와 황제의 시대에 생존 경쟁
으로 부족 규모가 끊임없이 확대됨에 따라 부족의 공공관리
를 위한 전문적인 사람과 기구가 필요해졌고 이것이 바로 국
가의 초기 형태다. 국가는 생존 경쟁의 산물이다.

국가가 일단 생겨나면 모든 생명체와 마찬가지로 생존 환
경에 적응하려고 끊임없이 진화한다. 중국사에서 하상(夏商)
시기가 되면 국가의 형태는 이미 부락 봉건제로 진화했고 서
주 시기에는 성숙한 종법(宗法) 봉건제로 자라났다. 상앙변법
(商鞅變法) 이후 진일보해 제국체제의 제도가 되었다. 간단한
것에서 복잡한 형태로 가는 과정이었으며, 저급에서 고급으
로 가는 과정이자 애벌레가 나비로 변하는 과정이다.

제국체제의 제도는 근대 이래로 '봉건낙후'로 취급되어 많
은 비판을 받았다. 사실 이 제도 체계는 진화와 생존 경쟁의
산물로, 역사상 거대한 기능을 발휘했다. 예를 들어 내부의
전쟁을 없애고, 대제국의 농업 생산 방식으로 지탱할 수 있
는 최고 형태의 국가 체제다. 중화민족의 지속적인 생존에도
중요하게 작용했다. 물론 제국체제와 현대화는 병립할 수 없
다. 현대화에는 더 높은 수준의 제도가 뒷받침되어야 하며
이는 최근 200년간 중국인이 열심히 추구하는 목표다.

사회는 갑자기 변할 수 없다. 전통을 바탕으로 성장해나갈
수밖에 없다. 현재 큰 전환기에 처한 중국에는 국가 형태 중
구제도의 잔재가 여전히 많이 남아 있다.

의학의 발전으로 인공 시험관 아기가 탄생한 것과 마찬가
지로 시대의 발전에 따라 인류의 국가 형태에 대한 설계와
조정 능력도 발전했다. 미국은 '시험관 국가'로 사전에 설계
한 작품이다. 어느 날 우리가 실험실에서 국가 모델 A, 국가
모델 B, 국가 모델 C를 설계할 수 있다면 부화한 국가 형태는
더 높은 수준의 나비(국가)일 것이다.

제**2**부

봉건시대

하·상·주
삼대 봉건제 국가

혼돈의 시대는 거침없이 지나갔고, 4,000여 년 전 중국 고대사회는 문명의 문턱을 넘어서게 되었다. 하·상·주 봉건제 국가의 건립과 성숙은 문명사회 통치 형태의 구체적인 모습이다. 하·상·주 삼대(三代) 사회 형태는 오늘날 '노예사회'라고 불린다. 사실 엄격하게 표현하면 당시는 전형적인 '봉건사회'였다. 화하의 문명은 국가조직의 형식 면에서 초급 수준의 씨족 봉건제 국가에서 점차 성숙한 봉건국가로 나아갔다.

하나라: 천하의 맹주가 되다

20세기 초, 고고학계가 아직 하(夏)나라의 유적을 발견하기 전이었기에 하나라의 존재 여부를 묻는 의문의 소리가 많았다. 최근 수십 년간 발굴된 왕성강(王城崗) 유적지, 이리두(二里頭) 유적지, 동하빙(東

下憑) 유적지 같은 고대 유적지를 두고 하나라 말기와 상나라 초기로 의견이 갈려 일치된 결론을 내리지 못했다. 각종 자료를 종합했을 때 필자는 하나라가 분명히 존재했다고 믿는다.[1]

《사기》에 의하면 전욱 이후 하 부족이 흥기했다고 한다. 고대 문헌은 우의 혈통을 전욱으로 추적해 올라갔다. 예를 들어 《사기》〈하본기〉와 《대대예기(大戴禮記)》〈제계(帝系)〉에는 우를 전욱의 손자라고 했다(우를 전욱의 5대손으로 본 문헌도 있다. 어쨌든 하 부족을 전욱 부족의 후손으로 보는 것은 문제가 되지 않을 것이다).

후세의 중국사가 남북 대립으로 나타난 것과 달리 상고 시기에는 주로 동서 대립이 있었다.[2] 하·상·주·진(秦)은 서풍과 동풍이 반복적으로 바뀐 것이었다. 하 부족은 서쪽(상대적으로 중원에 비해)에서 기원했고, 상 부족은 동쪽 해변에서 기원했다. 주 부족은 서쪽에서 기원했으며, 스스로 하의 계승자라고 여겼다. 마지막으로 주를 멸한 진은 동쪽에서 기원해(오늘날 산동성 경내) 은상(殷商) 문명을 계승했다.

하버드대학교 교수였던 장광즈(張光直)는 하·상·주 삼대가 문화적으로 연달아 계승되었다고 보았다.

대우는 치수를 해 큰 공을 세운 하나라의 창시자다. 우의 아들부터 하나라는 정식으로 세워졌다. '하·상·주 시대를 구분하는 프로젝

---

1 이에 대해 약간의 증거가 필요하다. 우선 사서와 서면 문자 특히 《산해경》의 기록이 있고, 또 은허 갑골문에 기후를 언급하며 기국(杞國)이 존재했음이 설명되는데 기국은 하의 후대이다. 2002년 해외에서 환수한 그릇(서주 중기)에도 서주 사람들이 우의 존재를 인정했다는 글이 새겨져 있다. 언어학에서는 학자 정상방(鄭尙芳, 1933~2018)이 《하어탐색(夏語探索)》에서 하나라 언어의 존재를 증명했다. 그 밖에 고서 중 대우 시기에 일식 등 천문 현상이 일어났다고 기록되어 있는데, 천문학자들이 추측한 이 같은 기상이 발생한 연대가 고대사에 기록된 대우 집정 시기와 일치한다.
2 보쓰녠, 《이하동서설(夷夏東西說)》.

트[3]는 하나라가 기원전 2071년부터 시작되었음을 고증해 하와 상의 경계를 기원전 1600년까지로 보았다. 《죽서기년》에서 말한 하 왕조가 '왕이 있고 없음을 합해 471년'이라는 기록과 부합된다.

이른바 '왕이 없다'는 것은 하 왕조 초기 태강(太康)이 나라를 잃은 이후의 기간을 가리킨다. 이 시기 동쪽 해대집단의 우두머리인 후예, 한착(寒浞)이 통치했고 태강의 동생 중강(仲康)의 손자 소강(小康)에 이르러 하나라의 왕이 통치를 회복했다. 황제 시기 3대 집단의 경쟁은 이때까지 아직 남아 있었다.

하왕은 사(姒)씨 성에서 나왔다. 하 왕조가 세워졌지만 주위의 소국은 여전히 즐비했다. 그들 간의 예와 알현을 위한 왕래가 있었지만, 후대처럼 그렇게 엄격한 속국의 관계는 아니었다. 하의 지위는 춘추 시기의 맹주와 비슷했다. 하 왕조 시기에는 이웃나라와 부족이 많았다. 《사기》〈하본기〉에 보면 기씨(杞氏)·유호씨(有扈氏)·유남씨(有男氏)·짐심씨(斟尋氏)·동성씨(彤城氏)·포씨(褒氏)·비씨(費氏)·명씨(冥氏) 부족 등이 있었다. 《여씨춘추(呂氏春秋)》〈용민(用民)〉에는 "하나라 우임금 당시 천하만국이 상나라 탕임금에 이르러서는 3,000여 개의 나라가 되었다"라고 적혀 있다. 이때 '국(國)'의 규모는 오늘날 현이나 향과 비슷했을 것이다.

하의 걸(桀)이 나라를 망친 주요 원인은 수많은 이웃나라와 부족의 지지를 잃어 안팎으로 곤경에 처했기 때문이다. 그 결과, 상 부족에게 멸망한다.

---

3 하상주단대공정(夏商周斷代工程, 하·상·주 시대의 연표를 확정한 정부 추진 연구사업-옮긴이)은 사학계에 큰 논쟁을 불러왔으며, 국내외 학자들의 비판이 있었다. 이 책에서 인용한 것은 편의를 위해서이지 그 관점을 전면적으로 인정한 것은 아니다.

하 왕조가 후세에 미친 영향은 매우 크다. 상 왕조의 통치자들은 하나라의 멸망을 교훈으로 삼았으며 주나라의 통치자는 하를 자신의 정통으로 삼아 주나라 사람들은 스스로 '유하(有夏)'라고 불렀다. 주나라 사람은 자칭 희주족(姬周族)과 하족의 관계가 긴밀하다고 표명했으며, 심지어 자신들이 하족의 분파라고 여겼다. 《상서》〈소고(召誥)〉에 기록되어 있는 주공의 "나는 하나라를 본보기 삼지 않을 수 없다"라는 말은 하나라가 '덕을 공경하지 않아서 일찍이 그 천명을 잃었다'라고 여겨서 주나라 통치자들이 반드시 하나라 멸망의 교훈을 받아들여야만 오랫동안 안정된 통치를 할 수 있다는 점을 강조한 것이다.

중국 역사상 첫 번째 왕조인 하나라의 제도, 예의, 문화 등은 후세에 깊은 영향을 미쳤다. 공자는 하나라의 예에 매우 관심을 보이며, "하나라의 예는 내가 능히 말할 수 있으나, 기나라 것은 증명하기 부족하다"라고 하면서 하나라 예에 능통한 것을 영예롭게 여겼다. 하나라의 개국 군주 계가 일찍이 '구소'를 추었는데 공자는 이 '소(韶)'라는 음악에 매우 심취해 제나라에서 이를 듣고 '석 달 동안 고기 맛을 느끼지 못했다'고 전해진다.

하나라의 역법은 '하령(夏令)' 혹은 '하시(夏時)'라고 불렸으며, 사람들이 줄곧 따랐다(공자는 '하나라의 역법을 따를 것'을 주장했다). 수레와 술을 만드는 등의 기술이 모두 하나라 때 발명됐다고 전해지며 그 수준이 상당했다고 한다.

동하빙 유적지 등은 하나라 때가 마침 석기시대에서 청동기시대로 접어드는 시기임을 보여준다. 수많은 노동기구가 석기로 제작되었지만, 청동기도 많이 보인다. 거주지도 반혈거(半穴居) 형태, 백석회를 벽에 바른 주택, 토굴집 형태 등이 있다. 사람들은 평상시에는 노동과 사냥을 했고 한가할 때는 음악을 연주하고 장신구를 달았으며 옷차림을 중시했다.

하를 멸한 상: 동풍이 서풍을 무너뜨리다

하를 뒤이은 상나라는 자(子)씨 성의 상족이 세웠다. 상의 조상은 '설(契)'이라고 불렸으며 순, 우와 대략 동시대로 상나라 역시 상당히 오래된 부족이다.

왕궈웨이의 고증에 따르면 상나라 사람들도 제곡의 후예로 하, 상 모두 화하족의 다른 지파다.

상은 동쪽과 북쪽, 혹은 유연(幽燕)의 땅에서 기원했다. 설의 어머니 간적(簡狄)이 현조(玄鳥)의 알을 삼킨 뒤 임신하고 아들을 낳자 그 이름을 설이라고 지었다고 전해진다. 즉《시경(詩經)》〈현조(玄鳥)〉에 상나라의 시조(始祖)에 대해 "하늘이 검은 새에게 명해 지상에 내려가 상을 낳으라 했다(天命玄鳥, 降而生商)"라고 묘사되어 있다. 상나라 사람들은 초기에 황하 하류 북쪽의 옥토에서 생활하며 자주 옮겨 다녀 성탕(成湯, 탕왕의 다른 이름 - 옮긴이) 시기에는 오늘날의 익남(翼南), 예북(豫北) 일대까지 옮겨왔다. 약 기원전 17세기, 성탕이 많은 이웃 부족의 지지 아래 하나라를 멸하고 상나라를 세웠다.

후예가 하를 멸하고 소강이 중흥시킨 것은 첫 번째 이하(동이와 화하)의 전쟁으로 간주할 수 있으며 성탕이 하나라를 멸한 것은 두 번째 이하 전쟁으로 볼 수 있다.

《사기》의 기록에 따르면 상나라는 17대 31명의 왕이 있었다. 상나라의 멸망은 기원전 11세기다(《죽서기년》에는 "상나라가 496년간 지속되었다"고 해 상나라의 실제 상황과 비슷하다).

상나라는 크게 두 단계로 분류할 수 있다. 성탕이 하나라를 멸망시킨 이후 상나라 20대 군주 반경(盤庚, B.C.1290~B.C.1263)이 은으로 천도하기까지가 첫 번째 단계로 초기 상나라 시기다. 반경이 은으로 천도한 후부터 상나라가 멸망할 때까지를 두 번째 단계로 만상 시기라고 부른다. 초기 상나라 시기에는 수차례 수도를 이전했다. 상나라 도읍은 박(亳), 효(囂), 상(相), 비(庇), 엄(奄) 등이 있었다. 반경이 왕위를 이은 후 도읍을 엄에서 은(殷)으로 옮겼다. 이후 상의 도읍은 작은 범위 내에서 이동하거나 두 도시가 병존했으나 기본적으로는 은을 도읍으로 했다. 《사기정의(史記正義)》〈은본기(殷本記)〉에는 《죽서기년》의 내용을 요약해 "반경이 은으로 수도를 옮긴 때부터 주가 멸할 때까지 273년 동안 수도를 옮기지 않았다"라고 쓰여 있다. 이 말은 대체로 믿을 만하다.

상왕의 왕위 계승은 '부친의 사후 자식이 계승'할 뿐 아니라 '형이 죽은 뒤 동생이 뒤를 이은' 경우도 적지 않았다. '형제 계승' 제도는 다른 왕조에서는 드물게 보였는데, 상나라를 핵심으로 우방과 부족연맹의 강화가 필요했던 것과 관련이 있어 보인다.

상나라 시기 왕권은 강화되었다. 가장 높은 군주의 명칭은 하나라때 주로 '후(后)'로 불렸고 상나라 때 '왕'이라 불렸다. 탕이 하나라를 멸할 때 자신의 용맹을 강조해 '무왕(武王)'이라 불렀다고 전해진다. 《시경》〈장발(長發)〉에는 후손이 그를 칭송한 글이 실려 있다. "무왕이 깃발을 날리며 올라, 수레방울을 잡고 경건하게 지키니, 불이 훨훨 타오르는 것 같아 어찌 우리가 감히 막으리오." 깃발 아래 장엄하게 큰 도끼를 들고 불같은 기세로 공격하니 감히 누가 그를 막았을까!

반경이 은으로 수도를 옮긴 후의 만상 시기에는 왕권이 한층 더 강화되었다. 후기의 몇몇 왕은 십이간지 앞에 이름을 붙였다. 예를 들어 강정(康丁), 무을(武乙), 문정(文丁) 등이다. 상나라 왕이 이미 특수하고 존귀한 지위를 가졌다는 것을 알 수 있다. 상나라의 마지막 두 왕은 상제의 '제'자를 왕의 이름으로 사용해 제을(帝乙)과 제신(帝辛, 즉 주왕)이라고 했으며, 이렇게 왕권신수의 관념을 직접적으로 반영했다.

상나라: 화장을 한 여인들과 전쟁에 사용된 코끼리

20세기 초 갑골문의 도굴로 뜻하지 않게 은상의 후기 수도 유적지인 '은허'가 하남에서 발견되었다. 1928년 정식으로 고고학적 발굴을 시작했고 이 발견은 중국 고대사 연구에 큰 활력을 주었다.

은허에서 출토된 유물에는 대량의 청동기, 도기, 골기, 석기 외에 문자가 새겨진 수많은 귀갑과 수골(적어도 10만 편 이상)이 있다. 이 갑골들은 주로 점복에 사용되었고, 그 복사들은 특수한 역사의 기록에 해당한다. 이 진귀한 갑골문과 사서에 기록된 내용이 서로 입증해주니 상나라 연구가 역사학자의 책상에서 다시 부활하게 되었다.

상나라 문명은 이미 높은 단계에 올라 있었다.

상나라의 성벽은 두껍고 음력과 양력을 함께 썼으며, 갑골문 육서(六書, 여섯 가지 글자를 만드는 방법)를 구비했고 청동기 공예가 번성했으며 해변, 심지어 머나먼 동남아시아에서 화폐가 건너왔다. 상나라 사람들은 이미 합금의 비율과 그 제련 기술을 정확하게 다루었다. 풍요롭고 정교하며 아름다운 은상 시기 청동기는 청동과 주석의 합금으로 만들어져 처음에는 금빛이 찬란했다.

정교한 상나라 청동 공예

갑골문에 포함된 글자는 약 5,000개로 그중 대략 절반은 식별이 가능하다. 이 문자들은 비록 형태상 오늘날의 한자와 다르지만, 식별할 수 있는 글자는 모두 일정한 규칙에 따라 오늘날의 글자로 번역할 수 있다. 그 의미와 용법은 오늘날 글자와 기본적으로 완전히 일치하며 중국 문화의 계승을 분명하게 보여준다. 한 권의 책에 모든 글자를 다 포함할 수 없는 것처럼 갑골문이 당시 모든 글자를 다 포함할 수는 없다. 당시 사용한 글자 수는 분명 5,000개보다 더 많았을 것이다.

상나라 사람이 길들인 동물은 소(들소와 물소)와 말, 개 외에 코끼리가 있었다. 상나라 사람들은 코끼리를 전쟁에 이용하기도 했다. 조각품과 기타 유물을 통해 상나라 사람들의 생활상과 의복을 알 수 있다. 그들은 바닥에 앉아 생활했으며 옷깃이 있는 옷을 입고 오른쪽으로 옷섶을 여몄으며, 짧은 상의와 짧은 치마를 끈으로 묶었고 신발은 뾰족하게 솟은 형태였다. 당시 여인들은 화장을 좋아해 얼굴에 붉은 칠을 했고, 머리 장식은 매우 복잡해 좌우 양쪽 귀밑머리 또는 이마의 두건에 원형 장식을 하고 머리 위에는 상아 빗을 꽂았다. 머리 장식이 머리보다도 높았다.

상나란 사람의 운송수단은 소, 말, 혹은 코끼리가 끄는 마차였다.

보통의 마차 외에 전차도 있었는데, 반원형으로 생겼으며 뒤에서 마차에 오르내렸다. 말 네 필이 끄는 마차 형태는 나중에 등장한 주나라의 군용 마차와 비슷했다. 이는 은허에서 발견된 청동 마차 장식으로 추측한 것이다. 갑골 복사의 기록에 따르면 상나라 사람은 출정하면 30, 40일이나 되는 곳까지도 갔다.

상나라 사람은 진정한 '상인(商人)'이었다. 그들은 장사를 잘해 우마차에 각종 물건을 싣고 무역에 종사했다. '상인'이라는 단어가 장사하는 사람을 뜻하게 된 것은 여기서 기원했다.

상나라 사람은 이미 장사할 때 화폐를 사용하는 단계에 이르렀다. 화폐는 주로 조개로 만들었으며 가끔 작은 옥기도 있었다. 은허의 유물로 추측건대 은의 수도 일대는 상업이 매우 번성했다. 청동기, 옥기, 녹송석(綠松石, 솔방울과 모양이 비슷하고 색상이 녹색에 가까워 붙여진 이름이다. 세계적으로 보기 드문 귀중한 보석품 중 하나 ─ 옮긴이) 장식품의 원료 및 용량이 매우 큰 갑골, 함수의 조개 등 모두 먼 곳에서 생산된 물건들이 산을 넘고 바다를 건너 운반되어 왔다(그중 옥의 출현은 장건(張騫)이 서역으로 가기 전에 서방과 화하의 산발적인 왕래가 있었다는 증거다). 최근의 고고학계 연구로 갑골과 조개의 일부분은 심지어 동남아시아에서 왔다고 밝혀졌으니 당시 상업 활동의 범위가 얼마나 넓었는지를 짐작할 수 있다.

고대사회 가운데 상나라가 가장 신권을 중시했다. 즉 '상나라 사람은 귀신을 숭상'했다. 상나라 사람들은 귀신의 세계가 이승과 마찬가지로 존재하며, 이 두 세계가 상호작용을 한다고 여겼다. 은허 갑골의 복사는 상나라 통치자가 거의 매일 모든 일에 점을 쳐서 군국의 큰 일은 모두 신의 뜻에 따라 결정했음을 분명히 보여준다. 귀신 세계는 주로 그들의 조상으로 이루어졌다. 왕실은 조상들에게 성대한 제사를 올렸다. 한 번에 양 50마리, 소 300마리 또는 400마리를 제물로 바쳤다.

상나라 왕 무정(武丁)과 그 후 약간의 시기에 순장과 인신공양이 크게 성행해 신령의 제사 때 많은 사람을 제물로 바쳐 신권의 존귀함을 드러냈다.

상나라 사람들은 보편적으로 부족끼리 모여 살았으며 각 부족이 한 사회의 단위가 되었다. 부족마다 호칭이 있었고 '씨'라고 불렀다. 성과 씨의 구별은 상나라 당시에 이미 있었다. 성은 예전에 있던 부속의 호칭이며, 씨는 비교적 후기 부족의 호칭이다. 부족원이 늘어나서 한 부족이 여러 부족으로 쪼개지자 타지로 흩어지기 시작했다. 같은 뿌리에서 갈라져 나온 부족들은 이전 공동의 부족명을 유지하며 이를 성으로 불렀다. 동시에 각자 자신만의 특수한 부족명을 씨라고 불렀다. 성(姓)은 갑골문과 금문에 모두 '生'으로 쓰고 '女'를 붙이지 않았다. '姓' 대신 '生'이라 쓴 것은 자신이 태어난 근원을 되짚어가는 의미가 포함된 것이다.

고대 사람들은 이름을 성씨와 함께 쓰지 않았다. 원시사회에서는 마주치는 사람들이 대체로 같은 성씨이기 때문에 굳이 성씨를 이름 앞에 쓸 필요가 없었다. 이런 습관은 춘추시대까지 남아 있었다. 성씨를 앞에 붙이는 것은 각처에서 온 사람들이 복잡하게 섞여 살기 시작한 대도시 형성 이후의 일이다.

주가 상을 멸하다: 농민이 상인을 물리치다

자(子)를 성으로 한 상족들과 마찬가지로 희(姬)를 성으로 한 주(周)족

도 오래되었다. 주의 시조는 '기
(棄)'이며 순, 우 시대의 사람으로
순에게서 농업을 관리하라는 명
을 받고 사람들에게 농사를 가르
쳤다. 그 공으로 '후직(后稷)'이라
는 벼슬에 올랐고 이후 그는 관
직명인 후직으로 불렸다.

한자 '주(周)'의 변천

주나라 사람의 조상 신화는
상나라의 '천명현조(天命玄鳥)'와
다르다. 주의 시조모는 강원(姜
原)으로 그녀는 '제(천신)'의 발자
국을 밟고는 후직을 잉태해 낳았다. 신화의 색채가 농후한 전설 속의
'제'는 제곡을 가리킨다. 주족의 기원과 황제족 고신씨(高辛氏)의 뿌리
가 같다는 것을 알 수 있다.

후직이 '기'라고 불린 이유는 그가 일찍이 세 차례 버림받았기 때
문이다. 첫 번째로 좁은 골목에 아이를 버리자 길을 지나는 소와 양
들이 모두 그를 피해 돌아가며 밟지 않았다. 다시 숲에 버려졌지만 벌
목하는 사람이 안고 돌아왔다. 세 번째로 차갑게 언 강에 버려졌지만,
커다란 새가 날아와 날개를 펼치고 아이를 따뜻하게 감싸주었다.

《시경》〈생민(生民)〉에 아이를 버리는 의식이 기록된 것으로 보아 원
시시대 모종의 종교의식과 관련이 있을 수 있다. 기는 엄한 시험을 거
친 후 신비한 인물로 여겨져 후에 씨족 가운데 명망이 높았으며, 결국
농업의 전문가가 되었다. 주나라 사람은 장사에 뛰어난 상나라 사람
과 달리 농경에 주로 힘썼다. 갑골문의 '주'자는 밭 모양과 유사하다.

이후 부족 수령 공류(公劉) 시기에 주 왕조는 융과 적의 사이에서 거주하다 후에 전 부족이 공류의 지도 아래 빈(豳, 오늘날 섬서성 빈현)으로 옮겼다. 공류의 9대손인 공단보(公亶父, '古公亶父'라고도 부른다. 주나라의 기초를 닦은 인물로, 문왕의 조부다 - 옮긴이) 때 주족은 빈에서 기산(岐山) 아래의 주원(周原)으로 이주했다. 《시경》에 남겨져 있는 많은 시가가 당시의 사회 분위기를 묘사하고 주나라의 조상과 지도자를 칭송하는데, 〈생민〉〈공유〉〈면〉〈황의〉〈문왕〉〈파부〉 등이 그렇다.

이후 주족은 빠르게 발전했으며, 주문왕(周文王) 때 삼분천하유이기(三分天下有其二, 천하를 삼등분하여 2를 가질 만큼 나라가 강성하다는 뜻. 출처는 《논어》- 옮긴이)의 강성함을 누렸다. 많은 나라와 부족의 보호를 받으며, 아들 무왕이 상나라 마지막 왕인 주(紂)를 처단하고 상을 멸하는 데 필요한 기초를 다졌다.

문왕은 주 부족을 발전시킨 핵심 지도자다. 문왕의 성은 희(姬), 이름은 창(昌)으로 계력(季歷)의 아들이다. 왕위를 계승받을 때 이미 중년이었다. 공자는 문왕을 분주히 뛰어다니는 농민의 형상으로 묘사했다. 《맹자》〈공손추(公孫丑)〉에 기록된 "문왕은 백 리의 땅을 가졌다"라는 내용으로 보아 그가 왕위를 계승할 당시에는 주의 영토가 아직 작아 반경 백 리는 매우 큰 축에 들었다는 것을 알 수 있다. 문왕은 어진 정치와 적절한 조치를 취해 주의 세력을 더욱 넓혀갔다. 그 정략은 첫 번째로 농업 생산을 중시해 경제력을 강화하는 것이었다.[4]

문왕의 아들은 희발(姬發), 즉 무왕(武王)이다. 대략 기원전 11세기

---

4 《시경》〈천작(天作)〉에는 "하늘은 높은 산 만드시고, 대왕께서는 이것을 개척하셨다. 그분께서 일구시고 문왕께서 이를 개발하셨도다"라고 했으며, 《상서》〈무일(無逸)〉에는 "문왕께서는 허름한 옷을 입으시고, 황무지를 개척하고, 경지를 개간하는 일을 했다"라고 쓰여 있다.

무왕이 군을 이끌고 상나라를 멸한 뒤 주 왕조의 개국 군주가 되었다. 이 왕조의 교체는 역사에 상세하게 기록되어 전해진다.

상나라의 마지막 왕 주(紂)의 정식 명칭은 '제신으로, 제을의 아들이다. 주왕은 본래 천부적으로 용감하고 위풍당당하며 비범했다.《사기》〈은본기〉에는 "자질과 말솜씨가 뛰어났으며 두뇌가 명석해 모든 일을 듣거나 보고 그 진상을 꿰뚫어 보는 눈이 날카로웠다. 재능과 체력이 뛰어나 맹수를 맨주먹으로 때려잡을 수 있을 정도"라고 했다. 그러나 그는 교만하고 괴팍하며 사치스럽고 타락한 생활을 해 한단이남, 조가(朝歌, 지금의 하남성 기현) 이북의 광대한 구역에 호화로운 궁전을 지었다. 주왕은 매우 포악해 포락지형(기름칠한 구리 기둥을 숯불 위에 걸쳐놓고 죄인을 건너가게 함 – 옮긴이)을 만드는 등 그가 집정한 시기의 정치판은 암흑에 둘러싸여 있었다. 비간(比干), 기자(箕子), 상용(商容) 같은 현신들은 주살되고 관직에서 쫓겨났으며 상나라의 대사, 소사, 내사 등 요직의 관리들은 제기, 악기, 지도 등 나라의 중요한 보물을 가지고 주나라에 투항했다. 바로 주왕의 재위 기간에 주족이 일어나 실력에 따라 대비되는 변화로 상나라를 멸하고 주나라를 세웠다.

《사기》〈주본기(周本紀)〉에 따르면 주무왕 희발은 군을 이끌고 맹진(盟津, 지금의 하남성 맹진현 동쪽)까지 동진해 800명에 이르는 제후들을 만났다. 무왕은 시국을 잘 살펴본 뒤 시기가 아직 무르익지 않았다고 판단해 퇴병을 명했다. 상나라 주왕이 충심으로 간언한 비간을 죽이고 기자를 감옥에 가두는 등 폭정이 극에 달하자 무왕은 하늘의 때가 되었다고 결론을 내렸다.

약 기원전 11세기 중엽 무왕은 강자아(姜子牙, '姜尙'으로도 불리며, 우리가 잘 아는 강태공을 이른다 – 옮긴이)의 도움을 받아 주왕을 물리쳤다.

강자아는 '사상부(師尙父)' 또는 여상(呂尙)·강아(姜牙)·태공망(太公望) 등으로도 불렸다. 강자아는 여국(黎國, 동이족 계열의 제후국-옮긴이)에서 주나라에 들어온 사람인데 전쟁을 잘해 '사(師)'라고 불렸으며, 무왕이 상나라를 멸하는 데 가장 큰 공을 세운 장군이다. 성공한 후에 강자아는 제나라를 건립하고 영구(營丘), 즉 오늘날 산동성 창락현(昌樂縣) 내에 수도를 세웠다.

무왕 11년 1월 주나라 군대가 동쪽으로 출발했는데, 융거 300대, 호분 300명, 갑사 300명을 주력군으로 용(庸)·촉(蜀)·강(羌)·미(微)·노(盧)·팽(彭)·복(濮) 등 나라와 부족의 동맹군도 있었다.

2월에 주나라군은 맹진(孟津)에서 황하를 건너 북상해 회(懷, 하남성 심양), 공두(共頭, 하남성 휘현경) 등지를 거쳐 조가(朝歌, 허난성 기현)로 돌진했다. 같은 달 갑자일 새벽에 양쪽 군은 조가 교외의 들판에서 조우했다. 결전 전에 무왕은 주왕의 죄악을 꾸짖고 대군들에게 사나운 호랑이가 표범을 사냥하듯, 용맹하게 돌진할 것을 독려했다.

상나라군은 수적으로 많아 "은상의 군대가 숲처럼 모였다"(《시경》〈대명(大明)〉)라고 했다. 하지만 전쟁에 임하는 군사들의 사기는 이미 흐트러졌고, 일부 군사들은 싸우기도 전에 배반했다. 격렬한 전투 후 상나라 측 군사들이 패배하자 주왕은 도망을 친 뒤, 보화로 장식된 화려한 의상을 입고 분신자살을 했다.

무왕은 주왕의 머리를 자른 후 하얀 깃발에 매달아 백성들에게 보였다.

청동기 '이궤(利簋)'에 무왕이 상을 정복한 하루가 새겨져 있다. 목야(牧野)의 전쟁이 단 하루 만에 승리를 거두었음을 알 수 있다. 하지만 전쟁에서는 예측하지 못한 일도 생기는 법인지라 무왕은 당일 고도로 경계하며 밤새 잠을 이루지 못했다.

　다음 날 무왕은 상나라 왕의 궁전에서 성대한 의식을 거행했다. 윤일(尹逸)이 축문을 읽고 무왕이 무릎을 꿇고 머리를 땅에 닿게 두 번 절하며 '천명을 받들어 은을 물리쳤음'(《일주서(逸周書)》〈극은(克殷)〉)을 알렸다. 즉 혁명의 성공을 선포하고 천의를 받들어 정권을 받아들인다는 것을 표명한 것이다.

　무왕은 상을 멸망시킨 후 주의 아들 무경(武庚)에게 상의 수도 은(殷)을 통치하게 했으며, 감옥에 간힌 기자와 백성을 석방하라 명령하고 은의 현인 상용과 주왕에게 살해당한 쟁신(왕의 잘못을 바른말로 간하는 신하-옮긴이) 비간을 표창하고 상나라의 녹대(鹿臺)와 거교(巨橋)의 양식과 재물을 백성들에게 나누어주었다. 또한 구정과 보옥 등 옥기를 옮기라 명해 천하를 주재하는 권력의 이동을 상징적으로 보여주었다. 군대를 파견해 왕실이 다스리던 땅과 그 부근 지역의 미·진·위·모·선방(宣方)·촉(蜀)·역(歷) 등 이웃 부락을 평정해 전쟁의 뒤처리를 했다. '이궤' 명문에 따르면 무왕은 은의 수도에서 7일간 머무른 뒤 갑자일 후의 신미일에 하남성 정주시 일대의 간사(柬師)에 도착했다. 그 후 무왕은 이락(伊洛) 지역까지 서행하며 지리의 형세를 조사했다. 4월에 무왕은 군을 이끌고 개선해 수도 호경(후의 장안, 현재의 서안)으로 돌아왔다.

　주왕이 죽은 후 그 아들 무경은 주나라의 분봉을 받아, 주나라를 대신하여 문명이 고도로 발달한 상나라 지역을 관리했었다. 하지만 무경을 우두머리로 한 반란이 평정된 후 미자(微子)가 무경을 대신했다. 비록 은상의 생활방식과 통치체계는 오랜 시간 남아 있었지만, 주왕의 죽음은 한 왕조로서 상나라의 운명이 다했다는 상징이 되었다.

반란 이후에도 "착한 자를 우대하여 혜택이 그 자손에게 미치게 하고, 악한 사람을 미워하되 형벌이 자신에게만 그치게 한다"《공양전(公羊傳)》는 원칙에 따라 주나라가 은을 멸한 후에 하나라의 후손은 기국으로 봉하고, 은나라 후손은 송국으로 봉했다. 이렇게 해 신정권에 독립적인 합법성을 승인하고, 구정권은 존재의 합리성을 부인하지 않았다. 이처럼 "멸망한 나라를 다시 일으키고, 끊어진 대를 다시 이어주는" 윤리는 전 세계 역사상 독특한 것이다.

상나라는 비록 망했지만 언급할 가치가 있는 두 유민이 있다. 바로 백이(伯夷)와 숙제(叔齊)다.

백이와 숙제는 상나라 시기 고죽국(孤竹國) 군주의 두 아들로 태어나 상나라 주왕의 부패를 보고 그와 합작하지 않았다. 하지만 주나라의 폭력적 혁명에도 찬성하지 않았다. 두 사람은 주무왕에게 간언했지만 무왕은 받아들이지 않았다. 무왕이 상나라를 멸한 후 백이와 숙제는 나라가 멸망한 고통을 느끼며 주나라의 곡식을 먹지 않겠다고 맹세하고 수양산에서 고사리를 채집해 먹었다. 야산에서는 당연히 생계를 유지하기 힘들었지만, 그들은 정의를 위해 목숨을 바치며 결국 수양산에서 굶어 죽었다. 상나라는 비록 망했지만, 백이와 숙제의 기상은 사람들에게 추앙되고 전승되었다.

한나라 때 사마천은 《사기》〈백이열전(伯夷列傳)〉에서 두 사람을 다루며 모든 열전의 첫 번째에 올렸다. 또한 해외로까지 그들의 기록이 전해져 일본, 베트남의 지식인들도 크게 감동해 모범으로 삼았다. 일본 에도시대에 미토번(水戶藩)의 영주였던 도쿠가와 미쓰쿠니(德川光國, 1628~1701)는 《사기》를 읽고 백이의 기개에 감명을 받았다. 명나라 말기 도쿠가와 가문이 사당을 세우며 백이와 숙제의 목조 조각상을 사당 내에 안치하고 공자가 백이와 숙제를 평한 "인을 구해 인을 얻었다(求仁得仁)"를 따라 '득인당(得人堂)'이라고 이름 지었다. 그 사당은 지금까지도 존재하며 도쿄의 고이시카와 고라쿠엔(小石川後樂園) 내에, 명말 유민인 주순수(朱舜水) 선생이 직접 설계한 '원월교(圓月橋, 엔게쓰쿄)' 옆에 자리하고 있다.

무왕부터 서주 왕조는 12대 13명의 왕이 있었다. 그 외에 무왕이 죽은 후 무왕의 동생 주공 단(旦)이 무왕의 아들 성왕(成王)을 대신해 한동안 섭정을 하면서 왕을 칭했지만 성왕이 성장한 후에는 왕위를 자발적으로 반환했다. 여왕(厲王) 말년에는 14년에 이르는 '공화' 시기를 지냈다. 서주는 줄곧 서쪽 만족인 '대융'의 강한 군사적 압박을 받다가 전쟁이 일어난 후 내정 위기를 겪다 결국 기원전 771년에 멸망했다. 서주는 대략 두 세기 넘게 유지되었고 마지막 군왕은 전설 속의 "봉화로 제후들을 희롱한" 유왕(幽王)이다.[5]

유왕 말년 정국이 크게 어지러워진 후 평왕(平王)이 왕위를 이었고 그 이후 동주시대가 시작된다.

서주: 고요하고 근엄한 사회

서주 때의 사회적 분위기는 고요하고 엄숙했다.

"국가의 큰일에는 전쟁과 제사가 있다(國之大事, 在祀與戎)." 이 말에

서 드러나듯 이들은 조상에게 제사를 지냈고, 전쟁이 없을 때는 조용한 삶을 살았다. 오직 1년 중 봄에 치르는 제사 대회만이 거국적으로 마음껏 즐기는 날이었다.

국가는 도시와 시외로 나뉘었는데, 도시 내는 '국(國)'이라 부르고 도시 밖은 '야(野)'라고 불렀다. 당시 도시는 후세처럼 경제와 무역 때문이 아니라 안전한 방위가 필요해 생겨났다. 봄, 여름, 가을 세 계절에 농민들은 교외에서 일하고 숙식했으며 겨울에 성 내의 집으로 돌아와 군사훈련과 예를 지내고, 설을 쇠었다.

서주에서 전해 내려오는 민가인 《시경》〈칠월(七月)〉에는 빈[豳, 지금의 섬서성 빈현(彬縣)] 지역의 농민 생활이 상세하게 묘사되어 있다. 정월에는 농기구를 수리하고, 2월에는 파종을 시작하고, 아내가 밭으로 음식을 가져오고, 농사를 감독하는 농민관리 '전준(田畯)'도 웃으며 온다. 딸은 대나무 광주리에 뽕잎을 따 양잠을 한다. 8월에는 수확을 준비하고 딸은 실을 뽑으며, 염색하고 공자를 위해 옷을 지을 준비를 한다. 10월에는 맑은 귀뚜라미 울음소리가 침상 아래에서 울리고, 사람들은 곡식을 수확하고 술을 만들어 이듬해 봄 귀족에게 진상할 준비를 한다. 엄동설한이 다가올 때를 대비해 집을 수리하고 불을 붙여 연기로 쥐를 쫓고 벽 사이 틈에 진흙을 발라 한풍을 막는다. 추수 이후에는 귀족의 집에 가서 일을 한다. 낮에는 갈대를 꺾고, 밤에는 노끈을 꼰다. 새끼 양을 잡아 연말 모임을 준비하고 귀족의 집에 모여 술을 바치고 만수무강을 외쳤다. 11월에는 여우를 사냥해 귀족에게 바칠 가죽 옷을 만들었다. 12월에는 농부들이 모여서 군사훈련을 받았다. 귀족에게 살찐 돼지를 바치고, 얼음에 구멍을 뚫어 고기를 잘 보관했다가 다음 해 여름에 먹을 수 있도록 준비했다.

〈칠월〉이라는 노래는 그림처럼 아름다운 시구에 엄혹한 통치 관계를 잘 보여준다. 귀족들의 생활은 편안하고 고상하지만 1년 내내 고생한 농민들은 추운 겨울이 다가올 때 입을 솜옷이 없어 어찌 겨울을 보낼지 근심하는 내용이다(無衣無褐, 何以卒歲).

봉건국가의 성숙: 하·상·주 는 노예사회가 아니다

최근 수십 년간 역사 교과서는 줄곧 하·상·주 삼대를 '노예사회'로 정의했다. 이 견해가 민국 연간에 막 제시되었을 당시엔 사학계에 반향을 불러일으키지 못했다. 중국사의 사실을 벗어났기 때문에 애초 반박할 가치도 없다고 여겼다. 그러나 신중국 성립 이후 노예사회를 주장하는 목소리가 점차 주류 화법이 되었다.

개혁개방 이후 많은 학자들이 이 과제를 새롭게 연구해 '반증'의 방식으로 노예사회가 존재했다는 견해에 반대함으로써 점차 현재 학술계에서 공인된 '무노예학파'[6]가 형성되었다. 대표 학자로는 황시엔판(黃現璠), 장광즈(張廣志), 후종다(胡鐘達), 선장윈(沈長雲), 자오푸린(晁福林) 등이 있다. 그들은 '중원 왕조에는 노예 착취 형식을 띤 노예제 단계가 존재하지 않았다'고 지적했다. 북경사범대학 교수 자오푸린은 하나라와 상나라는 씨족 봉건제 사회이고, 서주와 춘추는 종법 봉건제 사회라고 규정했다. 이 책은 이 견해에 동의한다.

해외 사학계의 일반적인 견해는 노예사회가 존재하지 않았다는 데 별다른 이견이 없다. 저명한 역사학자 허빙디(何炳棣, 1917~2012)가 대

---

6 천지성(陳吉生), 〈중국역사학의 무노예학 시론〉, 《세계역사논단》 2010년 6월호.

표적인 예로, 상주(商周) 시기 전국 인구에서 노예가 차지하는 비중은 미미했으며, 생산노동에 종사하지 않았다고 지적했다. 상나라 때 '중(衆)'과 주나라 때의 '서인(庶人)'은 모두 보통 평민이었으며, 이들이 인구의 절대다수를 차지했다.[7] 컬럼비아대학교와 뉴욕시립대학교 역사 교수였던 탕더강(唐德剛, 1920~2009)도 "중국 고대에 노예(slaves)는 있었지만, 노예제도(slavery)는 없었다. 필자는 여러 저서에서 이를 증명했고, 국제 학계에서도 공론화되었다"라고 했다. 또한 인디오의 역사 연구를 통해 "북미 각 부족의 사회발전 역사를 훑어보면 인류의 사회발전사 중 이른바 '봉건(feudalism)'시대는 사실 '부족생활(tribal life)'에서 직접 발전한 것으로 '노예제(slavery)'와는 연속성이 없다"라고 했다.[8]

이른바 '노예가 없다'는 말은 결코 중국 고대사회에 노예가 없었다는 이야기가 아니라 노예제 생산방식이 주류가 아니었다는 의미다. 당시 중국 사회의 주체는 '서인'이었다. 서인은 농민이 주를 차지했으며, 나머지는 소수의 상인과 노동자였다. 서인과 노예의 중요한 차이는 서인은 사유 재산을 가질 수 있고 자유롭게 이주할 수 있었다는 점이다. 앞에서 보았던 《시경》에 나온 〈칠월〉은 바로 당시 농민 생활을 묘사한 것이다.

중국사 중 노예에 대해서는 지금까지 알려진 내용이 그다지 많지 않다. 노예가 차지하는 비중은 얼마인가? 천자, 제후 또는 대부에게 직접 속한 노예는 얼마나 되었나? 모두 알 수 없다. 단지 문헌 속 일부 단락을 통해 엿볼 뿐이다. 당시 주왕이 열국의 군주에게 하사한 노예

---

7 허빙디, 〈상주 노예사회설 수정: '아시아 생산방식'설 추가 언급〉.
8 탕더강, 〈만청 70년〉.

의 수는 기록에 남아 있다. 가장 오래된 기록엔 진경공(晉景公, 재위 B.C.599~B.C.581)이 '적신(狄臣)'(적인이 포로로 잡혀 노예가 된 자) 1,000명을 새로 공을 세운 순림보(荀林父)에게 상으로 내렸다고 쓰여 있다.

이 같은 노예들은 주로 이민족 포로였다. 노예를 저당 잡아 매매를 할 수 있었다. 예를 들어 서주 청동기에 '贖玆五夫用百寽(속자오부용백율, 다섯 명의 노예 가격을 표기한 말-옮긴이)'이라는 글귀가 새겨져 있다. 주나라 때 성행한 순장제도에서 노예 또한 반드시 필요한 희생물이었다. 평소 100명의 순장자 중에 얼마나 많은 사람이 노예인지는 고증할 수 없다.

'봉건(feudal)'은 남용된 어휘 중 하나다. 5·4 운동 시기 천두슈(陳獨秀, 1880~1942)는 중국과 일본, 중국과 유럽 역사의 차이를 등한시했다가 서유럽과 일본의 근대화 과정 중에 '반봉건'이라는 명제 하에 '봉건=전근대=낙후'라는 공식을 만들었다. '봉건'은 너무 많은 의미를 내포할 뿐만 아니라 부정적 의미의 단어로 변질되었다.

사실 엄격하게 말해 봉건사회의 요소는 다음과 같다. 한 왕실 수하에 피라미드 식의 몇 단계 봉군이 있고, 각각의 봉군은 비록 상급자를 향해 신하라 칭했지만 사실은 한 구역의, 세습된 통치자이자 지주였다. 이 사회에서 통치자는 모두 지주였고 모든 지주는 통치자였으며 동시에 각급 통치자 수하의 모든 농민은 농노나 전객(佃客, 佃戶라고도 함. 지주의 땅을 빌려서 농사를 지은 후에 소작료를 치르던 농민-옮긴이)이 아니었다. 그들은 경작하는 토지를 소유하거나 매매할 수 없었다. 따라서 주나라는 봉건사회임이 틀림없다.

왕기(王畿, 왕실이 다스리던 땅-옮긴이), 다시 말해 주 천자가 직접 통제하고 관리하는 땅이 대략 천 리 정도의 정방형이다. 왕기 외에 주 왕실은

주공 단(旦)

130개 이상(정확한 숫자는 고증할 수 없다)의 제후국을 봉했고 제후와 왕실은 주로 정기적으로 알현과 공납을 하며, 정벌전쟁이 일어나면 출병해 돕고, 환난 시 구제활동에 협조하는 관계였다. 제후국의 내정에는 거의 간섭하지 않았다. 이는 유럽의 봉건시대와 매우 비슷하다.

주나라의 제후국은 대부분이 종친과 인척 또는 공신으로 이루어졌다. 그 외의 상황도 있었는데, 예를 들어 송나라는 상나라의 후예가 봉을 받아 형성되었고, 상나라에 원래 있던 제후국 또는 독립국은 주나라에 귀속된 진(陳)과 기(杞) 등이다.

주공(周公) 섭정 후 동쪽 정벌이 일어나고 이 무장 식민을 통해 주나라 사람의 영향력이 배로 커져 동쪽 해안까지 확대되었다. 이를 '주공의 동정'이라 부르는데 3년간의 장기간 전투 끝에 철저하게 상나라의 잔여 세력을 없앴다. 은상의 360개의 부족은 섬멸된 후 일부는 제후로 봉해지고(예로 노나라의 '은민육족(殷民六族)', 위나라의 '은민칠족(殷民七族)') 일부는 소멸되었으며 일부는 멀리 도망가 북쪽으로는 한반도까지, 남쪽으로는 양자강 이남까지 옮겨갔다.

주나라가 정치적으로 중시한 것은 '나눔'이지 '합'이 아니다. 분봉제(分封制)가 그렇고 종법제도 마찬가지다. 종법제도로 말하자면 강성한 대족이 번성하면서 수많은 방계 소종이 갈라져 나오고, 다시 방계 소종이 번성하면서 그 아래의 방계 소종으로 나뉘어지는 연쇄식의 분열 성장을 강조한 것이었다. 주나라의 독특한 경전(耕田)제도를 보면, 기본 특징 역시 '나눔'이다. 공전(公田)과 사전(私田)으로 나누는 것이다. 서주 시기의 토지제도는 비록 "넓은 하늘 아래 임금님 땅 아닌 곳 없으며, 땅끝까지 모든 사람은 임금님 신하 아닌 이가 없다"는 말이 있지만 실제로는 분봉제도와 호응한 다층적인 귀족 토지소유제였다.

종법에서 주나라 사람들은 '예'를 중시했다. 주공은 천하를 다스리는 관건을 예로 보고 주례(周禮)로 대변되는 예악(禮樂)을 제정해 나라를 떠받치는 기둥으로 삼았다. 예의제도이자 윤리 관념의 예로서, 이를 완전한 개념으로 제시하고 사회 문화생활의 준칙으로 삼은 것이 주나라 때다. 종법제도, 예 등과 관련하여 주나라 사람은 '효', '덕' 등 관념을 제시했고 이는 주나라 사회생활에서 중요한 작용을 했다.

생존 경쟁과 융화: 화하족의 형성

후세의 중국사는 남북 대립이 부각되었던 것과 달리 상고 시기는 주로 동서가 대립했다. 하·상·주 세 왕조가 차례로 바뀐 것은 세 부족의 유동성과 발전을 상징한다. 하나라 사람은 서에서 동으로, 상나라 사람은 동에서 서로, 주나라 사람은 서에서 동으로 서로 교차되었다. 이들은 서로 융화하고 동화되면서 각자 세력이 미치는 지역의 토착민들을 동화시켰다. 이렇게 1,000여 년 동안 융화, 동화해 하나의 대민족이 되었다. 그들은 이민족과 달리 자신들을 하나의 전체로 보고 자칭 '제하(諸夏)'라고 불렀다. 어떤 때는 '화(華)', '제화(諸華)' 또는 '화하(華夏)'라고 불렀다. 오늘날 '중화(中華)'에서 '화(華)'자의 뜻은 여기서 기원한다.

하·상·주 세 부족을 포함해 화하의 각 지파는 기원과 선조에 관한 전설이 동일할 뿐 아니라 서주 때까지 공동의 부족 호칭(화, 하, 중국)이 있었고, 공동의 지역 관념(즉 대우가 개척한 지역-하구(夏區))이 있었으며, 공동의 선조 관념(황제를 같은 시조로 여김)이 있었다. 힘겹고 찬란한 문명의 창조를 통해, 기타 부족들과의 생존 경쟁을 통해 기나긴 1,000년 세월을 거쳐 화하족이 정식으로 형성되었다.

글자의 의미로 보면 화(華)는 꽃, 즉 만개해 생장하고, 번영하는 화려한 꽃이다. 하(夏)는 성대하다는 뜻이다(《상서정의(尙書正義)》, "관복의 문채가 아름다웠기 때문에 화(華)라 했고, 대국이었기 때문에 하(夏)라 했다(冕服采章曰華, 大國曰夏)").

이와 대조적으로 '융(戎)'·'적(狄)'·'만(蠻)'·'이(夷)'는 생활 상태의 객관적 묘사일 뿐 주관적 찬미의 의미는 없다(당시는 중립적인 의미였지만 전국시대, 진한 이후에는 화하와 대비하기 위해 점점 부정적인 의미로 변했다). 융은 무기(戈)를 든 사람을 가리키고, 적은 유목 생활을 묘사해 개와 모닥불이 함께 있다. 만은 양 갈래로 변발을 한 어린 아가씨가 주저앉아 있는 모양이며, 이는 한 사람이 등에 활을 맨 모습이다. 이는 모두 화하 밖의 부족들이 생활하는 모습이다.

'제화(諸華)'와 '제하(諸夏)'는 중원 부근의 봉국을 합쳐 중국이라 하고 이, 적과 상대적 개념으로 불렀다.

'중국'이라는 호칭은 주나라 초기 무왕, 성왕 때 《상서》에서 가장 처음 나타났을 뿐 아니라 주나라 청동기 '하존(何尊)'의 명문이 실질적으로 증명해준다.

서주시대 초기 제례용으로 쓰인 '하존'은 1963년 보계(寶鷄)에서 출토되었는데 그 위에 122개 한자로 주성왕이 낙양에 왕궁을 건설한 중요한 역사적 사건이 기록되어 있다. 명문에는 '택자중국(宅玆中國)'이라고 쓰여 있는데, 여기서 택은 정착을 의미한다. 택자중국은 곧 "우리는 중국에 머물다"라는 의미다. 이 말을 읽으면 지금도 시공을 뛰어넘어 온기를 느낄 수 있다.

그 밖에 하북·산동·하남·산서·섬서 지방의 수많은 유목 또는 비유목 민족은 화하와 장기간 생존 경쟁을 했다. 무력 전쟁은 그 당시 생존 경쟁을 위한 주요 방식이었다. 그들 중 대부분은 결국 화하족에게 정복되고 동화되었다.

주나라 이전에 중국의 주요 영토는 산동·하남·산서와 하북·섬서 일부분이었다. 중국은 무력으로 국토를 확장했다. 서주 때는 주공(周公)의 동정, 목왕(穆王)의 남정이 있었고, 춘추전국시대에는 각 변방의 제후국들이 끊임없이 적응과 전쟁하면서 문화와 토지를 확장했다. 진나라가 천하를 통일한 후 진시황이 대군을 보내 북으로는 흉노, 남으로는 남월을 정복하고 당시 알려진 모든 저항 세력을 물리치고 중국 국토 중부와 동남부의 기초 틀을 다졌다. 100여 년 후 한무제(漢武帝)가 북쪽 흉노를 정벌하고 서쪽 서역, 남쪽 서남이(西南夷)를 정벌하여 영토를 한층 더 확대해 지금의 국토 면적과 가까워졌다.

일찍이 은상 시기에 상나라의 세력 범위 안과 바깥에 문화적으로 낙후한 수많은 유목민족이 흩어져 있었고, 그들은 불시에 상나라나 기타 제후의 영역을 침략했다. 상나라 후기의 최대 외적은 서북의 귀방(鬼方)이었다(그 근거지는 대략 산서 북부 및 섬서 북부와 서부다). 상나라 왕 무정이 그들에게 3년 동안 군사를 보냈다는 기록이 있다. 이 밖에 갑골문에 기록된 외적은 수없이 많았다. 하지만 그중 강족 이외에는 후세 역사에 더 이상 출현하지 않았다.

상나라 전쟁의 규모는 다양했다. 갑골문 복사의 기록으로는 때로 병력 규모가 4,000~5,000명에 달하고 어떤 때는 전쟁 포로가 겨우 15, 16명밖에 되지 않았다. 하지만 한번에 적군 2,656명을 죽였다는 비교적 큰 규모의 전쟁도 있었다.

상말, 주초의 귀방을 후에 주나라 사람들은 험윤(玁狁)이라고 불렀다. 견융을 계승한 이 민족은 주나라 초기에 수차례 출몰했다. 성왕 때 귀방과 전쟁에서 포로가 1만 3,000명에 달했다니 전쟁이 얼마나 격렬했는지 알 수 있다. 이 전쟁에 참가했던 우국(盂國, 기산 근처)은 정(鼎)을 주조해 명문을 새겼는데, 지금까지도 존재한다.

목왕 때 험윤을 크게 물리치고 그 다섯 왕을 포로로 붙잡아 분, 조 일대로 일부 부락을 옮겼다. 역왕 말년에 험윤이 주 왕실의 내란을 틈타 다시 창궐했다. 이후 40여 년간 불시에 침입하고 심지어 왕기까지 깊숙이 들어와 호경에 접근했다가 결국 선왕(宣王)에게 쫓겨났다.

중원대군의 지속적 공격으로 귀방은 결국 북쪽 초원의 정령(丁零)과 춘추시대의 북적(北狄)으로 분화되었다.

동주시대에 접어든 후 기원전 662년부터 595년까지 가장 큰 외적은 '적(狄)'인이었다. 견융과 같은 뿌리인 귀방이지만 다른 파벌이었다. 춘추 시기 제나라는 적인의 침입을 일곱 차례 받고 위나라는 여섯 차례, 진(晉)나라는 다섯 차례, 노나라는 두 차례, 형(邢)·송(宋)·온(溫)·정(鄭)·주(周)는 한 차례씩 침략을 당했다. 위나라의 피해가 가장 커서 두 번이나 천도하고(위나라의 원래 수도는 조가로 하남성 기현 동북에 위치했다. 처음에 초구(楚邱)로 옮기고 하남성 활현(滑顯)에서 다시 제구(帝丘)로 천도해 하남 복양에 있음) 그 국경이 대부분 함락되어 제환공(齊桓公)의 원조로 망국을 면했다. 형나라 역시 어쩔 수 없이 천도를 했다(형나라는 본래 하북 형태(邢台)에서 산동 동창(東昌)으로 이주했다). 역시 제환공의 도움으로 망국을 면했다. 주 천자(양왕)는 정나라로 도망가 진(晉)문공의 원조로 나라를 살렸다. 적(狄)의 환난은 나중 결국 진나라의 철저한 평정으로 끝나게 된다.

잔혹하고 기나긴 생존 경쟁이었다. 북방 유목민족은 명맥이 끊어지지 않고 이후 끊임없이 중국사에 출현한다. 심지어 몇 번은 화하족을 멸망시킬 뻔했다.

후에 화하족과 흉노, 선비족 등의 패권 쟁탈 중 정령인은 1,000년 동안 시종 단역의 역할을 맡으면서 끊어졌다 이어져가며 역사의 기록 속에 출현한 이들은 이름도 변화무쌍해 고차(高車), 철륵(鐵勒), 칙륵(敕勒), 정령 등으로 불렸다. 남북조 시기에 부락이 흩어진 고차는 새로 일어난 부족 돌궐(突厥)에게 갑작스런 습격을 당해 패하고 돌궐족의 원래 인원보다 많은 20만 명이 전부 투항해 돌궐이 흥하는 바탕이 되었다. 돌궐족은 후에 북방의 패주로 장성한다. 지금까지도 돌궐인의 후예가 중앙아시아에 퍼져 있으며 '돌궐어족'이라 불린다. '터키(Turkey)'는 돌궐의 음역이다.

북방의 유목민족은 그 수가 많아 명칭과 기원이 모두 복잡하다. 하지만 그 생존 방식과 문명(야만) 정도는 기본적으로 비슷하다. 유럽 문명의 궐기 이전에 화하족의 주요 방어 대상은 바로 북방 유목민족이었다.

생존 경쟁을 위해서는 상무정신이 문화 저변에 깔려 있어야만 한다. 한나라 이전 화하족의 상무정신은 줄곧 활활 불타올랐고, 북방 유목민족에 대해서도 항상 우세를 점했다. 한나라, 특히 후한 이후 화하족의 상무정신은 점차 메말랐고, 화하족은 유약하게 변했다. 이후의 역사에서 화하족은 북방 유목민족에 비해 대부분 약세에 처했다.

화하문명: 유일하게 단절된 적 없는 고대 문명

세계사적 관점에서 기원전 21세기에서 기원전 11세기까지, 즉 중국의 하나라와 상나라 시기를 고대 문명국가라고 부른다. 하, 상과 비교될 수 있는 나라는 매우 드물다. 나일강 유역의 고대 이집트, 메소포타미아 유역의 고대 바빌론, 인더스강 유역의 고대 인도 정도만이 있을 뿐이다(고대 그리스 문명은 확실히 일찍 발생하고 매우 찬란했다. 하지만 오늘날 학자들의 견해는 그리스 문명은 바빌론 문명과 이집트 문명이 지중해에서 만나 생긴 것으로 비록 후에 창조는 했어도 원창작자가 아니기 때문에 4대 문명 가운데 하나라고 할 수 없다는 것이 보편적이다). 이 시기 이후 주나라는 하, 상의 문명을 이어받아, 중국의 전통문화는 연속성을 가지면서 더 높은 수준으로 발전했다. 하지만 하, 상과 같은 시기의 기타 문명국가는 전부 쇠락하고 멸망했다.

중국의 하상시대는 이집트의 중왕국과 신왕국 시기다. 신왕국이 끝난 후 이집트는 분열해 리비아인이 북방 지역을 차지하고 누비아인이 남쪽을 침입해 이집트 문명은 기력이 극도로 쇠약해졌다. 이후 이집트는 다시 페르시아 제국의 판도에 합병되었다. 국가의 멸망에 따라 고대 이집트의 문자도 점차 사람들에게 잊히고 결국 죽은 문자가 되었다. 오늘날 이집트 땅에서 활동하는 사람들은 기본적으로 파라오가 아니라 유럽인과 아랍인의 후예다.

메소포타미아 유역의 경제와 문화 중심인 고대 바빌론 왕국은 중국 상나라와 비슷한 시기에 세워졌다. 하지만 겨우 200여 년간 지속되다 이별을 고하고 기원전 1959년 소아시아 동부의 히타이트 사람에게 멸망한다. 이후 바빌론 문명은 영광을 재현하지 못하고 고대 바빌론 문명의 상징이었던 함무라비 법전이 새겨진 현무암 석주도 엘람

(Elam)인들이 전리품으로 이
란의 고대도시 수사로 가져
가 20세기 초에야 발견되었
다. 오늘날의 이라크에서 바
빌론 문명의 유적은 이미 존
재하지 않는다.

인더스강 유역의 고대 문
명은 하바라 문화라고 불리
며 흥성했던 시기가 중국 하
나라와 비슷하다. 하지만 기
원전 18세기쯤 아리안족에
게 침략당해 사라진다. 이후

사라진 고대 이집트 문자

하바라 문화는 역사에서 연기처럼 사라지고 1920년대에야 고고학 발
굴을 통해 세상에 알려졌다.

고대 문명의 발전 수준으로 보아 각 지역은 모두 자신만의 장점과
찬란한 문명을 가졌으나 연속적으로 발전한 측면에서 보면 중국의 고
대 문명이 독보적이다. 하, 상, 서주의 문명은 높은 수준에까지 올라
다른 고대 문명국가와 어깨를 견준다. 게다가 그 기원이 오래되었고
지금까지 면면히 이어지고 있다. 현대 사회에 들어서도 신속하게 현대
의 요소를 흡수해 스스로 향상시켜왔다(상대적으로 기독교문명 지역, 무
슬림문명 지역은 근대화 과정에서 많은 모순과 충돌이 있었다. 비록 현대 과학
과 현대적 시스템이 기독교문명 지역에서 먼저 등장했지만 이는 다른 문제다).
역사가 유구한 화하문명은 강한 생명력이 있어 시대를 관통하기에 충
분하다.

왕권에서 패권 다툼으로
넘어간 춘추시대

광활하고 아득한 관중 평원에 서주의 수도 호경(鎬京)이 우뚝 서 있다. 지금의 섬서성 서안(西安)시 장안(長安)구다. 호경은 사방이 황토로 뒤덮인 평원이다. 북서쪽은 유목민족인 '견융(犬戎)'의 소재지로 호경을 거의 반쯤 포위한 형세를 이루고 있다.

주 왕실은 견융과 장기간 대치했으나 군사적 열세에 처했다. 서주의 금위군인 '종주육사(宗周六師)'가 견융에게 무너지며 주 왕실 군대가 전멸하자 재정은 바닥나고 권위가 땅에 떨어졌다.

제후들의 마음은 심하게 동요되었다. 주나라 유왕(幽王) 때 국내에서 왕위 쟁탈전이 벌어졌다. 견융과 결탁한 세력이 허점을 노리고 진입해 제멋대로 약탈을 일삼으며 호경을 파괴했고, 결국 서주는 멸망했다.

유왕이 피살되자 일부 제후들이 태자를 왕으로 추대했으니 바로 평왕(平王)이다.[1] 평왕이 왕위에 올랐으나 견융의 압박에 숨도 제대로 쉬지 못했다. 그는 동쪽의 각 제후들과 상의한 후 호경을 버리고 기원전 770년 낙읍(洛邑, 지금의 하남성 낙양 서쪽)으로 천도했다. '평왕동천(平王東遷)'이라고 역사에 기록되었으며 이때부터 동주시대가 열렸다.

주 왕실의 천도로 당시의 정치계는 커다란 변화가 일어났다. 평왕은 부친을 시해하고 나라를 얻었다는 의심을 받았기에 각 파의 세력들로부터 보호를 받기 어려웠다. 게다가 주 왕실의 권위는 이미 바닥인 상태여서 천하의 주인이라는 위신은 퇴색했다. 정치 질서는 핵심부부터 와해됨으로써 점차 예법이 파괴되고 혼란과 분열의 시기, 춘추시대로 넘어갔다.

춘추 초기: 역사 대전환을 준비하다

기원전 770년부터 기원전 221년까지 550년 동안을 동주 시기 또는 춘추전국 시기라고도 한다. '춘추(春秋)'는 공자가 엮은 노나라의 역사서인 《춘추(春秋)》에서 따온 것이고, '전국(戰國)'은 전한시대에 유향(劉向)이 편찬한 《전국책(戰國策)》에서 따온 것이다. 역사는 본래 끊임없이 흐르는 강과 같은데, 이처럼 시기를 구분하는 것은 강물을 측량해 표시하는 것과 다름없다. 즉 인식과 이해를 돕기 위한 목적일 뿐이다. 춘추와 전국 두 시대는 판이하게 다르다. 춘추는 고전적 귀족 정치의 절정으로 전쟁조차 예의를 지켜가며 했다. 전국 시기는 잔혹한 경쟁

---

1 유왕, 평왕 시대는 정국이 혼란스러워, 관련 역사 기록도 정확하지 않다. 《사기》, 《죽서기년》과 《청화간(淸華簡)》의 기록들이 서로 일치하지 않는다. 동시에 두 왕이 병립하거나 왕위 공백기도 있었다.

의 총력전 시대로 수백만 명이 처참하게 죽었으며, 중국 사회구조가 봉건사회에서 제국사회로 전환되는 시기였다.

전쟁은 역사 발전을 촉진한다. 춘추전국 시기에는 600년의 세월 동안, 660차례의 전쟁이 발생했다. 이 시기의 전쟁으로 130여 개 국가가 10개 이하로 줄어들었다. 정치 질서의 재조합은 대전환 시대 특유의 현상이다. 사마천은 《사기》에서 "춘추의 기록에는 살해당한 군주가 36명이며 망한 나라는 52개국에 사직을 보존하지 못하고 다른 나라로 달아난 제후들은 헤아릴 수 없을 만큼 많다(《春秋》, 弑君三十六, 亡國五十二, 諸侯奔走不得保其社稷者, 不可勝數)"라고 탄식했다. 군주를 시해하는 사건이 이처럼 빈번했으니 정치 혼란이 어느 정도였을지 추측이 가능하다(실제로 춘추 시기에 시해 당한 군주는 36명만이 아니라 필자가 대충 통계를 내봐도 40명이 넘는다).

기원전 770년 평왕의 동천부터 제환공이 패권을 차지할 때까지 90년간은 춘추 초기로 사회 정치가 열강의 쟁패(爭霸)에 진입하기 위한 준비기다.

동주의 내우외환

평왕이 동천한 시대에 화하는 안팎으로 침략을 받아 심각한 위기에 직면했다. 전통 질서가 와해되기 시작했다.

동천 이후의 주 왕실은 마치 언덕에서 떨어진 봉황 같았다. 주 왕실은 점차 쇠약해졌고, 견융에게 점거되었다. 왕실이 직접 소유한 왕기 면적은 크게 줄어들어 낙읍을 중심으로 반경 600여 리가 되지 않았다. 관할구역이 축소되면서 필연적으로 재정수입이 감소했고 이에 더해 수많은 제후들이 더 이상 공납을 하지 않아 왕실의 재정은 극도로 어려워졌다.

기원전 720년 평왕이 죽은 뒤 수장품이 부족해 새로 왕위를 계승한 환왕(桓王)이 노나라에 사람을 보내 도움을 청한다. 역사적으로 이를 '부조를 요청한다'고 해 '구부(求賻)'라고 부른다. 서주 이래로 "천자는 제후에게 사사로이 재물을 요구할 수 없다(天子不私求財)"라는 전통이 이때부터 깨졌다.

이전에 천자가 천하를 돌며 천지산천에 제사하고 각지의 정치와 민심의 동향을 살피던 '순수(巡狩)'라는 풍습도 폐지됐다. 정나라는 원래 주 천자가 태산에 제사 지낼 때 참여해야 하는 의무가 있었다. 따라서 태산 아래 토지에서 나오는 수입을 제사에 전용으로 사용했는데 이를 팽전이라고 했다. 노나라는 허나라[지금의 하남 허창(許昌)]에도 밭이 있었는데, 주공이 왕실에서 일할 때 사여받은 것으로 '허전(許田)'이라고 불렀다. 천자가 순수를 할 힘이 없어 정나라의 '팽전'도 소용이 없게 되자 노나라의 '허전'과 교환했다. 이 교환은 천자 순수례의 붕괴를 상징한다.

왕실이 쇠락하면서 제후들이 반드시 천자를 알현하던 예의도 유명무실해졌다. 반대로 천자가 제후들에게 방문을 요청했다. 주환왕은 20여 년 재위 기간에 노나라를 다섯 차례 방문했다. 과거에는 제후가 죽은 뒤 계승자가 반드시 먼저 수도로 달려가 천자를 알현하고 작위를 하사해줄 것을 청했다. 이를 '수명(受命)'이라고 한다. 동천 이후 제후는 장례를 치른 뒤 새로운 군주가 즉위해도 더 이상 천자를 알현하지 않았고, 천자가 사람을 보내 제후에게 명을 적은 책자를 보내는 것으로 바뀌었으니 이를 '석명(錫(賜)命)'이라고 했다.

대외적으로 화하는 적, 견융 등 만족과의 생존 경쟁이 치열했다.

춘추 시기의 지리 형세는 화하족이 중원에 거주하고 만이(중원의 제후들은 문명 수준에 대한 자의식이 있어 주나라 문명권 밖의 초·오·월을 만이로 간주했다-옮긴이)가 주변에 거주하는 것이 아니고 화하와 이, 적이 뒤섞여 거주했다. 서주(徐州)에 회이(淮夷)가 있고, 청주(青州)에 채이(萊夷), 옹주(雍州, 지금의 섬서)에 견융(犬戎), 의거(義渠)가 살고, 예주(豫州, 지금의 하남)에 융(戎), 익주(翼州, 지금의 하북)에 선우(鮮虞), 적적(赤狄), 백적(白狄), 산융(山戎)이 살고 형양(荊揚)에 만(蠻)이 살았다.

적인은 귀방의 지류로 견융과 근원이 같았다. 그들은 지금의 산서성과 섬서성을 근거지로 세력이 하북, 하남과 산동까지 닿았다. 춘추가 시작되기 9년 전 적인이 진(晉)을 토벌하고, 진나라 수도 교외까지 정복했다. 견융은 서주 왕을 공격했을 뿐 아니라 중원을 수차례 유린했다. 일찍이 정나라를 침범했다가 패배했으나 다시 제나라를 침범하여 정나라의 지원군에게 격퇴되었다.

마키아벨리주의자 정장공

춘추 초기 비교적 활약한 국가는 정·제·노·송·위다. 후에 진(秦)·진(晉)·초(楚)를 둘러싼 3대 강국은 이때 아직은 세력이 약했다. 그중 제일 강국은 정나라였다.

정나라는 상업경제가 발달하고 군사력이 막강했다. 상업경제가 어째서 발달했을까? 이는 정나라 특유의 제도 덕분이었다. 정나라 정부와 상인은 "상인은 나라의 군주를 배반하지 않고, 군주는 그 사유재산을 보호하고 침범하지 않는다"는 맹세(계약)를 했다. 후에 '효의 전투(崤之戰)' 전에 진나라군이 정나라를 습격하려 했지만 정나라는 상인 현고(弦高)의 임기응변 덕분에 위기를 면한 적도 있었다. 하지만 안타깝게도 이런 법적 보호는 수준이 낮고 철저하지 못해 당시의 경제 형태는 여전히 초급 단계였다. 현대 경제학은 이미 제도가 경제 성장의 근원임을 증명했다. 정나라의 이 맹세는 중국 역사상 아마도 유일무이했지만, 마치 들판을 태울 수 없는 작은 불씨처럼 결국에는 역사에 파묻히고 말았다.

장공(莊公)은 정나라의 저명한 지도자로 43년간 재위했다. 장공의 성은 희(姬), 이름은 오생(寤生)이다. 태어날 때 발이 먼저 나와서 '오생'이라고 이름을 지었다고 한다. 장공은 권력투쟁에서 승리해 보좌에 오른 후 국방을 정비하는 현실주의 정치 책략을 채택했다. 그는 미국이 연합국을 대하듯 주 왕실을 대했다. 즉 한편으로 존경을 표하면서도 한편으로 이용했다. 장공은 겉으로는 주 왕실을 공경하는 척했지만 마키아벨리주의적 신념을 가지고 있었다. 그는 주 왕실의 명의를 사칭해 송을 굴복시킴과 동시에 군사를 보내 주나라 토지에서 양식을 수확했다.

봉국이 나쁜 이웃이 되었으니 주 왕실이 울화가 치밀지 않을 수 있겠는가. 쌍방 간에 전쟁이 일어났다. 기원전 707년 주환왕이 왕실 군대와 다국적 연합군을 이끌고 정나라와 교전을 벌였다. 전장은 지금의 하남성 장갈시(長葛市)의 북쪽으로 이것이 역사적으로 유명한 '수갈의 전투(繻葛之戰)'이다.

이 전쟁에서 장공은 '어려(魚麗)'진을 펼쳤다. 전차가 앞에서 충돌하고 보병이 뒤따르는 방식으로 제1차 세계대전 때 탱크가 보병부대를 이끈 것과 비슷하다. 정나라군은 가장 약한 진(陳)의 군대를 먼저 공

주나라 봉신국 괵국의 마차 유적

격했다. 이에 위기를 느낀 채(蔡)와 위(衛)의 군은 황급히 전장에서 퇴
각했고, 장공은 병력을 집중해 양쪽에서 공격하는 방법으로 주나라
왕실의 군대를 크게 물리쳤다. 주환왕은 정나라 장군이 쏜 화살에 어
깨를 맞아 고통을 참으며 군대를 지휘하다 가까스로 탈출했다. 왕실
군이 패해 퇴각하자 주 천자의 권위는 더욱 땅에 떨어졌고 이때부터
주 천자는 점차 대국의 쟁패에 이용되는 도구로 전락했다.

쟁패는 강국이 무력으로 쟁탈해 제후들의 맹주가 패권을 잡는 것
을 말한다. 춘추 각국의 쟁패 각축 중에 이른바 '춘추오패(春秋五覇)'
가 출현했다. 제후 사이에 맺어지는 회합을 회맹이라 하고 회맹의 맹
주가 된 자를 패자라고 한다. 일반적으로 제환공·송양공(宋襄公)·진

문공(晉文公)·진목공(秦穆公)·초장왕(楚莊王)을 가리킨다.[2]

춘추와 전국 각 시기의 쟁패는 성질이 다르다. 전국시대의 쟁패는 일종의 순수한 권력 쟁탈의 행위였지만, 춘추 패권은 만족에게 저항해 화하의 생존을 보장하는 작용을 했다. 화하의 패권 체계는 주 왕실의 쇠락, 통솔력의 상실 이후 화하가 단결해 스스로를 보호하는 방식으로, 화하 내부의 정치 질서를 개선하고 국제 평화 유지와 각국 내정의 안정을 꾀했다. 이를 종합한 명칭이 '존왕양이(尊王攘夷, 주 왕을 존중하고 오랑캐를 토벌한다-옮긴이)'다.

융적은 당시 잔인하고 포악했으며 실력이 막강했다. 제하(諸夏)가 대단결하지 않으면 그 후환은 상상할 수 없었다. 춘추를 거쳐 전국 시기까지 화하족은 각국과 협력해 전쟁하거나 독자적으로 전쟁했다. 이민족은 동화되거나 소멸되어 결국 중국 대지에 통일된 문명체를 형성했다.

내부적으로 패권 체계는 일종의 정치 안정 기구다. 연맹에 참가한 나라는 내부로는 정치적 안정을 유지해 함부로 찬위나 시해를 할 수 없었다. 외부로는 각국의 역량이 비슷하게 유지되어 상호간에 경솔하게 전쟁을 일으키지 않았으며, 일이 있으면 중재를 통해 평화를 확보했다.

제나라의 굴기: 최초의 패자 환공

서주의 봉국은 100개가 넘었다. 합병을 거쳐 춘추 시기에는 세력이

---

2 다른 견해로 제환공, 진문공, 초장왕, 오왕 합려(吳王闔閭), 월왕 구천(越王句踐)을 가리키기도 하지만, 실제로는 별로 정확하지 않다. 국제회의 중 맹주로 공인되는 것을 패자의 기준으로 삼는다면 이 두 가지 견해 모두 첨가와 누락이 있다. '오패'는 단지 일반적인 견해다.

비교적 강한 14개의 국가가 남았다. 정(鄭)·위(衛)·진(晉)·진(秦)·괵(虢)·초(楚)·연(燕)·제(齊)·노(魯)·송(宋)·진(陳)·채(蔡)·오(吳)·월(越)이다.

정장공이 죽은 후 계승자들 간에 분쟁이 발생해서, 여러 나라 사이에 혼전이 일어났다. 송나라가 끌어모은 각국 연합군이 정나라의 도읍을 공격해 성문을 불태웠다. 정나라는 쇠락하기 시작했고 역사의 주인공은 제나라로 바뀌었다.

제나라는 지금의 산동 경내에 위치했다. 주나라 건립 초기 공을 세운 강상(姜尙, 강태공-옮긴이)이 이곳의 제후가 되었다. 본래 걸출한 군사 지도자였던 강상 덕분에 제나라는 이후 비교적 강해졌다. 12대 이후 희공(僖公)이 자리를 물려받았다.

기원전 706년 주 왕실과 정나라가 교전을 벌인 지 1년 후, 정나라 태자가 군을 이끌고 제나라를 도와 북융에게 저항하는 공을 세웠다. 제희공은 자신의 딸 문강(文姜)을 정나라 태자에게 시집보내려 했으나 그는 거절했다. 원래 문강은 나중에 제양공이 되는 이복오빠와 근친상관의 관계였다.

나중에 문강은 노환공에게 시집갔다. 어느 날 아내와 함께 처가에 간 노환공이 제양공과 아내의 관계를 알게 되었고 이를 폭로했다. 밀회가 들통나자 수치와 분노에 휩싸인 제양공은 팽생을 시켜 노환공을 살해했다. 노나라 조정은 울분을 터트렸지만 감히 드러내놓고 표현하지 못하고 노환공을 살해한 살인범을 죽이는 것으로 수치를 감췄다.

제와 노 양국은 국력이 원래 비슷했으나 노환공 사건을 계기로 제나라가 더욱 강해진다. 이 사건이 발생한 후 4년 뒤(B.C.690) 제양공이 기(杞, 지금의 산동성 수광현 남쪽, 주나라 초기 제와 같은 성씨로 봉해진 국가)

를 멸하는데 이때부터 제나라는 소국을 합병하기 시작한다. 양공은 후에 공자 무지에게 시해되고 무지 또한 왕위를 빼앗긴 후 시해 당하자 제나라는 혼란에 빠진다.

양공에게는 두 명의 동생이 있었다. 첫째 동생 규(糾)는 관중(管仲)과 소홀(召忽)이 함께 보좌했고, 둘째 동생 소백은 포숙아(鮑叔牙)가 보좌했다. 양공이 즉위할 때 포숙아는 양공이 항상 제멋대로 하는 것을 보고 조만간 나라에 혼란이 생길 것을 예견하여 소백을 데리고 거(莒) 나라로 도망갔다. 양공의 사촌동생 공손 무지가 반란을 일으켜 제양공을 살해하였고, 얼마 후 공손 무지도 암살되는 일이 벌어졌다. 이에 목숨이 위태롭게 된 규도 관중의 도움을 받아 함께 이웃 노나라로 달아났다. 이후 공자 규와 소백은 제나라의 군주의 자리를 놓고 쟁탈전을 벌였다.

제나라의 국(國)씨와 고(高)씨 두 명문세가는 몰래 소백을 맞이했으나 노나라군은 군사를 보내 공자 규를 제나라까지 호송했다. 노나라 군주는 관중에게 군사를 이끌고 거나라와 제나라 간의 도로를 막으라고 명했다. 관중의 인솔 부대가 제나라로 향하는 소백 일행과 마주치자 관중은 즉시 화살을 쏘아 소백이 쓰러지는 것을 눈으로 보았다.

공자 규의 대오가 제나라의 국경에 도달했을 때 제나라는 이미 새로운 군주가 있었는데 놀랍게도 소백이었다!

알고 보니 관중이 쏜 화살이 공교롭게도 소백의 허리띠 장식을 맞힌 것이었다. 그는 기지를 발휘해 쓰러져 죽은 척했다가 무사히 귀국해 먼저 왕위에 오른 것이다.

소백이 바로 제환공이다. 그는 승리를 거둔 후 즉시 노나라를 압박해 공자 규를 죽였다. 소홀은 주인을 따라 죽었으나 관중은 살아남았다. 포숙아는 본래 관중과 막역한 친구 사이로 관중이 매우 뛰어난 재능이 있음을 일찍이 알았기에 제환공에게 그를 강력하게 추천했다. 《사기》에는 두 사람이 젊었을 때 함께 장사했는데 관중이 항상 이득을 차지하고 신뢰가 가지 않는다고 기록되어 있다. 환공은 마음이 넓고 인재를 중시해 국정을 관중에게 맡기고 그를 '중부(仲父)'라며 존중했다. 이후 제환공이 '제후들과 아홉 번 회맹(會盟)하고, 천하를 한 번 바르게 세우다(九合諸侯, 一匡天下)'의 패업을 이룬 것은 모두 관중의 거시적 계획 덕분이었다.

서주에서 분봉한 이래 이웃 노나라의 국력이 장기간 제나라에 뒤처지지 않고 심지어 뛰어넘었다. 제나라는 쟁패 초기에는 순조롭지 않았다. 기원전 684년 제나라군이 노나라를 치기 위해 장작(長勺)에서 전쟁을 벌였다. 이때 제나라는 노장공의 부하 조귀(曹劌)가 쓴 책략에 당해 크게 패했다. 조귀는 "첫 번째로 북을 울릴 때 병사들의 사기가 가장 높고, 두 번째로 북을 울릴 때는 사기가 낮아지고, 세 번째로 북을 울릴 때는 사기가 이미 완전히 없어지는 때"라고 하며, 적군이 북을 울리며 공격 준비를 해도 노나라 군대는 자리만 지키고 어떤 반응도 보이지 않도록 했다. 그렇게 노나라군이 첫 번째, 두 번째 북 소리를 무시하자 세 번째로 북이 울릴 때 제나라군은 마침내 사기를 잃게 되었고, 이때 노나라군이 첫 번째 북 소리를 울리며 공격을 개시하여 큰 승리를 거두었다. 기원전 681년 제나라는 여덟 개 제후국과 북행(지금의 산동성 동아현 북쪽)에서 회맹하고 맹주가 되고자 했다. 결과는 체면 깎이게 여덟 개 국가 중 노·위·조·정이 출석을 거부하고 송·진·채·주(邾)가 자리에 참석했으나 송나라 군주는 도중에 퇴장했다. 결국 북행회맹은 실패했다. 하지만 관중은 제나라에서 군민합일의 체제를 만들어내어 나라를 부강하게 했다. 관중은 경제 면에서 천재였다. 그는 소비로 경제를 이끌어낼 것을 제창하고 국제무역에서 공급과 수요 관계를 조정했으며 화폐 발행량이 물가에 미치는 영향을 알고 신중하게 발행했다.

제나라가 군림하는 데 잠재적 맞수는 노·송 양국이었다. 양국을 복종시키면 국면은 결정되는 것이었다. 제나라는 노나라가 회맹에 참석하지 않은 것을 핑계로 다시 한 번 노나라를 공격했고, 강제로 노와 제의 결맹을 이끌어냈다. 기원전 680년 제나라는 다시 송나라가 '북행의 회맹을 배반한' 것을 이유로 진·조와 연합해 송나라를 공격하고 주 왕실에도 군을 파견해 도와줄 것을 청했다. 환공은 천자의 명으로 송을 공격하자 송은 어쩔 수 없이 강화를 요청했다.

기원전 679년 제·노·송·위·진·정은 위나라의 견(지금의 산동성 견성 북쪽)에서 회맹해 제환공은 주맹으로 제후의 장이 되었다. 이는 그가 패권을 차지하기 시작한 것으로 역사적으로는 '제시패야(齊始覇也, 제나라가 비로소 천하의 패자가 되다 - 옮긴이)'라고 한다.

제환공은 화하문명 공동체의 예의를 따라 '존왕양이'를 목표로 타국을 없애거나 그 지역을 점령하지 않았다. 기타 제후국에 공납한 것보다 어떤 때는 더 많이 돌려주기도 해 소국에는 오히려 더욱 유리한 측면도 있었다. 그 이후 부상한 맹주들은 약한 제후국에 극도로 가혹하고 과중한 약탈과 착취를 하였고 그 결과 진과 초 양국은 부강해지기 시작했다. 이 때문에 공자는 "진나라 문공은 교활한 술수를 쓰고 정의로운 방법을 쓰지 않았으나, 제나라 환공은 정의로운 방법을 쓰고 교활한 술수는 쓰지 않았다"라고 평했다(《논어(論語)》〈헌문(憲問)〉).

당시 정나라는 이미 쇠락했고 오직 제환공이 화하족을 이끌어 통일전쟁을 하고 북쪽 이민족 세력이 황하 남쪽으로 침략하지 못하게 저지할 능력이 있었다. 관중은 환공에게 경고했다. "융과 적은 승냥이와 이리처럼 욕심이 한이 없음을 잊어서는 안 됩니다. 또한 제하는 모두 가까운 사이이니 저버려서는 안 됩니다." 이것은 당시에 가장 중요한 관념 중 하나였다.

기원전 664년 북융이 연나라를 침범하니 제환공은 군을 이끌고 북벌을 나서 연나라를 보호했다. 기원전 662년에는 적족 사람들이 형나라(지금의 하북성 형태)를 공격하니 환공은 군을 보내 형나라를 구하고 형나라 백성을 이의(지금의 산동성 료성)로 이주시켰다. 기원전 660년에는 적족이 위나라를 공격해 환공이 위를 구하고 위나라의 잔여 백성들을 한데 모으니 총 5,000여 명이 되었다. 그들을 초구(지금의 하남성 화현)에 이주시켰다. 역사에는 "형나라 사람들은 거주지를 옮기는 것을 고향에 돌아가는 것처럼 생각하였고, 위나라가 망했다는 것을 잊었다(邢迁如归, 卫国忘亡)"라고 기록되었다. 그리고 제환공의 명망은 나날이 높아갔다.

춘추 시기의 '국제 공약'

제환공이 중원을 제패할 때 남쪽에서 빠르게 성장한 초나라가 북상해 중원에서 패권 다툼을 시작했다. 초나라는 소국들을 합병했을 뿐 아니라 연달아 정나라를 공격하곤 했다. 초나라의 북상을 저지하기 위해 기원전 656년 제환공은 제·노·송·정·진·위·허·조와 연합해 채나라를 침략하고 초나라를 공격해 초나라의 변경 형지(陘地, 지금의 하남성 연성남)까지 몰아간 뒤 사자를 보내 초나라 왕을 질책했다.

초성왕(成王)은 응전을 못하고 강화를 요구하니 양측은 '소릉의 맹약(召陵之盟)'을 체결했다. 맹약의 내용은 고증이 없으나 핵심은 제나라가 중원의 패주임을 초나라가 인정하는 내용이었을 것이다.

다시 5년이 흘러 제나라는 규구(葵丘, 지금의 하남성 난고(蘭考)현 동쪽)에서 노·송·위·정·허·조 등 각 나라를 소집해 회맹했다. 이 '국제회의'에 모인 각국이 공동으로 준수할 조약을 체결했다. 이 모임에서 주양공은 특사를 파견해 제사 고기를 보냈으며 제환공의 패주 지위를 정식으로 확립했다.

정식 서명한 조약은 '규구지맹(葵丘之盟)'이라고 불린다. 열강은 제물의 피를 서로 나누어 마시는 삽혈(歃血)로 동맹을 맺고 서명한 약속을 준수할 것을 선포했다. 맹약은 제나라의 주도로 '주 천자'의 이름으로 공포했다. 마치 미국이 연합국을 통해 자신의 국제체계를 내보내는 것과 같았다. 조약의 핵심 내용은 다음과 같다.

우물을 메우지 말 것이며, 곡식의 매매를 막지 말 것이며, 자식을 바꾸어 후사를 세우지 말 것이며, 첩으로 부인을 삼지 말고, 아녀자가 나라의 정사에 간섭하지 못하게 할 것이다(《춘추곡양전(春秋谷梁傳)》지희공(之僖公) 9년).

첩을 부인으로 삼지 말 것까지 공약에 적어 넣은 것은 궁금증을 불러일으키나 그 중대성은 오늘날의 '핵 확산 금지 조약'에 결코 뒤지지 않는다.

고대 부락 간에는 통혼의 오랜 전통이 있었기 때문에 중국의 봉건시대에 왕족의 혼인은 모두 국제적 배경이 있었다. 예를 들어 '진진지호(秦晉之好)'가 그렇다. 진(秦)나라와 진(晉)나라 모두 슈퍼 강국으로 양가의 생질이 이미 '태자'가 되었다. 만일 첩의 아들로 바꾸어 대를 잇게 한다면 국제 분규가 일어나지 않겠는가. 국제 평화를 위해 태자는 바꿀 수 없었다.

기원전 7세기의 황하, 회하와 장강 유역에는 소국이 많아 강을 따라 여러 나라가 지나갔다. 만일 상류 국가가 댐을 지어 물을 막으면 하류 국가는 가뭄을 겪을 수밖에 없었다. 때문에 '옹천(雍泉, 물길을 막는 것-옮긴이)'을 금지한 것이다. 기근과 양식이 부족한 시기에 각국은 매점매석을 금지했다. 위에서 말한 조약은 모두 '국제 평화'를 유지하기 위한 핵심 사항이었다.

춘추전국 시기의 외교는 성과가 매우 높았다. 나라가 흥하고 망하는 것은 외교의 역량에 달렸다.

《안자춘추(晏子春秋)》에는 제나라 재상 안자가 초나라에 사신으로 갔을 때 그의 키가 작아 초나라 사람들이 그를 모욕하려다 오히려 모욕당한 이야기가 나온다.

안자가 초나라에 사신으로 가게 되었다. 초나라 사람은 안자의 키가 작으니 대문 옆에 작은 문을 만들어 안자를 안내했다. 안자는 들어가지 않고 "개나라에 왔으면 개구멍으로 들어가는 것이 맞는데, 지금 나는 초나라에 사신으로 왔다. 그러면 개구멍으로 들어갈 수 없지 않겠느냐?"라고 말했다. 안내하는 사람은 하는 수 없이 그를 대문으로 들어오게 했다. 안자를 만나자 왕이 물었다. "제나라에는 사람이 없나 보오? 당신 같은 사람을 사신으로 보낸 것을 보니." 안자가 대답했다. "제나라 수도 임치에는 사람들로 가득합니다. 백성들이 소매를 위로 올리면 태양을 가릴 수 있고, 백성들이 땀을 흘리면 마치 소나기가 내리는 듯하고 거리를 걸을 때는 어깨를 부딪힐 정도고 발뒤꿈치가 밟힐 정도입니다. 그런데 어떻게 사람이 없다고 할 수 있겠습니까?" 초나라 왕이 다시 물었다. "그렇다면 왜 하필 당신을 보냈는가?" 안자가 대답했다. "우리 제나라는 다른 나라에 사신을 보낼 때 아주 신중히 보낸답니다. 현자는 현명한 나라에 파견하고 현명하지 못한 자는 현명하지 못한 나라에 파견합니다. 저는 무능하고 부덕하면서도 현명하지 못하기 때문에 초나라에는 제가 오게 된 것입니다."

초나라 왕은 다시 안자를 비웃으며 말했다. "듣기로는 당신 나라의 군주 제장공이 신하에게 살해당했다고 하는데, 당신은 충성을 말하면서 어째서 그를 따라 죽지 않았소?" 안자가 답했다. "군주가 국가 사직을 위해서 죽었으면 신하는 마땅히 따라 죽어야 합니다. 군주가 자신의 잘못으로 죽었는데, 내가 그의 총애를 받은 신하나 노예도 아니거늘 어째서 따라 죽어야 합니까?" 초나라 왕은 할 말이 없었다.

여기서 말한 제장공의 피살은 나라를 뒤흔든 큰일이었다. 제나라 권신 최저(최무자)의 아내는 대단한 미녀로 제장공이 그녀와 사통해 자주 핑계를 대며 최저 집의 후원에 몰래 드나들었다. 더 이상 참을 수 없었던 최저는 하인을 배치해놓았다가 그 자리에서 간통 현장을 잡았다. 궁지에 빠진 제장공은 담판을 벌이려 했지만, 거절당하고는 종묘에서 자결하겠다고 했으나 이마저도 거절당했다. 결국 혼란한 틈을 타 도망가려다 담을 넘을 때 허벅지에 화살을 맞아 담에서 떨어져 죽었다. 당시 조정의 대신들은 최저를 두려워해서 아무도 나서지 못하는데, 오직 안자만이 다가가 시신 앞에 엎드려 크게 울었다. 하지만 안자도 제장공이 망나니라고 여겼기에 울음을 그친 뒤에는 자리를 떴으니 그저 절차를 따랐을 뿐이다.

하지만 일은 아직 끝나지 않았다. 이 특별한 순간에 몇 명의 위대한 태사가 나타났다. 《좌전(左傳)》《춘추》를 해석하여 지은 책으로, 30권에 달한다-옮긴이)의 기록을 보면 최저가 장공을 시해한 후 태사 백(伯)이 '최저가 군주를 시해하다'라고 직필하자 최저가 분노하여 그를 죽였다고 한다. 태사의 동생 태사 중이 형의 뒤를 이어 그렇게 기록했고 역시 살해당했다. 다른 동생 태사 숙도 형들을 따라 그대로 쓰자 역시 살해당했고, 넷째 태사 계도 굴복하지 않자 최저는 장공이 병사했다고 쓰는 것이 좋을 것이라고 위협했다. 그러나 태사 계는 그 자리에서 반박하고 돌아가 사실대로 적었다. 사관의 직책은 목숨을 위해 책임을 버리느니 죽는 것이 낫다고 했다. "당신의 일을 내가 설사 쓰지 않더라도 천하가 모두 아니 당신의 잘못을 덮을 수는 없고, 오히려 촌로의 웃음거리가 될 것이다!" 최저는 풀이 꺾일 수밖에 없었다.

일은 여전히 끝나지 않았다. 세 형제가 살해된 후 다른 제나라의 사관 '남사씨'가 이를 듣고 죽간을 들고 달려왔다. 생명의 위험을 무릅쓰고 이 사실을 기록하기 위해서였다. 하지만 도착 후에 태사 계가 이미 최저를 눌렀다는 소식을 듣고 고개를 돌리고 돌아갔다.

이것이 중국 역사상의 사관이다. 우리가 오늘날 보는 한 줄 한 줄 남아 있는 죽간들은 비록 이미 역사의 풍진에 부식되었지만 모든 글자 하나하나, 행간에 그들의 위대한 양심이 빛을 발한다.

청나라 말에 발견된 갑골문에 새겨진 상나라 제왕의 이름은 한나라 때《사기》의 기록과 완전히 일치해, 문물과 사서의 교차 입증이 가능했다. 이것이 바로 중국의 위대한 사관이다. 우리가 현재 한나라 이전의 사서를 볼 수 있는 것은 사관들이 목숨을 건 대가이다.

안자는 제환공보다 100여 년 뒤의 인물로 공자와 동시대 또는 약간 이르다. 당시 제나라의 국력은 이미 쇠약해졌고, 초나라에 사신으로 가는 것은 쉽지 않았다. 안자는 결국 사명을 욕보이지 않았다. 당연히 외교는 절대 말재주로 달성되는 것이 아니라 외교정책과 국제 협업을 통해 전쟁을 피하고 평화를 가져오며 권력과 우세한 지위를 공고히 다지는 것이다. 따라서 외교 전략은 직접적으로 국가의 흥망을 결정한다.

유감스럽게도 춘추 시기의 '국제체계' 운행 경험은 이론과 방법, 학과를 만들어내지 못해 후세에 전해지지 못했다. 진한 이후 만국이 신복하면서 외교의 경험과 학문이 더 이상 쓰이지 않자, 춘추전국 시기의 찬란한 외교학은 점차 사라졌다.

규구의 맹세 후 10년 뒤 관중과 환공은 세상을 떠났다.

후세 사람들은 관중의 혁혁한 공을 높이 숭상했다. 그가 죽은 지 100여 년 후 공자는 관중이 제후들을 이끌고 이적에 저항했기에 다행이지 안 그랬으면 "우리는 머리를 풀어헤치고 옷깃을 왼쪽으로 했을 것(융적이 되었다는 뜻)이다"라고 했다. 전국시대가 되어 수많은 정치 이론과 부국강병의 책략은 모두 관중의 이름을 걸었고 《관자(管子)》라는 책의 근간이 되었다.

제환공이 죽고 국내에는 격렬한 군위 쟁탈이 다시 발생하여 서로 공격하고 죽이며 궁중에 대혼란이 일었다. 제환공이 죽은 지 60여 일이 되어도 아무도 장례를 지내지 않아 시체에는 구더기가 끼었다. 공자 무위가 결국 군주의 자리에 오른 후에야 시신을 수습해 장례를 치렀다. 제나라는 이때부터 급격히 몰락한 후 200여 년이 지나서야 강국의 지위를 회복했다.

진정한 귀족, 송양공

환공이 죽은 후 다섯 공자가 군위를 다투자 제나라와 중원의 여러 나라들은 동시에 체제가 혼란스러운 지경에 빠졌다.

이때 송양공(宋襄公)이 등장해 구원에 나섰다. 송양공은 우선 각지의 제후를 회합해 군을 이끌고 제나라에 들어가 군주를 세우고 난을 정리하는 데 성공했다. 그는 이어서 등나라 군주를 붙잡고 조나라를 위력으로 굴복시킨 뒤 초성왕에게 제후들을 이끌 패권을 나눠달라고 요구했다.

초나라 성왕은 구두로 약속했다. 송양공은 바로 회맹을 통보했다. 그러나 회의하는 현장에서 성왕이 복병을 보내 양공은 단상의 맹주에서 죄인이 되었다. 다행히 그를 호송하던 수레가 송나라 국경을 넘자 미리 준비하고 있던 송나라 덕분에 성왕은 그를 석방했다.

제환공이 죽은 후 정나라는 초나라에 승복하고 정나라 군주는 직접 초나라로 향했다. 송양공은 이후 정나라를 정벌하기로 한다. 그의 대군과 초의 구원병이 홍수(泓水)에서 서로 만난다. 초나라군이 아직 강을 다 건너기 전에 대사마(大司馬)가 송양공에게 기회를 노려 공격하라 했지만 그는 따르지 않았다. 잠시 후 초나라군이 육지에 다 오른 뒤 아직 군대를 정비하지 않았을 때 대사마가 다시 공격할 것을 권했지만 여전히 공격하지 않았다. 초나라군이 전열을 가다듬자 그제야 공격을 허용했다. 결국 송나라군은 크게 패했고, 양공도 부상으로 죽고 말았다. 죽기 전에 그는 말했다. "군자는 상처를 입은 사람에게 상처를 더하지 않고 늙은 병사는 잡지 않으며 험한 지세를 이용해 적을 치지 않는다고 했다. 과인이 비록 망국의 위기에 처했지만 어찌 아직 정렬도 하지 않은 적을 공격할 수 있겠는가?"

송양공은 홍수의 전쟁에서 고전적인 전쟁의 예의를 강조했다. 결국 군은 패망하고 "백성들은 그를 원망했다." 송양공의 "어리석은 돼지 같은 인의 도덕"(마오쩌둥의 말)을 《좌전》에서는 전쟁을 모른다고 비평했으나, 《춘추공양전(春秋公羊傳)》에서는 오히려 칭찬하며 "큰 위기 앞에서도 예를 잊지 않았다"라고 평했다. 심지어 그를 주문왕과 같이 평가하며 "설사 문왕의 전쟁이라도 그를 넘어서지 못한다"라고 했다. 사실 두 책의 서로 다른 평가는 두 가지 시대 관념의 차이를 반영한다. 송나라는 고대 예의와 제도가 비교적 많이 남아 있었는데, 강회(江淮) 유역도 고대에 발전이 늦은 지역이었다. 이 일대의 서언왕(徐偃王)도 인의(仁義)로 유명했는데, 고대에는 도덕 규칙을 존중하는 전쟁 방법이 해당 지역에 아직도 남아 있다고 설명했다.

송양공은 항우와 닮았다. 설사 죽을지언정 귀족의 고귀한 기풍을 포기하지 않았다. 후세 사람들은 송양공을 고지식하기 그지없다고 평하지만, 사실 그는 고귀한 고전의 정신을 대표한다. '양(襄)'은 아름다운 시호다. 동시대 귀족들이 가지고 있던 그에 대한 견해를 반영했다고 보아도 무리가 아니다.

송은 본래 중등 국가였으나 밑에서부터 차근히 밟고 올라오는 인내를 가지지 못해 쟁패는 실패로 끝났다. 하지만 송나라는 문화전통이 유구하고(은상의 유민), 지리적 위치가 중요해 춘추시대에 늘 활약했고, 전국시대에 들어선 후에도 그 지위를 지켰다.

소국의 존망은 본래 국가 사이의 체계가 결정한다. 국가 사이에 존재하는 체계는 약소국의 생존을 보장한다. 연구에 따르면 1946년 이래 연합국의 회원국들은 비록 국지전이 때때로 발생하긴 했지만 외적의 침입을 받아 망한 국가는 없다. 제환공의 사후 10년간 국가 사이의 체계는 권력의 진공 상태가 되었고 국가 간의 합병이 끊임없이 발생했다. 위나라가 형을 멸하고, 주가 수구를 멸하고, 진이 예(芮)와 양을 멸했으며 초가 기(夔)를 멸했다.

제나라가 홀로 패권을 차지한 뒤 송나라의 과도기를 거쳐 진, 초 양국의 '국제체계'가 출현했다. 마치 영국의 단일 패권 체계에서 미국과 소련의 쟁패 체계로 변한 것과 같다.

진나라와 초나라, 중원의 정권 탈취를 도모하다

진나라와 초나라 양국은 진정한 강국으로 춘추시대 약 300년의 시기 동안 초나라는 50여 국을 멸하고 진나라는 20여 국을 멸했다.

양자강 남안에 위치한 초나라는 중원 각국의 눈에 신비롭고 강하게 보였다. 초나라가 독한 나라였음은 스스로 공공연히 '왕'이라 칭한 것만 봐도 알 수 있다. 주나라 때 주 천자만이 '왕'이라 칭하고, 제후국의 군주는 작위 등급에 따라 다른 호칭을 사용했다. 예를 들어 '환공', '문후(文侯)', '백(伯)' 등이 있다.[3] 초나라 군주는 과감하게 왕이라 칭했고, 중원의 제후국과 가깝지도 멀지도 않았으며, 공공연히 자신은 야만족이라며 중앙에서 독립하려 했다. 무한(武漢)에는 지금까지도 '주나라에 불복한다'는 말버릇이 있다고 한다.

중원과 초나라의 관계는 영국인이 미국이나 호주를 보는 시각과 비슷하다. 다른 듯 비슷한 것이다. 초나라는 스스로 야만족이라 인정했

---

3 쉬중수, 《선진사론고(先秦史論稿)》. 서주 시기 작위에 관해 여러 기록이 다르기 때문에 줄곧 논쟁이 존재했다. 사실 많은 기록들은 모두 후세 사람들의 상상에서 나온 것이다. 이른바 '공(公)·후(侯)·백(伯)·자(子)·남(男)' 다섯 등급의 작위는 사실이 아니다.

지만, 화하 색채가 짙어 주 왕실과 왕래가 빈번하고 주 왕실의 책봉을 받아들였다. 단지 등급이 낮았다. 초장왕은 비록 자신을 왕이라 칭했지만《좌전》등 정사에는 그를 '초자(楚子)'라고 칭했다. 비슷하게 오나라 왕 합려(闔閭)도 자칭 왕이었지만, 공자는《춘추》에서 그를 '오자(吳子)'라고 불렀다(이런 문장 기교가 바로 후세 유생들이 감탄한 '함축된 말 속에 심오한 뜻을 담은 것'이다).

초나라의 기원은 정확한 고증을 찾기 어렵다. 갑골문에 '초'자가 있는 것으로 보아 초나라 사람들이 은상 시기에 이미 존재했음을 알 수 있다. 그들은 원래 중원의 산동, 하남 일대에 거주한 동방족 무리에 속하나 주나라 사람들에 의해 강제로 남쪽으로 옮겨졌을 가능성이 있다.

서주 초기 초나라가 정식으로 나라를 세워 주나라에 굴복했을 때 그 지역은 오로지 수도 단양(丹陽, 구체적인 위치는 의견이 분분하다)의 주위를 둘러싼 땅이 있었고, 춘추시대 초기까지 초나라는 여전히 반경 100리의 소국이었다. 서주 초기 제후들이 회맹할 때 초나라 군주는 아직 참석할 자격이 없었고 등불을 지키는 등의 잡무만 할 뿐이었다.

그러나 초나라 역대 군주들이 힘을 다해 나라를 잘 다스리자 국세가 왕성하게 발전했다. 주소왕(昭王)은 세 차례 초나라를 정벌하고 (B.C.985, B.C.982, B.C.977) 뒤의 두 번 모두 참패했으며 마지막 한 번은 심지어 소왕 본인도 '살아 돌아오지 못했다'. 초나라 사람이 매복했다가 한수(漢水, 양쯔강의 가장 중요한 지류 가운데 하나 – 옮긴이)에 빠뜨려 죽였다. 이 일은 수갈의 전투에서 정나라 대부가 주환왕의 어깨를 맞힌 것보다 270년 앞선 일이다.

다시 말하자면, 춘추 시기 으뜸가는 강국은 진(晉)나라였다.

진나라가 처음 봉해질 때 수도는 당(唐, 지금의 산서성 태원(太原) 북쪽)으로 분수(汾水)의 상류에 위치했다. 그 후 약 3세기 반이 지나 강(지금의 산서성 익성현(翼城縣)) 쪽으로 천도해 분수의 하류로 옮겼다.

진나라의 기풍을 세운 사람은 곡옥(曲沃)의 무공(武公)이다. 그는 본래 곡옥 지방의 측실과 분파로 봉해졌으나, 군사를 일으켜 종주와 정실(晉)을 몰살하고 찬주 정권을 세워 진무공이 되었다. 곡옥의 찬탈투쟁 과정은 매우 잔혹했다. 이때부터 진나라의 엄혹한 현실주의 정치 전통이 형성되어 이후 전국시대의 기풍으로 이어졌다.

진무공의 아들 진헌공(晉獻公)은 제환공 10년(B.C.676)에 즉위해서 제환공 35년에 죽었다. 그가 26년간 진나라를 통치하는 동안 진의 국력은 크게 증진했다. 그는 새로 성벽을 보수해 세우고 원래 하나의 군대를 두 개로 확충했다. 곽(霍)·경(耿)·위(魏)·우(虞)·괵(虢)을 멸해 분수 유역 전체를 진나라의 토지로 포함시켰을 뿐 아니라 황하 이남까지 확장했다. 헌공은 군비와 무장을 정비하고 강화하며 쟁패를 위해 힘을 길렀다. 안타깝게도 그는 말년에 여색에 빠져 적자를 폐위하고 서자를 세워 이후의 대란을 야기했다. 그의 뒤를 이은 아들과 손자 모두 범재였다. 진나라의 패업은 그와 적인의 여인 사이에 태어난 공자 중이(重耳, 후에 문공) 때까지 기다려야 했다. 그가 바로 19년 동안 8개국을 떠돌아다니며 고달픔과 위기를 겪고 60여 세에 제후의 자리에 오른 문공(晉文公)이다.

공자 중이는 국내 정란 때문에 한 무리의 사람들을 이끌고 탈출해 유랑하며 우여곡절을 겪었다. 그에 관해 많은 이야기가 전해 내려온다.

한식의 기원이 된 이야기도 있다. 신하 개자추(介子推)는 문공을 따라 열국을 유랑하며 절망적인 궁지에 빠졌을 때, 자신의 허벅지 살을

수주 증후을의 묘에서 출토된 편종

잘라 문공의 허기를 해결하기도 했다. 문공이 복귀 후 개자추는 재산과 녹봉(祿俸)을 요구하지 않고 어머니를 모시고 면산(綿山)에 은거했다. 문공의 청에도 나오지 않자 산에 불을 질러 나오게 하려고 했으나, 개자추는 결코 나오지 않고 그의 모친과 함께 나무를 끌어안고 죽었다. 문공은 비할 데 없는 애통함에 시신을 면산에 묻고 사당을 세운 뒤 개자추가 불타 죽은 날에는 불을 사용하는 것을 금하고 차가운 음식을 먹어 그를 애도하게 했다. 후에 이는 풍속이 되어 한식의 기원이 되었다.

한식은 본래 청명절 1, 2일 전이나 신중국이 설립된 후에는 많은 지역에서 한식과 청명절을 함께 지낸다. 한식이 처음 절기가 되었을 때는 불을 사용하는 것을 금하고 차가운 음식을 먹었으나 후세에 발전하는 과정에서 점차 성묘, 답청, 그네, 추국(축구), 줄다리기, 투계 등 아름답고 즐거운 풍속이 추가되었다.

개자추로 인해 생긴 한식의 이야기는 필자가 후에 사서를 전문적으로 찾아보면서 조사했지만 당시 관방에서 편찬한 사서에서는 기록을 찾을 수 없었다. 수백 년 후 한나라 학자 유향의 책 중에 이에 대한 묘사가 나온다(《좌전》 등 책에 개자추의 이름이 나오지만 그가 면산에서 불에 타 죽은 일은 없고 단지 '숨어 있다 죽었다'라고 되어 있다). 다시 말해서 개자추의 죽음으로 한식이 생긴 이야기는 믿을 만한 역사가 아닐 수 있다(그중 허벅지 살을 자른 부분은 특히 불가능하다). 하지만 이 비극적 이야기의 비장하고 고답적인 정신은 대단히 감동적이다.

문공의 즉위는 송양공이 죽은 지 2년 뒤였다. 송·정·노·위·조·허 등 몇몇 소국은 초나라와 관계가 애매했다. 당초 문공이 유랑하며 송나라를 지날 때 너그러운 양공이 그에게 20필의 말을 선물했다. 문공은 즉위 후 송나라에 호감을 가졌다. 송나라 또한 문공이 충분히 능력을 발휘할 여지가 있음을 보고 그에게 의지할 만하다고 여겨 초나라를 배신하고 진나라를 따랐다. 초나라가 진(陳), 채, 정, 허나라의 군을 이끌고 정벌에 나서자 송나라는 진(晉)나라에 도움을 청했다. 문공은 환난을 함께 겪은 신하들을 소집해 회의를 열어 진나라의 2군을 3군으로 확충할 것을 결의하고, 병사를 훈련시키고 장군을 뽑아 "은혜에 보답하고 재난에서 구해 패권을 장악할" 준비를 했다.

기원전 632년, 즉 제환공 사후 11년, 초, 진(陳), 채 연합군과 진(晉), 송, 제, 진(秦)의 연합군이 위나라의 성복(城濮)에서 결전을 벌였다.

문공과 초나라는 일찍이 왕래가 있었다. 당시 공자 중이는 유랑 시 초나라를 지난 적이 있는데 초성왕이 예로 그를 대했다. 한번은 초나라 왕이 그를 초대해 연회를 베푼 자리에서 장래에 만일 진나라로 돌아간다면 자신에게 어떻게 보답할지에 대해 물었다. 중이는 "초나라는 풍족하고 아무것도 부족함이 없으니 보답하는 것이 쉽지 않습니다. 제가 할 수 있는 것은 그저 만일 양국이 나중에 전쟁을 하게 되면

문공의 《복국도(復國圖)》 일부

제가 3사(舍)를 물러나겠습니다. 그러고도 제가 무너지지 않았으면 그때 상대를 하겠습니다"라고 말했다. 당시 초나라의 대신 자옥(子玉)도 그 자리에 있었는데, 후에 중이를 죽이자고 제안했다. 초나라 성왕은 중이가 큰 재목이 될 것이라 여기고 그 말을 듣지 않았다.

1사(舍)는 30리니 3사는 90리다. 이 후 전쟁에서 문공은 약속을 지켜 대군들에게 90리를 후퇴하라고 해 성복(城濮, 지금의 하남성 북부)에서 전투하게 되었다. 이렇게 장엄하게 약속을 지킨 일은 역사책에 기록되었고, '남에게 양보하고 다투지 않는다'는 뜻의 '퇴피삼사(退避三舍)'라는 성어(成語)가 생겼다.

4월 초하루 초나라 측 연합군이 성복에 진격해 다음 날 쌍방의 대군이 대진했다. 한 차례 대전이 벌어진 후 초나라군이 참패했으나, 초나라군 통솔자 자옥이 제때 병력을 거둔 덕분에 전군이 함락되는 상황은 면하고 퇴각했다. 초나라군이 연곡[連谷, 하남성 서화(西華)]까지 물러났을 때 자옥은 참패의 책임을 지고 자살했다.

성복의 전쟁은 제와 초의 소릉 연맹과 송과 초의 홍수의 전쟁 이후 진(晉)나라와 초나라 간의 대전으로 춘추 역사에서 중요한 의미가 있다. 초나라의 북진 기세를 저지하고 중원의 형세를 안정시켜 진나라가 중원 패주의 지위를 획득하고 문공이 명성을 날리도록 했다.

진나라와 초나라 사이에서 80여 년간 끊어질 듯 이어진 다툼은 이때부터 시작되었다.

진, 초 양국에는 당시 웅대하고 힘 있는 지도자가 있었다.

초나라의 성왕은 평생 많은 성취를 이루었지만, 후에 태자 상신(商臣)이 권력 쟁탈 정변을 일으켰다. 성왕은 죽기 전 (시간을 끌기 위해) 곰의 발바닥을 먹겠다고 청했으나 허락되지 않았고 결국 시해 당했다. 초성왕의 손자 초장왕은 명성이 드높았으며, 많은 고사성어가 그에게서 비롯되었다. 예를 들어 '일명경인(一鳴驚人)', '문정중원(問鼎中原)' 등이다. 초나라 장왕은 왕위를 계승한 이후 주색에 빠져 조정을 돌보지 않았으나 실제로는 몰래 주변을 관찰하며 힘을 비축했다. 후에 대신이 그와 대화하며 초나라 교외에 한 마리 큰 새가 있는데 3년간 날지도 않고 울지도 않는데 무슨 일인지 우언(寓言)을 빗대어 물었다. 초나라 장왕은 "3년을 날지 않았으니 한번 날아오르면 하늘을 찌를 것이고, 3년을 울지 않았으니 한번 울면 사람들을 놀라게 할 것이다"라고 답했다. 이어서 단호하고 신속한 기세로 개혁을 일으키니 초나라는 더욱 강해졌다.

기원전 606년 초나라 장왕이 융을 치며 대군이 주의 수도 성락(城雒, 지금의 하남성 낙양시 부근)을 지날 때 주 천자가 사신을 보내 군대를 위로했다. 초나라 장왕은 고대 하나라의 우가 주조한 구정(九鼎, 중국에서 선진시대 이전에 군주의 권위를 상징하는 가마솥으로, 줄여서 '정'이라고도 불렀다-옮긴이)이 구주(九州)를 대표하여 국가권력의 신성함을 상징하며, 하와 상 두 정권을 거쳐 현재 주 왕실에 존재한다는 이야기를 들었다. 초나라 장왕은 기세등등하게 사신을 위협하며 정(鼎)의 크기와 무게를 묻는 등 정권을 노리는 마음을 조금도 숨기지 않았다. 천자의 사신은 천하를 얻는 것은 "덕에 달렸지 정에 달린 것이 아니라"고 대답해 덕에 관심을 기울여야 함을 내비쳤다. 그럴듯한 이 대답에 초나라 장왕은 할 말이 없었다.

구정이 이처럼 신성하다면 그것을 노리는 것은 당연히 초장왕 한 사람만이 아닐 것이다. 후대의 전국 시기에 제나라, 초나라, 위나라가 무력으로 구정을 쟁탈하려 했다. 장의(張儀)는 진나라 혜왕(秦惠王)에게 주를 공격하고 정을 빼앗을 것을 직접적으로 권했다. "우리가 구정을 얻고 지도와 호적에 의거해서 천자를 끼고 천하를 호령하면 누가 명령에 복종하지 않겠습니까? 이것이 진정한 왕업입니다."

불행히도 주나라가 망한 후 구정의 행방을 알 길이 없었다. 당시 전해진 말로는 구정이라 불리던 것이 사수(泗水)에 가라앉았다고 한다. 《사기》〈진시황본기(秦始皇本紀)〉의 기록에 시황 28년에 "사수에 빠진 구정을 꺼내길 기도하고, 1,000명의 사람을 시켜 꺼내려 했으나 얻지 못했다"라고 쓰여 있다. 구정이 사수에 빠졌다고 철석같이 믿은 진시황이 사람 1,000명에게 물에 들어가 구하라고 했으나 찾지 못하고 포기했음을 알 수 있다.

구정은 비록 사라졌지만 후세 사람들은 여전히 잊지 못했다. 후세에 무측천(武則天, 624?~705), 송(북송)휘종(徽宗) 모두 구정을 만들어 함부로 권력의 합법성을 분식하려고 꾀하기도 했다. 신기하게도 송휘종이 구정을 만든 날 직접 구정 앞에서 술을 따라 신께 바치는 예를 행한 뒤 다가가 북쪽의 대정에 내려놓자 갑자기 정이 터지면서 바닥에 물이 흥건했다. 속설로는 "정이 있으면 나라가 있고, 정이 망하면 나라도 망한다"라고 하는데, 결국 휘종은 정말 나라가 망한 뒤 포로로 잡혀 금나라의 포로수용소에서 여생을 마쳤다. 구정은 정말로 신비로운 듯하다.

성복의 전투에서 진나라는 초나라의 세력을 남쪽으로 내쫓은 뒤 북으로 향해 적적과 백적을 멸망시키고 영토를 대폭 확장했다. 진나라는 수십 년간 노력으로 거의 대부분 적을 소탕했다. 서쪽에서 진(秦)나라도 견융과 혈전을 벌이며 서쪽 지역을 제패했다.

시간이 흘러 왕래가 빈번해져 초나라의 상층 집단은 점차 화하를 인정하고, 초나라도 점차 자신을 화하의 일원으로 여겼다. 이에 춘추 패권 체계가 사방에서 소멸되거나 만이를 동화시켜 자신의 변경을 확장하고 화하의 생존을 공고히 했다.

진과 초 두 나라의 무력 쟁패는 80여 년간 지속되었다. 이 80년의 '국제 정치사'는 미국과 소련의 패권 다툼과 비슷하다. 두 강국이 모두 부속국을 가지고 있고, '대리전쟁'을 자주 벌였으며 필요하면 양 강국이 서로 직접 전쟁을 벌였다. 진과 초 사이에 낀 소국은 정말 운이 없었다. 예를 들어 진의 도공(悼公) 연간에 정나라는 진과 초 양국에게 교대로 협공당하고 충성을 요구받았다. 한번은 정나라가 초나라를 따랐다가 다시 진나라를 따르고, 어떤 때는 동시에 두 나라에게 공물을 바쳐야 했다.

진나라와 초나라가 소국을 두고 다툰 것은 구체적으로 말하면 군사와 경제력의 범위 때문이다. 소국은 패국에게 두 가지 의무가 있다. 하나는 필요할 때 일정 수량의 병사와 수레를 보내 정벌을 도와야 한다. 다른 하나는 공물을 바치거나 납폐의 형식으로 패국에 경제적인 공급을 해야 한다(납은 정기적인 진상, 폐는 모임이나 축하, 조문 때 선물을 하는 것). 주 왕실이 전성기일 때 제후들이 주나라 왕에게 바친 의무도 이렇지 않았다. 패국은 각자 자신들만의 작은 태양계를 형성했고 진정한 주 왕실은 오히려 푸대접을 받았다는 것을 알 수 있다.

두 번의 정전 회맹: 약소 송국이 평화를 재촉하다

대략 문공과 동시대 또는 약간 일찍 서쪽의 진(秦)나라는 진목공의 지도 아래 점차 발전했다. 진목공은 백리해(百里奚), 건숙(蹇叔) 등 명신을 중용해 강한 국력으로 "20국을 합병시켰고, 마침내는 서융의 패주가 되었다." 더 나아가 동쪽으로 발전하고, 중원 쟁패의 전략을 확립했다. 문공이 죽은 지 얼마 되지 않아 진(秦)나라는 몰래 군대를 멀리 보내어 동쪽으로 정나라를 기습하려고 했다. 문공의 계승자 진양공은 대신 선진(先軫)의 계책을 따라 돌아가는 진나라의 군대를 효산에서 매복해서 공격하니 바로 '효의 전투'이다. 진나라가 동쪽으로 확장하려던 계획은 이 때문에 저지된다. 효산은 지금의 하남 삼문협에 위치하며 전투의 유적이 여전히 남아 있다. 이 전투 이후 진나라는 남쪽의 초나라와 결맹하고 진(晉)나라에 대항한다.

전쟁 국면은 계속되었다. 진·초의 패권 다툼이 반복되던 와중에 전쟁의 빈도와 격렬함은 제환공, 송양공의 시대와 비교가 되지 않았으며 갈수록 심해졌다. 이 80여 년간 초는 강(江)·육(六)·요(蓼)·용(庸)·소(蕭)(소는 후에 송에 편입되었다)를 멸하고, 진(晉)은 여러 적(狄)을 멸하고, 핍양(偪陽)국을 멸한 뒤 송에 속지로 삼게 했다. 제는 채를 멸하고

춘추전국 시기의 검

진(秦)은 활(滑)을 멸했지만 활은 후에 진(晉)에 편입되었다. 노는 주를,
거는 증(鄫)을 멸했다(증은 후에 노에 편입되었다). 이 기간에 정나라는
스스로를 보호하기 위해 그리고 패주의 명령을 위해 침략하거나 참가
한 전쟁이 72차례 이상이나 되었다. 송나라는 46차례 이상이었으니
기타 소국은 어느 정도였을지 유추할 수 있다.[4]

　600년이 안 되는 춘추전국시대 동안 660차례의 전쟁이 발발했다.
춘추 시기의 전쟁은 130여 개 국가를 10개 이하로 만들었다. 장기간
성을 포위해 양식을 끊자 심지어 자식을 식량과 바꾸어 먹는 참상이
발생했다.

　전쟁을 멈추기 위해 기원전 579년 송나라의 대부 화원(華元)은 화의
를 제안했다. 이때 그는 진, 초의 집정자와 함께 친분을 쌓고 그의 노
력으로 마침내 평화롭고 우호적인 상호 불가침 조약을 체결했다. 조

4　장인린(張蔭林),《중국사강》.

약의 마지막에는 이를 위배했을 때의 책임으로 "이 맹약을 어겼을 때
는 신명이 그를 죽이고 그 군대를 잃게 해 나라에 복을 내리지 않을
것이다"라는 규정을 세웠다.

하지만 이 위배의 책임은 "신명이 그를 죽인다"는 저주 외에 실질적
으로 그것을 보장할 어떠한 강제력이 없었다. 따라서 겨우 3년 만에
초나라는 맹약을 배반하고 진나라 쪽으로 붙은 정나라로 군대를 동
원했고, 다음 해에 진나라를 공격해 '언릉 대전'이 발생했다.

언릉 대전이 시작할 때 초나라 전군은 진나라군의 대영에 가깝게
진을 치고 압박을 했다. 접전 이후 진나라군의 화살이 초왕의 눈을
명중시켰고 초나라군이 퇴각했다. 다행히 초나라의 명사수 양유기(養
由基)가 진나라 장군을 쏘아 죽인 뒤 연속으로 많은 군사를 맞혀 진
나라군은 추격을 멈추었다. 양쪽 군대의 혼전은 밤이 되어서야 멈추
었다. 그날 밤 초나라 왕은 사마자반(司馬子反)을 불러 책략을 상의하
려 했으나, 자반은 뜻밖에 술에 취해 오지 못했다. 초나라 왕은 "이는
하늘이 초나라를 버린 것이다!"라고 개탄한 뒤 밤에 군을 철수했다.
자반은 술에서 깬 뒤 자신의 죄를 깨닫고는 자살을 하고 만다.

첫 번째 화의는 이렇게 실패로 끝났다.

노양공(魯襄公) 27년 송나라의 집정 대부 향술(向戌)이 다시 정전(停
戰) 협정을 제안했다. 그는 진·초·제·진의 사이를 분주히 돌며 동의
를 구해 마침내 같은 해 6월에 송나라에서 13개국이 참가한 정전대회
를 거행하고 평화 맹약을 체결했다. 이때 진·초 양국은 연이어 전쟁을
하며 모두 국력이 쇠약해진 상태여서 급히 평화가 실현되었다.

대회 현장에서 초나라의 대표 윤자목(尹子木)이 실행 가능한 방안
을 제시했다. 진이나 초에 복종하는 나라는 이후 진과 초 양쪽에 똑

같은 의무를 지게 해서 패권을 나누자는 거였다. 윤자목의 제안은 두 차례 작은 수정을 거친 후 채택되었다. 이후 노정공 4년(B.C.506) 진이 소릉의 회합에서 연합군을 소집해 초나라를 침략할 때까지 중원 지역에는 마침내 쉽지 않은 40년간의 평화가 이루어졌다.

당시의 관례에 따라 외교 연회 현장에는 반드시 진나라 악부시〔樂府詩, '시(詩)', '악(樂)', '무(舞)' 세 가지 예술의 혼합체로서 가장 정통적인 음악 문학−옮긴이〕를 연주해야 했으며 예술을 통해 감정을 표현하고 사상을 전달해야 했다. 진나라 집정대부 조문자(趙文子)가 모임 후에 지은 시 《시경》〈소아(小雅)〉의 "즐겁구나, 군자여. 복록이 그를 편안케 하네"라며 희열과 기쁨이 넘쳐나는 분위기를 표현했다.

사실 이번 평화 교섭이 실제로 체결될 때 표면상으로는 진과 초 양국이 균등하게 패권을 나눈 것처럼 보이지만, 실제로는 진나라가 손해를 보았다. 진나라는 나름의 고충이 있었다. 모임 이전에 진나라는 이미 공실의 권력이 약화되는 국면이 형성되어 권력이 공실에서 점차 아래로 옮겨가 공실을 돌볼 겨를이 없었다.

이 평화의 40년 세월 동안 중원은 평온하고 별다른 큰일이 없었다.

하지만 이때부터 각국의 내정에 커다란 변화가 발생했다. 진나라의 권력은 아래로 여섯 공경 집안으로 쪼개져, 한·위·조 3국으로 분열되어서야 끝났다. 제나라도 세족 가문이 권력을 장악하고 후에 진(陳)씨가 다른 집안을 물리치고 대권을 독점했다. 노나라의 삼환〔三宦, 노나라의 환공에서 갈라져 나온 맹손(孟孫), 숙손(叔孫), 계손(季孫) 씨의 세 대부(大夫)−옮긴이〕이 독재정치를 하고 심지어 노소공((魯昭公, B.C.560~B.C.510)을 쫓아냈다. 공자는 필사적으로 반대했지만 아무 소용이 없었다. 정나라 정치가 가장 혼란에 빠졌지만 다행히 대정치가 자산(子産, ?~B.

C.522)이 나와 국가를 날로 번영시켰다. 자산은 이성을 중시하고 귀신을 경시했을 뿐 아니라, 공히 형정을 주조하고 법률을 온 백성에게 공포해 각국 귀족 통치자들을 매우 놀라게 했다. 만일 자산의 일생에 어떤 유감이 있냐고 하면 하나는 그가 작은 나라에서 출생해 더 큰 무대에서 역사를 변화시키지 못한 것이며 다른 하나는 그의 사상과 정치 경험이 이론으로 정리되지 못해 더 많은 사람에게 영향을 미치지 못하고 후세에 전해지지 못한 것이다.

한편 초나라 권력은 군주의 수중에 집중되었지만, 초나라의 상황은 그리 좋지 못했다. 배후에 새로 궐기한 오나라가 이미 강성해져 초나라의 국력은 날로 쇠약해져갔다.

오월이 번갈아 일어나다: 춘추 패권 다툼의 마지막 곡

중원의 평화 유지를 외친 이후 춘추의 역사는 말기에 들어섰다. 이 시기 남동 방향의 오·월 간의 다툼이 춘추 패권 다툼의 마지막 분기점이 되었다. 오나라는 지금의 강소 남쪽에 위치했고, 월나라는 지금의 절강 북쪽에 위치했다. 두 나라는 중원 각국의 영향으로 신속한 발전을 이루었다.

오나라는 자칭 그 시조가 주문왕의 숙부 태백(泰伯)이라 한다. 태백이 오나라의 군주가 된 후 19대를 이어오다 중간 부분의 역사는 전부 공백이다. 태백 시조설은 역사적 사실이 아니라 만, 이 땅의 오나라 사람이 '화하화'하여 역사를 '창조'하는 방법으로 인정을 얻으려 한 것이다.

오나라는 이전에 원래 초나라에 속했다. 진과 초가 패권을 다툴 때

진이 오나라를 이용해 초나라를 견제하기 위해 기원전 584년 신공(申公) 무신(巫臣)을 파견했다. 그는 오나라에 선진적인 활 쏘는 법, 수레 모는 법, 전차의 진법을 전수해 오왕 수몽(壽夢, ?~B.C.561 추정)이 초나라를 배반하도록 교사했다.

무신은 본래 초나라의 대신으로 그가 진나라로 도망간 것은 역사책을 뒤흔든 사랑 때문이었다고도 하고 혹자는 팔괘 때문이었다고 한다. 그를 사로잡아 모든 것을 버리게 한 여인은 하희(夏姬)다. 그녀는 아마도 춘추 시기 가장 '성공'한 여인으로 중국의 헬레네(Helen)라고 할 수 있다. 그녀를 본 적이 있는 사람은 공경대부이든 진령공, 초장왕 같은 일국의 군주이든 그 미모에 넘어가지 않은 이가 없었다. 그녀와 뒤얽힌 연정이 정치 분쟁을 유발해 결국 진(陳)나라는 그녀 때문에 멸망한다. 무신은 초나라의 유능한 신하로 하희를 정나라로 돌려보내기 위해 온갖 수단을 다 짜내다 결국 모든 것을 버리고 그녀와 진나라로 도주한다.

오는 본래 강호의 나라로 수전에 강하고 육지전에 약하다. 하지만 수로에서 초와 경쟁하는데, 초나라는 장강의 상류에 거주하고 오나라는 하류에 거주했다. 당시 교통 기술의 제한으로 역류해 올라가는 것은 순류해 내려가는 것보다 불편해 오나라는 초를 이길 수가 없었다. 하지만 오나라가 전차전을 배운 후 형세는 크게 변했다. 그들은 배를 버리고 육지로 올라 회수 남쪽 장강 북안에서부터 초나라의 배후로 진격해 들어갔다. 이때부터 초의 동북 변경은 조용할 날이 없었다.

오나라 합려는 기원전 515년 즉위 후 오자서(伍子胥, ?~B.C.484)와 손무를 국가 통치에 중용하여 국력이 점차 강해졌다.

기원전 506년(정공 4년) 진의 지도 아래 진·제·노·송·채·위·진·정·

허·조·태·주·돈·호·등·설·기·소주 등 총 18개국이 소릉에서 모여 초나라 정벌을 상의했다. 초나라 동남쪽의 오나라도 18국 연합군과 함께했다. 두 번째 화의가 이렇게 끝난다.

오나라군은 손무(孫武, 《손자병법》을 쓴 손자 - 옮긴이), 오자서의 지휘로 다섯 차례 대전을 거쳐 초나라 수도를 공격하고 초나라 왕실은 도망을 간다. 오자서와 친구 사이였던 신포서(申包胥)는 나라를 다시 세우겠다고 결의하고 진에 가서 구원병을 보내달라고 궁중 벽에 기대어 "7일 동안 먹지 않고 밤낮을 울어" 진애공을 깊이 감동시켰다. 애공은 이에 《무의》라는 시를 지어 "어찌 옷이 없다고 하는가? 그대와 함께 원수를 무찌르리라!"라고 하며 군을 보내 초나라를 구했다. 진나라군이 오나라군을 물리치자 초소왕은 초나라로 돌아왔다. 초나라는 이후 수도를 북쪽 언영(鄢郢)으로 천도했다.

오나라는 초나라의 기세가 이미 쇠락한 것을 보고 월나라와 패권을 다투었다. 주대의 동남 외족 중 월은 가장 늦게 일어났다. 전국시대에 이르러 월나라를 언급하며 그들이 "짧은 머리에 몸에 문신"을 했고 맨발에 신을 신지 않았다고 했다. 월나라는 기원전 537년 이전의 역사는 전설 외에 전무하다. 진이 오와 연합해 초를

소주 손무공원의 손무 동상

제압하고, 초나라가 월과 연합해 오를 제압한다. 기원전 496년 오와 월이 휘리(지금의 절강 가흥 남쪽)에서 전쟁을 벌여 월나라 왕 구천(句踐, B.C.520~B.C.465)이 오나라를 물리쳤다. 오나라 왕 합려는 화살에 맞아 상처를 입어 죽고 그 아들 부차(夫差, B.C.496~B.C.473)가 왕위를 이은 후 기원전 494년 아버지의 원수인 구천을 물리쳤다. 부차는 후환을 다 처리했다 여기고 북상해 중원을 쟁패했다.

기원전 482년 부차는 제나라를 물리친 후 제나라의 황지(지금의 하남 봉구)에 제후들을 모으기로 결정했다. 그는 제환공, 진문공의 선례를 배워 맹주가 되려 했다. 회맹할 때 진(晉)나라는 그의 기색이 부정한 것을 보고 사달이 날 것을 예측해 오나라에 굴복하려 하지 않았다. 다행히 대부가 계략을 써서 군대를 진나라 쪽으로 향해 압박을 가함으로써 겨우 진나라를 굴복시킬 수 있었다(황지의 모임은《좌전》과《국어(國語)》의 내용이 다르다.《좌전》은 진나라가 우위를 차지했다고 했으나 믿을 만하지 않아 여기서는《국어》의 내용을 따른다).

하지만 오나라는 확실히 변했다. 원래 수도 고소(지금의 소주)는 회맹 때 이미 월나라에 공략당했다. 이전에 구천이 와신상담하며 대부 종과 범려의 보좌로 10년 동안 역량을 키워오다가 기회를 틈타 오나라 수도 고소를 침략한 것이다. 이후 오월 전쟁에서 오나라는 수차례 패했다.

기원전 473년 월나라가 오나라를 멸하자 부차는 자살했다.

월나라 왕 구천은 부차를 따라 제후들을 모아 맹주가 되려 했다. 주왕 또한 사신을 보내 치조(致胙, 제례에 사용한 고기를 선물하는 것-옮긴이)하여 패주로서의 지위를 인정했다. 후에 낭아(琅琊, 월의 수도는 회계, 즉 지금의 소흥이었다. 구천 전대에 제찬으로 옮김)로 천도하고 거기에 관상대를 세워 동태를 관찰했다. '낭아'의 지명은 중국의 여러 곳에 있는데, 전목의 고증에 의하면 여기서 칭한 낭아는 지금의 연운항 장유현으로 이미 산동에 접근해 당시의 주·노와 경계를 이루었다. 월나라의 크기와 북벌의 뜻을 잘 알 수 있다. 회맹 이후 월나라 왕 구천은 일시적으로 패주라고 불렸다. 하지만 오월의 군림은 이미 힘이 다 빠진 뒤였기에, 진과 초가 패권을 다툴 때의 영향력에 크게 미치지 못했다.

구천과 공자는 거의 동시대를 살았다. 구천은 기원전 465년에 사망했고 63년 후 진나라가 정식으로 분열해 한·조·위 삼국이 되자 전국시대가 시작되었다. 이 기간에 월이 등을 멸하고(후에 회복된다), 추를 멸하고, 초는 채·기·거를 멸하고 산동 변경까지 영토를 확장한다.

6

약육강식의
전국시대

춘추 시기에는 비록 봉건사회의 예법이 파괴되기 시작했지만, 아직
사회 전체에 큰 변화는 나타나지 않았다. 그러나 전국시대로 진입하
자 격류가 맞부딪쳐 솟구치고 천지가 뒤집히는 맹렬한 기상이 펼쳐졌
다. 전국 200여 년의 시간 동안 중국사에 급격한 대전환이 일어났다.
바로 봉건체제가 제국체제로 발전하는 핵심 시기다.

봉건사회에서 제국체제로의 변화는 중국 역사상 첫 번째 대전환이
다. 그 뒤 청나라의 멸망으로 제국시대는 종결되고 중국사는 근대화
라는 두 번째 대전환을 맞았으며 이는 현재에도 진행 중이다.

중국의 봉건사회는 유럽의 봉건사회와 구조가 매우 비슷하다. 단
지 시간상 1,700여 년 앞섰을 뿐이다. 하지만 '봉건시대 이후(post-
feudalism)'의 발전 과정에서는 동양과 서양이 완전히 극과 극으로 다
르다. 봉건사회 이후 중국은 '국가가 사회보다 강한' 대제국의 모습을

제나라 장성의 유적

보였다. 위로는 지고 무상의 황권이 있고, 아래로는 흩어진 모래알 같은 백성이 있었다. 봉건시대 이후, 유럽은 무수한 소형의 민족국가가 서로 경쟁하는 형태를 보였고 봉건시대에서 직접 근대 사회로 발전했다.

춘추 시기 국가권력의 와해는 여전히 계속되었다. 주나라 천자의 권력이 제후의 수중으로 옮겨졌을 뿐 아니라 제후의 권력도 경대부(卿大夫)의 수중으로 한층 더 내려갔다. 경대부의 권력은 다시 가신의 수중으로 내려갔다. 천자가 중심이 되지 못하자 예는 무너지고 역사는 적나라한 힘겨루기를 하는 '대전쟁의 세기'로 들어섰다.

100여 개의 제후국이 있었던 춘추 시기에는 대어가 작은 물고기를 잡아먹는 일이 끊임없이 진행되었다. 전국시대에 들어 점차 제·초·연·한·조·위·진 7대국, 즉 '전국칠웅(戰國七雄)'의 대항으로 변했고 그 사이에 주 왕실과 노·위·송 등 소국이 끼어 단역 역할을 했다.

전국 시기 중국 사회 문화의 각 방면에는 거대한 변화가 일었다. 안타깝게도 이 시대에 관한 사료는 매우 부족하다. 《좌전》·《국어》에는 주로 춘추 시기가 기록되어 있고 《전국책》은 자체로 그다지 정확하지 않으며 《죽서기년》은 후대에 흩어져 없어지고 나중엔 거의 자취를 감췄다. 사마천이 전한 시기에 《사기》를 쓸 때는 참고 자료가 부족해 전국시대에 대해 기록하는 데 약간의 착오를 보이기까지 했다. 이 때문에 전국시대는 더 이른 춘추 시기보다도 정확하게 이해하기 어렵다.

전국시대의 핵심어: 잔혹한 총력전

전국시대의 특색은 대규모 총력전에 있다. 전국 시기의 전쟁은 춘추 시기와는 비교도 되지 않는다. 전국시대에는 병력의 규모가 거대했다. 몇 차례 유명한 전투에서는 각국의 병력이 모두 수십만에 이르렀으나 춘추 말 가장 큰 진과 초 양국의 병력은 전차 4,000대 정도를 넘지 않았다. 전차 한 대에 전사 10명으로 계산해도 4만 명이 넘지 않는 수준이다.

전국시대의 전쟁은 이판사판으로 오래 지속되었다. 춘추 쟁패는 기교 경쟁의 성격이 강했다. 군대 규모가 작아 전쟁은 주로 하루면 끝났고, 길어야 몇 개월간 군이 성을 둘러싸고 있었으며 교전은 쌍방이 규칙과 예의를 중시하며 벌였다(군의 예는 오례 중 하나다). 하지만 전국 시기에는 상대방을 전멸시키는 것을 목표로 했으며 전쟁 주기도 매우 길었다. 그리고 잔혹했다. 성을 점령한 후 성 안의 주민을 전부 학살하는 '도성(屠城)'이라는 단어가 전국시대에 처음 출현했다. 전국 말년, 장평 전투(長平大戰)에서 진나라군은 40만 조나라의 투항군을 한번에 생매장시켜 조나라의 청장년층을 거의 없애버렸다.

전쟁 기술도 향상되었다. 이전의 전차전은 평원에서 싸우기에 적합했으며 전개가 느렸다. 전국시대에는 기병과 보병이 발전했다. 커다란 성을 공격하는 기계와 방어용 기계도 연달아 만들어냈다. 군사 전문화의 다른 표징은 병서의 저작이었다. 오기(吳起, ?~B.C.381)의《오자(吳

子)》, 손빈(孫臏)의 《손자(孫子)》, 사마양저(司馬穰苴)의 《사마법(司馬法)》, 묵가(墨家)의 《비성문(備城門)》과 위료(尉繚)의 《위료자(尉繚子)》 등은 전부 전국시대에 쓰인 작품이다. 전쟁은 사회구조를 크게 바꾸었다. 춘추 시기의 군인은 모두 귀족(士)이었으나 전국 시기에는 농민에게까지 확산되었고 심지어 전 백성이 모두 병사였다.

전국시대는 비록 전란이 빈번했지만, 동시에 빠르게 진보하는 시대였다. 예를 들어 농업기술이 크게 발전했다. 우경(牛耕)으로 경지 효율이 대폭 상승했다. 이런 선진적인 생산방식은 춘추 말기에 이미 출현했다. 공자의 제자인 사마경(司馬耕)의 자(字)는 백우(伯牛)로 소를 농사에 이용하였다. 전국시대가 되자 농사에 소를 이용하는 것은 더욱 보편화되었다. 전국 시기에 맹자가 "허자는 쇠로 밭을 갑니까?"라고 한 걸로 보아 이미 철제 쟁기가 출현했음을 알 수 있다. 철로 만든 단단한 쟁기와 괭이로 밭을 갈면서 일인당 노동 효율이 대폭 상승했다.

교통 방면에서도 도로를 개척하면서 원거리 여행이 점차 보편화되었다. 공자가 살던 시대에는 오나라의 수도에서 주(邾)나라까지 가장 빨리 행군해도 3개월이 걸렸다. 하지만 전국 초기에는 노나라 수도에서 초나라 도읍까지 열흘 밤낮이면 도달할 수 있었다.

농업 방면에서 물을 사용하기 위한 관개사업은 이미 고도로 발달했다. 위나라의 서문표(西門豹, 위문후 때), 백규(白圭, 위혜왕 때), 사기(史起, 위양왕 때), 진나라의 이빙(李氷, 진효문왕 때), 정국(鄭國, 진시황 때)은 모두 수리공사의 대가들이었다.

기술과 교통이 발전함에 따라 상공업이 주력인 대도시와 대상인이 점차 출현했다. 옛 귀족이 몰락하고 '상인'과 '군인'이 뒤를 이어 흥하고 상업 대도시도 더불어 발전했다. 임소(臨淄), 한단(邯鄲), 대량(大梁),

영(郢), 도(陶) 등은 모두 유명한 국제적 대도시로 성장했다.

종합하면 춘추부터 전국 중기까지 300, 400년간 인구는 늘어나고 경지는 나날이 확대되었으며, 유목민족인 융과 적은 점차 동화되거나 소멸되었다. 아득한 황무지였던 변경 지대에도 사람들이 몰려들었다.

상업이 발전하면서 화폐 사용 또한 갈수록 폭넓어졌다. 《좌전》을 살펴보면 춘추 시기 열국 군신은 비단과 보석·옥·미녀·악사 등을 수송하기 위해 왕래했을 뿐 황금 화폐를 사용했다는 기록은 없다. 하지만 전국 초기의 역사 기록 중에는 대량의 황금이 출현한다. 더 중요한 것은 전국 시기 민간의 학술이 크게 발전해 '사(士)' 계층이 일어났고 이들이 세습 귀족을 대신해 사회의 지도층이 되었다는 점이다.

국가의 분열: 진·제나라의 변화와 군웅 할거의 격화

조·위·한, 즉 이른바 삼진은 본래 진나라 제후의 영토였다.

조씨는 대대로 주 천자에게 마차를 만들어 바치던 관리였다. 주목왕의 마부인 조부(造父)는 전설적인 마부로 그 공로를 인정받아 남부의 조(趙) 지역을 하사받고 이 땅의 이름으로 성씨를 삼는다. 기원전 582년 문공 중이의 손자 진경공은 참언을 듣고 조씨가 모반하려 한다고 의심해, 일가를 몰살하고 전답을 몰수한다. 한씨의 간언으로 경공은 조씨 일가 중 살아남은 고아에게 봉지를 돌려준다. 조씨는 복귀후 40년이 안 되어 진나라 육경(六卿) 중 가장 강한 일족이 된다. 이 일은 후에 예술적 가공을 거쳐 《조씨고아(趙氏孤兒)》라는 유명한 비극으로 만들어진다.

비극 《조씨고아》에는 눈물을 흘리게 하는 감동의 힘이 있다. 최초의 작품은 원나라 사람이 쓴 희곡으로 정영(程嬰)·공손저구(公孫杵臼)·한궐(韓厥) 등의 인물이 등장한다. 정의를 위해 나를 희생하고 사악한 세력에게 복수하는 정신을 긍정적으로 묘사했다. 후에 유럽에까지 전해진《조씨고아》는 독일 시인 괴테가《엘페노르(Elpenor)》라는 제목으로 각색했고, 이탈리아 극작가 메타스타시오(Pietro Metastasio, 1698~1782)는《중국 영웅》이라는 제목으로 각색해 유럽의 관중을 감동시켰다.

이 이야기는 어째서 전국 이후의 1,000년 동안 아무도 다루지 않다가 송·원 이후 성행했을까? 이는 사실 송나라(조씨 성) 망국의 고통이 가져온 송나라 부활의 정서와 관련 있다. 사실 조씨가 복귀를 꾀한 역사의 진상은《조씨고아》중의 내용처럼 그렇게 강렬한 이야기는 아니다. 원나라 사람이 참고한 원본은 사마천이 쓴《사기》이지만《사기》〈조세가(趙世家)〉는 신뢰도가 떨어진다. 예를 들어《좌전》의 기록과는 차이가 많이 난다. 이 시기 전후의 역사 배경과 인물의 관계를 자세하게 정리하면《좌전》이 비교적 정확하고《사기》〈조세가〉는 소설에 가깝다고 볼 수 있다.

기원전 453년 본래 십여 가문으로 이루어져 있던 진나라 집권 세력이 여섯 개 가문으로 축소되었고 최종적으로 조·위·한이 육경(六卿)의 내분에서 승리하고 아예 진나라를 나누어 각자 독립해 나라를 세웠다. 이를 역사에서는 '삼가분진(三家分晉)'이라 한다. 춘추시대 제일 강국이었던 진나라는 이때부터 역사에서 사라졌다.

삼진과 비슷한 시기에 제나라도 변했다. 제나라 경대부 전씨(田氏)〔진(陳)씨라고도 한다. 진과 전의 고대 발음은 동일하다〕가 군권을 빼앗았는데 이를 "전씨대제(田氏代齊, 전씨가 제나라를 대신하다)"라고 한다. 전씨

집안은 몇 대에 걸쳐 제나라의 재상을 지냈다. 나무가 크면 뿌리가 깊은 법, 그들은 점차 국내의 막강한 귀족을 제거하고 결국 직접 왕위에 올랐다. 주 왕실이 후에 조·위·한 세 가문을 책봉한 것은 그들을 인정했다는 의미다. 기원전 386년 전씨는 위문후를 통해 공작을 펼쳐 주나라 왕의 책명을 얻어 제후로 승격되었다.

삼진(三晉)과 전제(田齊)는 이때 아직 주나라 왕의 책봉이 필요했다. 삼진이 책봉받은 후 33년, 한과 조는 힘을 합쳐 주를 공격했다. 주 왕실은 봉황에서 닭으로 몰락했다. 춘추 시기 각국의 군주는 공이나 후로 불렸다. 전국시대에 들어와 군웅 할거가 격화됨에 따라 각국의 군주는 잇따라 스스로 왕이라 칭했다.

삼진과 전제는 영토를 확장하며 국내의 일부 작은 봉군을 삼킨 뒤 토지를 잘라 봉하지 않고 각 지역을 나누어 관리를 파견하고 점차 군주집권체제로 바꾸었다. 삼진과 전제가 가장 먼저 이처럼 시행한 뒤 그 밖의 대국들도 뒤이어 이런 군주집권제로 바뀌었다.

개혁과 변법: 전략 경쟁의 시대 기조

제후의 무력 경쟁은 본질적으로 국가권력이 강화되어야 가능하다. 이를 위해 악정을 개혁하고 국력 강화를 위해 분발한다. 이는 결국 고대 중국에서 최대, 최장, 최고의 효과를 거둔 전국 변법 운동을 이끌어냈다.

각 제후국이 연달아 변법을 진행했지만 생각은 서로 달랐다. 각국 간의 경쟁은 본질적으로 치국 전략 사상의 경쟁이었다. 이 모든 개혁 중 가장 근본적이고, 성공적이며 후대에 큰 영향을 미친 것은 상앙변

법이다. 이 책의 뒷부분에 이
에 대해 따로 다룰 것이니 여
기서는 육국의 변법에 대해
서만 이야기하겠다.

위나라 이회변법은 전국시
대 부국강병을 도모한 첫 번

전국시대 주(咒)자 형태의 의비전(蟻鼻錢)

째 변법이다. 위나라는 기원전 453년 '삼가분진' 후 형성되었다. 기원
전 403년 정식으로 제후국이 되었다. 위문후는 이때 법가인물인 이회
(李悝, B.C.455~B.C.395)를 기용했다.

이회(이극(李克)이라고도 부른다)는 기원전 455년에서 기원전 395년
에 살았던 위나라 사람이다. 그는 위문후(文侯) 때 북쪽 땅을 지켰다
가 후에 위나라 재상이 되었고 위문후가 변법을 실시하는 것을 도왔
다. 그 내용은 세 가지로 귀납할 수 있다. 하나는 세경세록제(世卿世祿
制)를 폐지하는 것이다. 귀족의 특권을 없애 그들의 재산과 권력을 몰
수하고 "일한 만큼 먹고, 공에 따라 녹을 주는" 원칙에 따라 새로이
분배해 많은 인재들이 위나라를 위해 봉직을 맡았다. 이 조치로 일
부 공이 없는 구귀족들은 지위를 잃은 반면 서민 출신으로 위나라를
위해 공헌을 한 많은 선비들이 정치 무대에 등장했다. 둘째는 '지력
을 다하는 법'과 '평적법' 등 경제정책의 추진이다. 세 번째는《법경(法
經)》을 제정해 법제를 강화했다.

《법경》은 고대 중국의 첫 번째 완전한 성문법전이나 안타깝게도 전
문은 현재 이미 분실되었다.《법경》의 상당 부분은 관리들의 부패에
관한 것이다. 승상 이하의 탐관오리나 뇌물을 받은 관리는 사형에 처
하고, 태자가 도박을 하면 태형을 하거나 심지어 폐위까지 했다.

이회가 창조한 개혁 강령인 구귀족 특권 폐지, 농업 발전과 법제 제창 등은 당시로서는 보편적인 혁신 정책이었다. 이회의 변법은 위나라를 전국 초기 천하제일의 강국으로 만들었다. 안타깝게도 이회의 변법은 오래 실시되지 못했고, 너무 전면적인 개혁으로 저항이 커 철저하게 이루어지지 못했다. 하지만 그의 정신은 후에 상앙에게 계승되었다.

이회의 동학이자 동료 오기(吳起)도 대정치가였다.

오기는 위(衛)나라 사람으로 이회와 마찬가지로 공자의 제자인 자하(子夏, B.C.507~B.C.420 추정)의 제자였다. 처음에는 노나라 군주를 위해 일했으나 주변의 시샘으로 위나라로 돌아왔다(주나라의 예악을 가장 보수적으로 지키는 노나라에서 그의 개혁 이념은 사실상 펼쳐지지 못했다). 위문후는 그에게 서하를 지키게 했다. 오기는 용병술에 뛰어나고 명성이 있었지만 후에 재상 공숙좌(公叔痤)의 음모에 빠져 초나라로 쫓겨났다.

대략 기원전 390년 위를 떠나 초로 들어간 지 1년 후 초나라 도왕(悼王, ?~B.C.381)이 오기를 재상에 임용해 변법을 주관하게 했다. 내용은 다음과 같다. 첫째 철저하게 법률을 집행한다. 둘째, 구귀족을 인적이 드문 변경으로 이주시킨다. 셋째, 대신이 지나치게 중용되고 봉지를 너무 많이 받으니 3대에 걸쳐 분봉을 받은 구귀족은 그 자손의 작록[爵祿, 관작(官爵)과 봉록(俸祿)을 아울러 이르는 말 - 옮긴이]을 회수하고 분봉을 취소하는 것이다.

초도왕의 지지로 변법은 신속하게 추진되었다. 오기의 개혁 7년 만에 구귀족의 반대를 돌파하고 초나라는 빠르게 강해졌다. 하지만 기원전 381년 초도왕이 병사한 직후 양성군(陽城君)을 우두머리로 하는 구귀족들이 반란을 일으켜 왕궁을 포위하자 오기는 왕의 시체 앞에 엎드려 고슴도치가 될 정도로 화살을 맞았다. 하지만 초도왕의 아들이 왕위를 계승한 후 도왕의 시신에 '크게 불경'한 것을 빌미로 반란 귀족을 일망타진했다.

오기는 비록 피살되었지만, 그의 변법은 이회처럼 후세에 개혁을 실시한 상앙에게 깊은 영향을 끼쳤다.

얼마 후 서쪽의 진(秦)나라 상앙의 변법과 동시에 동쪽의 제나라도 위왕이 행정개혁을 실시했다.

기원전 356년 제위왕이 즉위했다. 재위 뒤 9년간 그는 주색에 빠져 정사를 돌보지 않았다. 그러나 후에 추기(鄒忌)·순우곤(淳于髡) 등의 간언을 듣고 뜻을 세워 제나라 중흥을 위해 개혁을 단행했다. 그 개혁 내용은 다음과 같다. 첫째, 관리제를 정돈한다. 관리에 대한 심사 기준을 새로 제정하고 추진했다. 둘째, 진언할 수 있는 통로를 넓히고 진언을 제창했다. '구간령(求諫令)'을 내려 "과인의 잘못을 지적하는 자에게 상을 내리겠다"라고 선포했다. 이에 왕궁 밖에는 간언을 하겠다는 자들이 앞을 다투었다. 1년 후 백성들은 "간언을 하고 싶어도 할 말이 없었다"라고 했다. 셋째, 군비와 무장을 정비하고 강화했다. 전통의 의무병제와 모병제를 결합하고 전기(田忌), 광장(匡章), 손빈 같은 뛰어난 장수를 기용했다. 넷째, 생산력을 높이고 국가 수전제(授田制, 농민 등에게 국가의 토지를 경작하도록 허가해주는 제도-옮긴이)를 개선했다. 지급한 토지의 장기 사용제를 채택해 적극적인 생산을 이끌었다.

개혁은 제나라를 신속하게 강화시켜 '가장 강한 제후국'으로 탈바꿈시켰다. 그 후 제나라는 위나라와 두 차례의 전쟁을 벌여 손빈의 모략으로 위나라 주력 부대를 무찔렀다. 이때부터 진나라와 함께 동서쪽의 양대 강국이 되어 당시 사람들은 '동제(東帝)'와 '서제(西帝)'라고 불렀다.

신불해(申不害, ?~B.C.337 추정)는 한(韓)나라에서 '술치(術治)'변법을 주관했다. 법가에는 본래 법파(法派), 세파(勢派), 술파(術派) 3대 유파가 있었고 각자 다른 주장을 펼쳤다. 상앙은 법파의 대표 인물이고 신불해는 바로 술파의 대표 인물이다. 그는 군주의 권력을 강화해 신하를 다스리고 많은 음모와 위계의 권모술수를 사용했다.

한소후(韓昭侯)를 섬기며 15년간 재상을 지낸 신불해는 효율적인 관료제 운용방식을 강조했다. 즉, 신하에게 관직을 맡기되 명분에 맞게 실효를 책임지게 하고, 군주는 신하의 생사여탈권을 쥐어 군주의 전제정치를 강화해야 한다는 것이다. 권술의 변화로 제도 개혁을 대신하는 것은 설사 일시적으로 한나라 정치를 깨끗하고 투명하게 할 수 있을지라도 진정한 부국강병을 이룰 수는 없었다. 신불해는 한나라에서 재상으로 지내며 국가를 비교적 강하게 만들었으나 막강한 국가를 만들 실력은 없었다.

불행히도 '법치' 사상은 한나라가 진나라를 멸망시킨 이후 단절되었고 법가 삼파 중의 권술 사상은 크게 성행했다. 이후의 제왕과 유가는 술치 사상을 흡수한 후 이른바 '외유내법(外儒內法)'의 통제 체계를 만들었다. 하지만 이 '법'은 '법'이 아니라 권술일 뿐이었고, 이는 중국인의 사유방식에 악영향을 끼쳤다.

조나라 무령왕(武靈王)은 여섯 번째 군주로 부국강병을 도모하고 '호복기사(胡服騎射)'의 군사개혁을 추진했다. 당시 중원 각국의 전쟁은 전차 위주였으며 갑옷을 입은 병사들은 넓은 도포와 큰 소매의 옷을 입고 그 위에 둔한 갑옷을 걸쳐서 산지에서 전쟁을 치르기에 매우 불편했다. 조나라와 경계를 접한 호인들은 말을 타고 활을 잘 쏘았으며 의복도 간단했다. 조무령왕은 군신들의 격렬한 반대를 무시하고 스스로 '호복기사'를 따라 몸에 달라붙는 옷을 입고 기병을 만들었다. 그전에 고대 사람은 바지 대신 치마('상(裳)'이라 했다)를 입었다. 이런 풍습은 조무령왕 때 호복기사 이후에야 변했다.

새 기병부대가 조성된 후 얼마 되지 않아 호, 루번을 물리치고 1,000리 밖을 수차례 정복했으며 마지막에는 중산국(中山國)을 멸망시켰다. 이는 모두 문공이 만족을 물리친 업적의 연장이다.

조무령왕은 군사개혁을 통해 강한 기병부대를 창설했고, 이 조치는 중원 국가의 군대 발전에 지대한 영향을 미쳤다. 이때부터 각국은 점차 보병과 기병으로 전차병을 대체하고 군대의 주력으로 삼았다.

하지만 조무령왕은 권력을 인계하는 문제에는 마음을 정하지 못했다. 처음에는 주동적으로 물러나겠다며 자칭 '주부(主父)'라고 했다가 후에는 자신에게 쫓겨난 태자 장과 몰래 연합해 다시 정권을 장악하려다 결국 '사구정변(沙丘政變)'을 유발했다. 자리를 계승한 조혜문왕(惠文王)과 공자(公子) 장(章)의 내분이 일어나 공자 장이 피살되고 조무령왕은 조혜문왕의 군대에게 겹겹이 포위되었다. 각각의 무리들은 말은 하지 않아도 이해가 통했다. 비록 '군주 시해'라는 죄명이 두려워 감히 직접 조무령왕을 죽이지는 못했지만 그에게 음식을 주지 않았다. 3개월간 포위되어 양식과 물이 끊긴 조무령왕은 참새를 잡아먹으며 허기를 달래다가 결국 굶어 죽었다.

사구는 지금의 하북성 광종현(廣宗縣)에 위치했다. 조무령왕이 그곳에서 죽은 지 85년 뒤에 진시황도 천하를 순시하며 그곳을 지나다 여름날 급성 질환에 걸려 죽었다.

역사의 특례: 합종연횡 후 진의 천하통일

진효공(孝公)은 상앙변법을 사용해 진나라의 부국강병을 시작했다. 서쪽으로는 서융을 쟁패하고, 남쪽으로는 촉을 멸하며, 동쪽으로는 황하를 건너 중원에서 용맹함을 뽐내고, 전국시대 초기 제일 강국이었던 위나라를 격파했다.

진효공 후의 진나라 군주는 진혜문왕(惠文王)이다. 그는 우선 공손연(公孫衍, 머리가 코뿔소처럼 생겨 '코뿔소 머리'라는 별명이 붙었다)을 임용하고 계속해서 부국강병을 이루다가 후임으로 장의(張儀)를 임용해 대국의 사이에서 연합과 분열을 꾀하며 어부지리를 얻었다.

공손연은 진나라에서 배척된 후 고향인 위나라로 돌아가 재상이 되었다. 그리고 다섯 나라를 연합해 '합종(合從)' 집단을 형성해 진나라에 대한 균형을 도모해서 진나라의 침략 역량을 억제하려 했다. '합종'이란 여러 약한 무리가 뭉쳐서 강한 하나에 대처하는 것이고, 이와 상대적인 것은 '연횡(連橫)'으로 하나의 강국이 여러 약소국의 연맹을 와해시키는 것을 가리킨다. 합종은 진나라를 두려움에 빠지게 했다. 이에 맞서기 위해 진혜문왕은 장의의 연횡 전략을 채택했다. 그의 책략은 초·위를 굴복시키고 조를 공략해 한을 멸망시키며 제·연이 서쪽으로 향하지 못하게 하는 것이었다.

위나라 사람으로 장의의 주 업적은 진나라를 보좌해 계속 강하게 한 것이고, 소진(蘇秦)의 주 업적은 제나라를 유혹해 송을 멸하고 최종적으로 제나라를 약하게 만들어 연나라 대신 복수하는 목적을 달성한 것이었다.

기원전 322년 장의가 위나라로 가서 유세하며 위나라 왕에게 진과의 우호를 권하는 동시에 진나라는 위나라에 무력으로 압박을 가했다. 결국 위는 합종을 포기하고 진과 연횡했다. 기원전 319년 장의가 쫓겨나고 공손연이 그를 대신해 위나라의 재상이 되어, 위·초·연·한·조 '오국이 진나라를 정벌'하기 위해 연합하고 초회왕(楚懷王, ?~B.C.296)을 합종의 수장으로 추천했다. 하지만 실제로 몇몇 나라는 각자 생각한 바가 있어 겨우 한, 조, 위만 출병했다. 기원전 317년 연합군은 수어(修魚, 지금의 하남 원양(原陽))에서 진나라군에 패해 합종은 와해되었다.

이때뿐만 아니라 전체 전국 시기에 동방 육국은 각자 자기만의 계산이 있어 마음이 일치하지 않았다.

실제로 당시 누가 마지막에 승리할지는 아직 확실하지 않았다. 예를 들어 제나라 역시 패권의 한쪽으로 자주 '합종'하기로 한 연맹을 깨뜨렸다. 하지만 총체적으로 보아 전국의 역사는 진나라가 주도했다. 동방 육국 가운데 초나라와 제나라는 여러 차례 지도자의 역할을 담당했다.

제와 진이 강해진 후 위·조·한은 중간에 끼어 제나라와 진나라의 전쟁터가 되었다. 합종연횡(合從連橫) 전쟁은 더욱 복잡하고 격렬해졌다. 강력해진 진의 압박으로 위와 한은 진에 굴복했다. 제와 초는 진의 양대 적수가 되었다.

진나라는 제나라를 견제하기 위해 반드시 초나라와 연합해 제와 초의 연맹을 깨뜨려야 했다. 기원전 313년 장의는 초회왕에게 토지 양보를 조건으로 제나라와 단교하라고 요구했고, 초회왕은 이를 믿고 제나라와 단교한 후 진나라와 손을 잡았지만 결국 진나라는 약속을 어겼다. 자신이 말장난에 놀아난 사실을 안 초회왕은 분노하여 군대를 이끌고 진나라를 두 차례 공격했지만 모두 참패했다. 기원전 306

년 제나라는 다시 초나라에 서로 동맹을 맺어 진나라를 공격하자고 제안했다. 초회왕도 제나라와 약속했으나 또 한 번 진나라가 혼인을 제안하자 그 유혹을 뿌리치지 못하고 진나라와 혼인으로 인척관계를 맺었다. 이 때문에 제·위·한에게 토벌당한 초회왕은 태자를 인질로 보내 진나라의 도움으로 포위를 풀었지만, 결국 이후에 초나라 태자는 진나라에서 화를 불러일으켜 진나라는 제·한·위와 연합해 초나라를 공격했다. 초회왕은 진나라에 오자마자 억류되어 함양에 갇혔다. 도망치려고 안간힘을 썼지만 실패하고 결국 진나라에서 병사하고 말았다. 초나라는 이렇게 연이은 실패로 점차 쇠락의 길을 걸었다.

초나라가 쇠약해진 이후에는 진나라의 동진에는 조나라가 가장 큰 걸림돌이었다. 앞에서 말했듯이 조나라는 '호복기사'의 개혁을 거쳐 막강해진 군사력으로 수많은 북방 야만족을 물리친 강적이었다.

진나라는 조나라를 공격하기 위해 제나라와 연합을 도모했다. 제나라는 동방의 대국이자 합종으로 진나라에 대항한 주요 나라였다. 초회왕의 사후 기원전 288년, 진소왕은 제민왕(湣王)과 서로를 서제, 동제라고 부르기로 약속하고 오국이 연합해 함께 조나라를 정벌하기로 맹약을 체결했다. 하지만 모사가 소진의 제안으로 제민왕은 자발적으로 동제의 호칭을 포기하고 진나라에 맞섰다.

공손연 이후 100년 동안 동쪽의 각국은 네다섯 차례의 대규모 합종으로 진나라를 공격했다. 이번에는 제나라가 맹상군(孟嘗君, ?~B. C.279?)의 지도로 기타 몇 나라의 군대를 연합하고 합종해 진나라를 공격하고 진소왕에게 서제의 호칭을 포기하도록 압박했다.

이때 갑자기 송나라가 궐기했다. 송나라 외곽에 새 한 마리가 알을 깠는데 새끼 독수리가 태어났다. 점을 쳐보자 장래에 패권을 차지할 것이라는 점괘가 나왔다. 송강왕(康王)은 본래 용맹하고 '얼굴에 신광이 있어'라는 점괘를 본 후 마음이 뒤흔들렸다. 이에 연달아 출병해 "동으로 제나라를 공격해 다섯 개의 성을 얻고 남으로 초나라를 물리쳐 300리를 확장하며 서로는 위나라군을 물리쳐 두 개의 성을 빼앗고 등나라를 멸했다." 천지를 호령하고, 종묘를 불태워 신들을 굴복시켰음을 드러냈다. 하지만 국내에서 곧 내란이 발생했다.

기원전 286년 송나라에 내란이 일어났다. 야심만만했던 제민왕은 이를 기회라고 생각했다. 모사가 소진도 이를 적극 지지하며 송나라를 멸했을 때 얻는 장점을 설득력 있는 말재간으로 논증했다. 제민왕은 이 말을 믿었지만 소진은 사실 연나라가 파견한 간첩으로 마음속에는 다른 뜻이 있었다. 원래 30년 전 제나라가 연나라의 내란을 틈타 공격해 들어와 연나라 수도를 3년간 점거한 일이 있어 양국 간에는 원한이 있었다. 연소왕은 왕위를 계승한 후 온 힘을 다해 나라를 다스려 부국강병을 이루었다. 그는 표면적으로는 제나라에 아첨했지만 몰래 종횡가(縱橫家, 중국 전국시대의 제자백가 중 정치적 책략가로서 당시 국제외교상에서 활약한 유세객들-옮긴이) 소진을 보내 제나라를 무너뜨릴 기회를 노리고 있었다. 소진의 제안으로 제민왕이 출병해 제나라는 송나라를 멸망시켰지만, 사실 소진은 제나라에 함정을 만들어 놓았던 것이다.

송은 중원에 위치해 항상 제·초·위 몇 개의 대국이 쟁탈하려는 대상이었다. 제나라의 출병으로 열강의 세력 균형이 깨졌다. 진나라는 기회를 틈타 초·조·위·한 등의 군주와 타협해 합종을 조직해 제나라를 공격했다.

제나라는 중등 강국이었던 송을 멸하는 과정에서 국력을 크게 손실했다. 게다가 원수가 사방에서 일어나니 이 또한 연나라가 쳐놓은 함정이었다. 이어서 기원전 284년 연나라 장수 악의(樂毅)가 연·진·조·위·한 다섯 나라의 병력을 이끌고 제나라를 공격했다. 대군은 계속 제나라 도성을 공격하고 당시 제나라군에게 받은 대로 돌려주었다. 연나라군은 제나라 도성의 재산을 전부 약탈하고 이후 제나라 대부분의 땅까지 획득했다. 오직 거와 즉묵(卽墨) 두 성만 무너지지 않았다. 제민왕은 거로 도망갔다가 얼마 뒤 살해당했다.

제 왕실의 후손 전단(田單)은 홀로 즉묵에서 연나라군과 대치했다. 기원전 279년 연소왕이 죽고 그 아들이 낙의와 사이가 나빠지자 전단은 기회를 잡아 이간질로 낙의를 몰아냈다. 전단은 즉시 '화우진(火牛陳, 여러 마리의 황소 뿔에 칼을 매고 꼬리에는 기름 뭉치나 갈대 다발을 매단 다음 불을 놓아 적진으로 쫓는 병법-옮긴이)'을 펼쳐 반격해 연나라군을 크게 물리쳤다.

제나라, 연나라는 쌍방이 모두 피해를 보았다.

기원전 278년 진나라 장수 백기(白起, ?~B.C.257)가 군사를 이끌고 초나라 도읍을 공격했다. 대규모 영토를 잃어버린 초나라는 부득불 진나라에 강화를 요청할 수밖에 없었다. 기원전 266년 진소왕은 범저(範雎)를 재상으로 기용하고 '원교근공(遠交近攻)'의 계책을 채택했다. 즉 멀리 있는 제·초와 교류하고, 가까운 삼진을 공격하는 것이다.

앞에서 말했듯이 삼진 가운데 조나라의 국력이 가장 강했다. 진나라는 결국 조나라를 멸하기로 결정했다.

기원전 262년 진과 조나라 간에 한나라의 상당군(上黨郡)을 쟁탈하기 위한 전쟁, 즉 장평 전투가 벌어졌다. 조나라의 노장 염파(廉頗)는 장평(지금의 서고평(西高平))을 지켰다. 진나라 명장 백기가 군을 이끌었지만, 장평을 함락하지 못하자 조왕에게 이간책을 펴 조왕이 장군을 조괄(趙括, ?~B.C.260)로 바꾸게 했다. 조괄은 대장군 조사(趙奢)의 아들로 병서에 숙달했지만 실전 경험

전국 시기의 호부(虎符)

은 없었다. 조괄이 부임한 후 조나라군 전부를 출격시키니 진나라군은 패한 척하고 조나라군이 영루 앞까지 추격해 오길 기다렸다가 군사를 나눠 조나라군의 퇴각로를 가로막아 양식 보급로를 차단했다. 진나라군은 조나라군을 46일 동안 분할해 포위했다. 조괄은 진나라군을 돌파하려 했지만 실패하고 전사했으며, 40만 대군도 생매장당해 조나라의 장정들은 거의 이 전쟁에서 몰살당하고 만다.

기원전 259년 조나라의 수도 한단이 진나라군에게 포위된다. 후에 다행히 위나라 공자 신릉군(信陵君, ?~ B.C.243)이 훔친 병부로 몰래 군대를 이동해 위나라군을 이끌고 진나라군을 공격해 조나라를 위기에서 구한다. 하지만 조나라는 기력을 크게 소모해 더는 진나라에 무력으로 대항하지 못했다.

초·제·조가 쇠약해짐에 따라 전국칠웅의 합병도 끝났다. 장평 전투 후 4년, 진이 서주를 멸했다(주 왕실은 이때 이미 동서로 분열되었고 서쪽을 서주라고 불렀다). 서주의 군주는 진나라에 머리를 조아리고 32개 읍을 바치고 도망가지 못한 3만호 인구와 일부 옥기(玉器)를 진상했다. 같은 해 동주의 난왕(赧王, ?~B.C.256)이 죽고 아무도 왕위를 잇지 않아 주 왕실의 명맥은 결국 끊어지고 말았다.

초의 동천은 간신히 연명하던 약국 노나라를 압박했고 초나라는 서쪽으로는 진나라를 이길 수 없어 볼품없는 노나라를 얻어 보상을 받았다. 기원전 256년 초고열왕(楚考烈王)이 노나라를 멸하고 노나라는 초나라의 영토로 편입되었다. 노경공(頃公)은 평민으로 폐위되어 역사가 유구한 주 왕실의 혈육인 노나라는 결국 제사가 끊겼다. 유가 사상을 탄생시킨 나라도 결국 멸망의 운명을 피할 수 없었다.

기원전 247년 진장양왕(秦莊襄王, B.C.281~B.C.247)이 죽자 그의 13세 아들 영정(嬴政, 진시황, B.C.259~B.C.210)이 즉위했다.

청년 영정은 국내의 반란 세력을 제거하고 기원전 230년부터 육국을 멸하는 전쟁을 시작했다. 우선 삼진부터 시작했다. 진나라는 부단히 조나라를 공격해 한·위를 도와주지 못하게 만들었다. 삼진 중 가장 약한 한나라가 먼저 망했다. 조나라를 공격하는 과정에서 진나라 군은 계책을 써서 조왕이 장군 이목(李牧, ?~B.C.228)을 죽이게 함으로써 조나라 군심을 흩뜨려놓았다. 기원전 228년 진이 조나라 수도 한단을 공격해 조나라 왕 천(遷, 趙 幽繆王)을 공자 가(嘉)가 대군으로 도망가 대왕이라고 칭했지만 조나라는 멸망했다.

진나라는 조나라를 멸하고 조나라가 소장한 '화씨지벽(和氏之壁)'을 획득했다. 이 옥은 원래 초나라 사람이 발견해 자신의 왕에게 바친 것으로 후에 초나라의 연회 도중 사라졌다. 몇 년 뒤 조나라의 환관이 이를 획득해 조나라 왕에게 바쳤다. 화씨의 옥이 진나라에 들어오니 진나라 왕 영정은 이사(李斯, B.C.280?~B.C.208)에게 명해 "하늘의 명을 받았으니, 그 수명이 길이 창성하리라(受命於天, 既壽永昌)"라는 여덟 글자를 새겨 통일 제국의 옥새(玉璽)를 제작하게 했다. 이 옥새는 후에 천하가 공인하는 정권의 상징이자 후대의 역사 속에서 국운의 기복을 증명하는 역할을 했다.

진나라가 조나라를 공격할 때 연나라 변경에 근접했다. 연나라 태자 단(丹)은 자객을 보내 영정을 암살하게 했다. 이것이 바로 형가(荊軻)의 진나라 왕 암살 이야기다. 암살에 실패한 후 진나라는 왕전(王翦), 신승(辛胜)에게 군사를 이끌고 연나라를 공격하게 했고 역수의 서쪽에서 연나라군 주력 부대를 전멸시켰다. 기원전 226년 연나라 수도 소(소, 지금의 북경 서남쪽)에서 연나라 왕은 요동으로 도망쳤다.

연을 정벌하는 동시에 대장 왕전의 아들 왕분(王賁)은 명을 받아 군사를 이끌고 남하해 초나라 10여 개 성을 공략한 후 회군하여 위나라를 공격했다. 위나라군이 대량(大梁)에 갇히자 왕분은 황하, 홍구의 물을 성에 끌어와 공격했다. 같은 해 3월 대량성이 침수되자 위나라 왕 가(假)는 투항하고 위나라는 멸망한다.

기원전 224년 노장 왕전이 60만 진나라군을 이끌고 초나라를 공격했다. 다음 해 초나라 수도를 공략해 초나라를 멸망시켰다. 이어서 강을 건너 전쟁을 벌여 기원전 222년 초나라 강남의 각지를 평정했다. 초나라를 멸한 후 진나라는 왕분을 보내 연·조의 나머지 세력들을 토벌해 철저하게 멸망시켰다. 기원전 221년 왕분이 군을 이끌고 연나라에서 남하해 제나라를 공격할 때 과거의 대국 제나라는 제대로 된 저항 한 번 못하고 투항했다. 이때부터 진나라는 대략 10년 동안 육국을 합병하고 춘추전국 500여 년의 분열과 할거의 국면을 끝냈다.

춘추전국은 최종적으로 통일로 나아갔는데, 이는 세계 역사상 사실 특수한 예다. 유럽에서 로마 제국이 멸망한 후 유럽은 중세 봉건 사회로 진입하였고 소국이 난립해 혼전이 끊이지 않았다. 유럽인들은 강국이 나와 천하를 통일해주기를 기대했지만 실현되지 못했다.

프랑스의 드 기베르 백작은 1772년 출판한 저서《전술의 일반원칙
(Essai General de Tactique)》에서 당시 유럽의 전쟁이 장기전으로 자원
을 소모하고, 사회를 유린하고도 아무 결과가 없었던 것에 대해 강력
하게 비평했다.

하지만 생각해보아라. 유럽에 총명한 백성과 두터운 사회 자원, 영민한
정부의 지도자가 있는 어떤 민족이 등장한다고 생각해보자. 국내의 안
정된 환경과 견실한 군사력으로 확장 정책을 펼친다면 이 민족은 절
대로 자신의 목표를 잊어버리지 않고 또 어떻게 전쟁을 진행하고 승리
이후 잘 살아갈지를 이해해 재정 곤란으로 속수무책이 되지 않을 것
이다. 이런 민족은 북풍이 연약한 갈대를 쓰러뜨리듯이 그의 이웃을
정복하고 그들의 취약한 정치구조를 뒤집을 것이다.

기베르는 이런 민족의 탄생을 보지 못할 것이라고 예견했다. 그는
비장하게 말했다. "이런 민족은 출현하지 못할 것이다. 유럽에서는 한
국가가 일어나 강해져서 완전히 새로워질 수 없기 때문이다. 그들의
성장은 똑같아서 서로 부식하고 있다." 기베르가 살던 시대는 청나
라 건륭시대에 해당한다. 당시의 중국은 제국체제가 이미 확립된 지
1,000여 년이 지났다.

유럽이 통일을 할 수 없었던 원인은 주로 대포가 발명되기 전이어
서 성을 수비한 쪽이 절대적 우세였기 때문이다(유럽 각국은 지리적으로
분열되고 흩어졌으며, 인구는 적고, 재정이 부족해 군주가 대규모 군대를 조직
할 수 없는 등 수많은 원인이 있었다). 하지만 중국은 춘추전국 시기에 이
미 공성과 수성 기술이 고도로 발달했다. 예를 들어 춘추 시기의 중

형 공성무기로 이미 수차(고공 활쏘기), 충차(성문 부딪치기), 팽온(공병의 파내는 작업을 엄호하는 것), 수루(부대가 성벽에 도달하는 것을 엄호), 투석기 등이 있었다. 일단 전쟁이 시작되면 화력으로 제압하고, 중갑으로 엄호하며, 특수한 방법으로 성벽을 타고 오르는 등 공격 능력이 매우 강력했다.

화하의 면모: 선비정신

전국시대는 '선비(士)'계층이 사회의 지도층이 되어 기량을 한껏 드러낸 무대다.

'선비'집단이 사회를 이끄는 특색은 후세까지 이어졌다. 중국인은 문화인을 존중한다. 문화인이 시를 쓰기 때문이 아니라 문화인과 '선비'가 거의 일치하는 개념이기 때문이다. 중국인의 내면 깊은 곳에서 그들은 사회의 양심이고 사회의 지도 역량이다.

고대 중국의 건국정신을 고찰해보면 천하위공(天下爲公)의 건국이념, 선비집단의 지도자, 상무중교(尚武重敎)의 관념 같은 몇 가지 튼튼한 기둥이 있다. 중국 역사상 치세와 난세는 모두 이 건국의 핵심 이론과 밀접한 관련이 있다. 한과 당의 성세가 바로 이 이념이 확대 발전된 산물이고 진(晉)·송·명의 쇠약은 이 이념을 소홀히 한 결과다.

춘추전국 때 선비는 낮은 지위의 귀족과 교육을 받은 평민 두 부류로 나뉘었다. 춘추 말기 예악이 무너지고 왕관(王官)이 그 직을 잃게 되자, 예악의 교화를 받은 적이 있는 귀족들은 이름만 남고 현실의 서민으로 전락하는가 하면, 다른 한편으론 개인에게도 배움의 길이 열려 적지 않은 서민이 예악교화를 받고 서민에서 선비로 바뀌었다.

춘추전국 시기는 귀족정신과 상무정신이 가장 농후했다. 이 시대의 사람들은 위로는 군왕장상이, 아래로는 상인 무사 어부 촌부까지 정정당당한 영웅호걸의 기질을 가졌다.

'국제' 교섭 중 국가 권리에 해를 끼치는 자가 있으면 그들은 강압에 굴하지 않고 생사를 걸고 다투었다. 예를 들어 화원(華元)·조말(曹沫)·인상여(藺相如)·모수(毛遂)·당저(唐雎) 등이 그렇다. 만일 죽어서 나라에 도움이 된다면 그들은 기꺼이 목숨을 내놓고도 후회하거나 원망하지 않았다. 정숙첨(鄭叔詹)·안릉(安陵)·총고(寵高)·후영(侯嬴, ?~B.C.257)·번어기(樊於期, ?~B.C.227)·형가(荊軻, ?~B.C.227) 등이 그랬다. 그들은 어른을 공경하면서 항상 충성하고 복종했지만, 만일 국가의 대계나 명예에 해를 끼치면 웃어른이더라도 반드시 항명하고 따르지 않았다. 일이 정해진 후에는 스스로 웃어른에게 범한 죄를 용서하지 못하고, 자결함으로써 용서를 구했다. 선진(先軫)·위강(魏絳, ?~B.C.552 추정) 등이 그랬다. 불행히 죄를 범하면 책임을 지고 정직하게 벌을 받고 절대 도망가지 않았다. 경정(慶鄭), 응연(鷹然) 등이 그런 사람이다.

직업적 사명을 완성하려고 온갖 어려움을 마다하지 않고 심지어 죽음도 무릅쓰니 제의 태사형제·이흔(李釁)·신명(申鳴)·맹승(孟勝) 등이 그랬다.

은혜를 입으면 죽음으로 보답했다. 북곽소(北郭騷)·예양(豫讓)·섭정(聶政)·형가 등이 그랬다. 친구가 어려움에 처하면 서로 의지하고 희생을 아끼지 않고 생명까지 던져 모든 것을 도왔다. 신릉군(信陵君)·우경(虞卿) 등이 그런 자다. 타인의 재난은 비록 나와 무관해도 물불을 가리지 않고 도왔다. 노중연(盧仲連)·묵자(墨子, B.C.468?~B.C.376?)·묵가의 거자(鉅子, 묵가 공동체의 지도자 - 옮긴이)인 맹승과 초나라의 수성을 위해 죽은 180명의 제자 등이 그러한 사람들이다. 남과 함께 일하면 죽음으로 비밀을 지키고 일이 성공할 수만 있다면 죽어도 후회하지 않았다. 전광(田光, ?~B.C.227)·강상어부·율양세자(溧陽世子) 등이 그 예다. 전쟁에 지면 죽을지언정 포로가 되려 하지 않은 항우(項羽)와 전횡(田橫, ?~B.C.202?) 등도 있다. 서로의 도의가 충돌해 양쪽이 모두 만족할 수 없는 진퇴양난의 상황에 처하면 의를 위해 뭉쳤지만 일이 끝나면 자결함으로써 자신의 선택이 어쩔 수 없었음을 표명했다. 서궤(鉏麑)·분양(奮楊)·여란자(予蘭子) 등이 그랬다.

자공이 공자에게 물었다. "어떻게 해야 과연 선비라고 말할 수 있겠습니까?" 공자는 "자기 행동에 대해 염치가 있고, 사명을 띠고 사방으로 나갔을 때 임금의 사명을 욕되게 하지 않으면 선비라고 할 수 있다"라고 대답했다. 공자의 마음속에 선비란 안으로는 성인(聖人)이며, 밖으로는 임금의 덕을 함께 갖춘 인재로 자신의 행위에 대해 부끄러운 마음이 있어야 하며 중대한 부탁을 저버리지 않고, 중대한 임무를 담당할 수 있는 사람이다.

선비는 생산하지 않는다. 그들은 경제세력이 아니다. 맹자는 "떳떳한 생업이 없으면서 떳떳한 마음으로 살 수 있는 사람은 오직 선비뿐이다"라고 했다. 증자는 "선비는 그 도량이 넓고 뜻이 굳세지 않으면 안 된다"라고 했다. 선비는 독립적 인격을 지녀야 하고 강인하고 과감한 품성이 있어야 한다. 중대한 역사적 사명을 실현하기 위해서는 역경을 피할 수 없는 인생이었다. 천하를 위하는 길을 자기 임무로 여기는 것은 중국인의 문화 유전자에 남아 있다.

따라서 귀족계급은 선비에게 더욱 예우를 다했다. 국가의 군주가 선비를 양성한 것은 위문후(魏文侯), 노무공(魯繆公)부터 시작되었고 제와 위나라 선왕의 사직에서 선비가 크게 흥했다. 제선왕이 왕두(王頭), 안촉(顔斶)에게, 연역왕(易王)이 자지(子之)에게 양위한 것이나, 진소왕이 무릎을 꿇고 장록(張祿) 선생을 만난 일, 연소왕이 곽외(郭隗)를 위해 궁전을 지은 일 등은 모두 당시 국왕이 선비에게 예를 다한 본보기다. 군주가 현자를 양성한 데서 한층 발전해 공자가 현자를 양성했다. 공자가 길러낸 현자 중에는 '전국사공자'로 맹상군(孟嘗君), 평원군(平原君), 신릉군(信陵君), 춘신군(春申君)이 가장 유명하다.

1904년 량치차오(梁啓超)는 일본에 가서 국가의 쇠약을 통감하고 유럽과 일본인이 '중국의 역사는 무(武)의 역사가 없고, 중국의 민족에는 무의 민족이 없다'라는 비판을 듣고는 분발하여 《중국의 무사도(中國之武士道)》라는 책을 저술했다. 중국의 무사도는 중국 선비의 정신이다.

량치차오는 책에서 춘추전국 시기의 유명한 인물 70여 명을 골라 '중국 무사도' 정신을 체현한 사람으로 소개했다. 사회 각 계층의 신분과 지위가 다른 그들은 협객, 자객뿐 아니라 군주, 장군, 재상, 태자 같은 귀족고관도 있었다. 또한 지방 관리·모사가·사병·시종·어부·민부·백정 등 사회 하층민들도 있었다. 그들은 친구를 아끼고 도의·명예·약속을 중시하고 생사를 경시하고 공명을 이야기하며 기개가 있고, 개성이 있었다. 횡포한 무리를 제거하고 선량한 백성을 평안하게 하며, 위험에 처한 사람을 돕고 생활이 어려운 사람을 구제하며, 의협심을 발휘해 의로운 일을 하고, 죽을지언정 모욕을 당할 수는 없으며, 가치 있게 죽을지언정 비굴하게 살지는 않았다.

량치차오는 황제 이래로 화하족은 무력으로 야만족을 정복해서 광활한 토지에서 번영했고 정사가 시작된 500년간 탁월한 상무정신을 가진 인물이 부지기수라고 주장했다.

　량치차오의 눈에 비친 이른바 중국의 무사도는 모종의 신분, 즉 무사, 협객, 자객이 아니다. 또한 어떤 행위, 즉 원기왕성하고, 경솔하고, 의를 중시하고, 목숨을 거는 그런 행위가 아니라 일종의 정신이자 강인한 기운, 적극적이고 과감하며, 원칙이 있고, 끈기가 있으며 구차하지 않고 옹졸하지 않은 생활 태도다.

　량치차오가 살았던 시대는 중국을 동아시아의 병자라고 불렀다. 원래 활력과 생기가 넘치던 '선비'야말로 화하 본래의 성격과 면모다. 《중국의 무사도》는 우리에게 중화의 상무 전통은 역사가 유구하며 중국에는 중국만의 무사도 전통과 무사도 정신이 있다고 알려준다. 단지 시대가 오래되어 호방한 기개와 용맹한 인격이 이제는 사라져버렸을 뿐이다.

백가쟁명

: 중화 문명의 찬란한 고향

사회가 심각한 비상시국에 처하면 사람들은 과거·현재·미래에 대해 사색하고, 자연·국가·사회·인생에 대해 깊이 사고하며, 전쟁·평화·질서·인성을 생각하고, 자신의 이해와 해결 방안을 제시한다. 이 때문에 춘추시대 말기와 전국시대 전쟁과 평화가 교차하던 혼란한 정세에 각종 학술 유파가 한꺼번에 왕성하게 활동하고 색다른 학파가 잇달아 나타났으며 개인이 제자를 받아 강연하는 풍토가 크게 성행해 사상의 번영을 이루었다.

춘추 시기에 각종 학설의 초기 형태가 이미 나타났다. 전국 초기에는 서로 대항하는 유가와 묵가 두 학파가 유명한 학설이 되었다. 중기에 이르러 '백가의 학설'이 다투어 주장하며 유가·묵가·법가 등 대가 중에 분파가 생겨났다. 이 시대 사상가와 그 학설은 공정하고 심오하거나 황당무계하기도 하고 현묘하기도 하는 등 이채로운 학설이 연이어 나와 온갖 기묘한 것들이 다 공존했다. 공평무사를 주장하는 자가 있고(묵자), 사람은 마땅히 자신의 이익을 온전히 추구해야 한다는 주장이 있었으며(양주) 성현의 다스림을 추구하기도 하는가 하면(공맹), 성현이야말로 사회 혼란의 근원이라 여기는 견해도 있었다(노장).

　중국 역사상 학술 사상이 찬란하게 반짝인 시대가 두 번 있었는데, 춘추전국시대와 청나라 말기와 민국 초기다. 다른 시대에는 사상계가 전체적으로 침체되어 있었다. 이 두 시대는 어째서 사상의 꽃을 만개할 수 있었을까? 자유로운 환경 덕분이었다. 사상의 생장은 식물의 생장과 마찬가지로 토양과 공기가 필요하다. 중세 유럽은 교회가 권력을 쥐고 전횡할 때 사상계의 모든 사람들이 입을 굳게 다물었다. '이단' 사상이라는 명목으로 화형에 처해서 죽은 이들이 적지 않았기 때문이다.

　춘추전국 백가쟁명(百家爭鳴)의 결과는 후세 2,000년을 위해 두 가지 생존 기초, 즉 사상과 제도의 기초를 다졌다. 이후 2,000년의 중국의 주요 사상은 이때부터 발원했고 이후 2,000년의 주요 제도(제국체제의 제도)도 이때부터 다져진 것이다.

공자의 일생과 유가학파의 형성

　춘추시대 사회질서가 붕괴되자 다수의 국가에서 '주례(周禮)'는 이미 점차 황폐해졌다. 하지만 주 왕실의 적통이 분봉된 제후국인 노나라는 주례를 변함없이 엄수하고 이를 일종의 학문으로 여기며 중시했다. 당시 노나라에는 전문적으로 예문을 전수하고 제사 중의 주례를 직업으로 삼는 사람들이 있었는데 이들을 '유(儒)'라고 불렀다.

유는 본래 씨족사회에서 제사 예의를 담당하던 사람으로 유구한 역사가 있었다. '유(儒)'자는 '人'과 '需'로 구성되었고, '需'는 연하고 부드럽다는 뜻이 있다. '需'는 종종 안 좋은 의미를 포함한다〔예를 들면 懦(나약할 나), 蠕(꿈틀거릴 연)〕. 그렇기 때문에 '儒'자는 본래 좋은 의미의 말이 아니었다. 전한 이후 유가문화가 공식화되자 이후 중국인은 갈수록 '부드러워'졌다.

공구(孔丘)의 자는 중니(仲尼)로 후세 사람들이 '공자'라는 존칭으로 불렀다. 그는 주례에 대한 조예가 가장 박식한 '유'였다. 주례는 공자가 더 다듬고 발전시켜 개인 수양과 인격의 사상으로 내재화되었다. 공자는 실천 측면에서 제자들에게 주례자의 업무로 밥을 얻어먹지 말 것을 교육했다. 이는 '소인의 유'라는 것이다. 천하에 이로운 것을 '군자의 유'라고 말했다.

공자는 상나라 귀족의 후예로 조상은 원래 송나라의 귀족이다. 선조인 공부가(孔父嘉)와 화씨(華氏)는 정적이었는데, 조부 공방숙(孔防叔)이 화씨의 박해를 피해 노나라로 도망갔다. 공자의 부친은 노나라의 하급 무사로, 늙어서 친구의 셋째 딸인 안징재와 "야합(野合) 후 공자를 낳았다"라고 하니 공자는 사생아인 셈이다. 이후 서적들은 공자에 대한 존중으로 이 점을 숨겼으나 사실 그럴 필요는 없다.

공자는 소년 시절에 가세가 이미 기울어 생존을 위해 사방으로 일을 다녔다. 귀족을 위해 회계 일을 보기도 했고, 목축 일도 했다. 그는 어려서부터 학업을 게을리하지 않으며 다재다능했다.

노나라는 주 왕실의 문헌 전적이 소재한 이웃으로 공자는 덕분에 예학으로 대성할 수 있었다. '주례'로 나라를 다스리는 체계는 주공의 업적으로 공자는 이를 매우 신봉했다. 공자는 당시 행하는 모든 예(예·

악·사·어·서·수 육예 및 기타)를 알고 있었을 뿐 아니라 예의 연혁과 그 근원을 연구했다. 30여 세에 공자는 민간에서 예를 가르치기 시작해 이미 노나라에서 가장 박식한 사람이 되었다.

왕권이 약해져 권력이 군주 아래로 내려가는 것은 이미 시대의 추세였고, 노나라도 예외가 아니었다. 어느 날 노나라 대부 계씨가 64명의 가희들을 함께 춤추게 했다. 규정에 따르면 이는 주 천자만이 누릴 수 있는 규모였다(계씨의 계급에는 32명만 쓸 수 있었다). 공자는 복고를 주장하며 항상 당시의 모든 '예에 어긋나는' 행동을 비판했다. 계씨의 주례 등급을 무시한 월권 행동에 매우 분노해 "이런 짓을 참고 넘긴다면, 앞으로 무슨 일인들 그냥 참고 넘기지 못하겠는가?"라고 했다.

공자는 35세에 노나라에 내란이 일어나자 가르치는 일을 잠시 멈추고, 노소공을 따라 제나라로 도망갔다. 제경공(齊景公, ?~B.C.582)에게 접근하기 위해 그는 제나라 귀족 고소자(高昭子)의 집에서 가신으로 일하며 제나라 태사에게 고전 음악을 배우니, 제나라 사교계에서 점차 명성을 얻었다. 다음 해 경공이 공자에게 정치에 대해 묻자 "임금은 임금다워야 하며 신하는 신하다워야 하고, 아비는 아비다워야 하며 자식은 자식다워야 합니다(君君, 臣臣, 父父, 子子)"라고 답했다. 그 내용이 위엄 있으며 질서가 정연해 경공은 크게 칭찬했다. 이후 경공이 다시 공자에게 위정(爲政)에 대해 묻자 공자는 "국가를 관리하는 데 가장 중요한 것은 재정을 잘 다스리는 것입니다"라고 했다. 경공은 고개를 끄덕이며 공자를 중용하기로 했다. 하지만 제나라의 정치가 안영(晏嬰, ?~B.C.500)은 공자에 대해 달리 평가하며 반대했다. "이 사람은 언변이 뛰어나고 교활하며 속물적입니다. 관료사회에서 활동하는 것을 좋아해 사방으로 유세를 다니며 관록을 먹으려 하니 믿을 만한

공자의 초상화

자가 못됩니다." 안영은 이어서 지금 예악제도가 이미 무너져 현실에 부합되지 않고 강국에는 가치가 없다 하니 경공은 그 말을 곧이곧대로 들었다. 공자는 안영이 소인배라며 크게 욕했다. 노소공은 제나라에 만족해 고향에 돌아가 권력을 쟁탈하려는 마음이 없으니 공자는 실망하며 노나라로 돌아갔다.

공자는 귀국한 뒤 마침내 노나라 군주의 마음에 들어 52세에 노나라 대사구(사법부장)로 활동했다. 그는 즉시 예부터 전해 내려온 권력 등급의 질서를 회복해 계손(季孫), 숙손(叔孫), 맹손(孟孫) 삼가 권신의 성, 즉 그들의 근거지를 허물었다. '36명의 군주를 시해'한 춘추시대에 역사의 조류는 세차게 흘러가는데, 공자는 앞장서서 이에 저항하는 복고를 실행하니 결국은 계란으로 바위를 치는 쓰라린 경험을 하게 되었다. 노나라에는 집권에 실패한 그가 발을 디딜 곳이 없었기에 유랑할 수밖에 없었다.

공자는 제자들을 이끌고 위·송·진·초를 떠돌며 군주에게 유세하며 기회를 찾았다. 군주들은 주례의 대가를 매우 존중했으나 그를 임용하려는 자는 없었다. 14년간 유랑하며 겪은 파란만장한 시련은 공자를 초상집 개와 같은 신세로 만들었다.[1]

---

1 '초상집 개'라는 표현은 《사기》〈공자세가(孔子世家)〉에 나온다.

성공과 실패, 세속과 초탈 사이에서 공자는 마음의 갈등을 겪었다. 때로는 "도가 행해지지 않으므로 내 뗏목을 타고 바다를 항해하려 한다"라며 용감한 자로(子路, B.C.543~B.C.480)와 함께하려 했다. 하지만 이는 단지 일시적인 마음으로 실제로는 비열한 소인의 모함이나 평민 백성의 오해나, 또는 그가 숭배한 노자의 반대나 존중했던 은사(隱士)의 조소에도 개의치 않고 주저 없이 올바른 길로 나아갔다. 공자에 대해 이야기할 때 사람들은 "안 되는 줄 알면서도 하는 그 사람 말이지!"라고 할 정도였다.

노나라의 정세가 변한 후에야 공자는 다시 돌아갈 수 있었는데, 이때 이미 그는 환갑의 노인이었다.

공자는 말년에 명성이 더 커져서 다시 관직에 오르지는 못해도, 조야(朝野, 조정과 민간 - 옮긴이)의 존중을 받았다. 많은 귀족 자제와 평민 자제가 그의 명성을 듣고 찾아와 학비를 내고 스승으로 모셨다.

공자는 천하를 개혁할 원대한 뜻을 품고 정치활동 외에 교육을 중시했다. 그렇기 때문에 비록 정치는 실패했지만, 제자를 양성하는 일은 성공했다. 당시에 교육은 본래 귀족의 특권이어서 '유'는 본래 귀족에게 기생하는 자들이었다.

공자는 처음으로 "가르침에 차별은 없다(有教無類)"라는 주장을 폈는데, 이는 빈부귀천을 따지지 않고 가르침을 행해야 한다는 뜻이다. 공자는 '속수(束脩, 포개어 묶은 육포, 수업료)'를 가지고 와서 예물로 스승을 찾는 예를 표하면 누구라도 가르침을 베풀었다고 직접 말한 적이 있다. 이 일은 평범해 보이지만 당시에는 가히 혁명적이라 할 만한 일이었다.

공자 말년에는 교육사업이 매우 성행해 학비 수입은 그가 안락하게 생활하기에 충분했다. 나갈 때는 전용 마차를 탔고 의복은 반드시 모피를 입었다(검은색은 양가죽 옷, 흰 옷은 사슴가죽 갖옷, 누런 옷에는 여우가죽 갖옷). 식사는 미식가에게 뒤지지 않았으며(밥은 정제한 것을 좋아하고, 회는 가늘 게 썬 것을 좋아했다), 게다가 미식에 매우 조예도 깊었다(요리를 잘못한 것을 먹지 않았고, 때가 아닐 때 먹지 않았다. 자른 것이 바르지 않으면 먹지 않았고, 장이 없으면 먹지 않았다. 또한 시장에서 구입한 술과 포는 먹지 않았다).

공자는 기원전 479년 봄에 병으로 7일간 누워 있다가 죽었는데 향년 74세였다. 공자가 죽은 지 70여 년 후 진나라는 셋으로 나뉘어 전국시대가 시작되었다.

공자가 평생을 지킨 신념은 도대체 무엇이었는가?

공자가 자나 깨나 생각한 것은 고대의 예를 회복하는 것이었다. 그는 상고 시기의 따뜻하고 화목한 씨족 통치체제를 회복하고 유지하고 싶어 했다. 역사를 되돌리고 싶어 한 것이다. 상고시대 부족 생활은 분명 민주적이고 자연의 정의가 가득한 삶이었다. 공자의 학설 체계는 이런 기초 위에 세워졌다. 그 이후의 유가학파는 이런 복고와 인성에 대한 관심을 계승했다.

공자의 사상은 '예'·'인'·'중용'에 관한 상세한 논술이 주요 내용을 이룬다.

예는 본래 통치 계급 내부의 것으로 법령 제도, 풍속 습관, 사람과 사람 간의 교류 방식 등을 포괄한다. 예 중에 가장 주된 것은 등급제 원칙이다. 공자는 등급의 존엄성을 유지하기 위해 반드시 "명실상부할 것"을 강조했다. 바로 "임금은 임금다워야 하며 신하는 신하다워야 하고, 아비는 아비다워야 하며 자식은 자식다워야 한다"는 것이었다[《논어》〈안연(顔淵)〉].

예 중에 가장 중요한 것은 제사다. 공자는 원래 제사를 지내는 심리적 근원을 "자신이 태어난 근본이 되는 선조의 은혜에 보답함(報本反始)"으로 보았다. 즉 인류의 부모에 효도하고 형에게 공손한 마음을 갖는 데서 연원한 것이다. 효도하고 공경하는 마음은 '인'으로 발전했고, 진실되고 너그럽게 대하는 '충서(忠恕)'로 확장되었다. 인학(仁學)은 공자 사상 체계의 핵심이며 외재의 규범이 내재화해 개인의 품성을 수양한다고 주장했다.

공자는 또한 어떤 일에든 적당한 표준이 있다고 여겼다. 즉 '중(中)'이란 지나치지도 모자라지도 않은 것이다. '중'의 기준을 잘 운용하는 방법을 바로 '중용(中庸)'이라 부른다.

공자 이후 유가는 점차 흥했다. 맹자, 순자는 모두 저명한 유가학자다. 무제 시기에는 유가학설이 의식 형태의 기초가 되었고 이때부터 오랫동안 중국사에 영향을 끼쳤다.

묵자: 공론을 좋아하지 않는 위대한 행동가

묵자의 이름은 적(翟)으로 기원전 468년에 태어나 기원전 376년에 죽었다. 공자의 뒤, 맹자 전의 춘추 말 전국 초에 활동했다. 그는 원래 수레를 만들던 장인으로 스스로를 '천인(賤人)'이라 자처했다. 사관의 후대와 유가에게 배움을 청해 공부를 해 당시 유가의 명성에 버금가는 묵가학파를 형성했다.

수공업자 출신 묵자는 '노동자 계급'의 최고 대변인이라 할 수 있었다. 묵자가 창조한 사상 체계에는 열 가지 내용이 있다. '겸애(兼愛)'·

'비공(非功)'·'상현(尚賢)'·'상동(尚同)'·'절용(節用)'·'절장(節葬)'·'비락(非樂)'·'비명(非命)'·'천지(天志)'·'명귀(明鬼)'다.

그중 '겸애'(즉 박애)는 묵자 학설의 핵심이며 기타 수많은 관점도 모두 '겸애'를 바탕으로 전개된다. '겸애'는 바로 모든 사람을 사랑하고 남을 자신과 같이 여기는 것으로 친근하고 소원함을 구별하지 않고, 멀고 가까움을 구분하지 않는 보편적인 사랑이다(유가의 인애(仁愛)는 등급을 나눈다. 부자(父子)가 가장 친근하고 그다음이 형제, 이처럼 등급에 따라 갈수록 멀어진다). 묵자는 춘추전국의 합병 전쟁을 모두 '겸애'의 원칙에 위배된다고 생각했다. '겸애'가 모든 전쟁을 소멸한다고 주장하는 것이 '비공'이다.

묵가는 기타 제자 학파와 크게 다른 점이 있다. 바로 논리학, 수학과 기타 자연과학 방면에 크게 기여했다는 점이다. 예를 들어 그들은 비교적 일찍 논리학과 관련된 '명변(名辯)' 사상을 제시했다.

묵가학파는 절대로 공론을 숭상하지 않고 단호히 이론에 맞게 행동했다. 법가는 각기 다른 장소와 시기에 자기주장을 펼친 여러 인물들로, 후세에 그들의 이념이 비슷해 법가로 묶어주었을 뿐이다. 유자는 비록 때때로 대가의 아래 모여들었지만, 어떤 조직을 만들지는 않았다. 오직 묵가만은 달랐다. 묵가는 조직이 있는 단체로 기술을 전수하고 직업적으로 합작했다. 이는 '정무체조회(精武體操會)'와 같은 것으로 그들은 주로 용병처럼 활동을 했다. 묵자는 침략 전쟁을 반대했지만, 무저항주의자는 절대 아니었다. 침략 전쟁을 없애려면 오로지 침략자보다 더 강하게 대항해야만 가능하다고 보았다. 따라서 그와 제자들은 방어 기술, 수성기계 제작을 강구해 성을 지켰다. 묵가는 독특한 이념을 신봉했다. 방어는 하되 결코 공격은 하지 않는다는 것이다.

공수반(노반)은 초나라를 위해 송나라를 공격하는 운제(雲梯, 성을 공격할 때 쓰는 높은 사다리-옮긴이)를 만들었다. 묵자는 열흘 밤낮을 걸어 공수반을 만나 그와 함께 지혜와 용기를 겨루어 마침내 송나라 성의 백성을 지켜냈다. 오기가 죽은 이후 초나라 중앙정부는 군을 보내 각지의 반란을 평정했다. 묵가집단의 지

《묵자한고(墨子閑詁)》의 일부

도자 거자 맹승은 180명의 제자를 데리고 초나라 양성군을 위해서 성을 지키다 모두 장렬히 희생되었다. 이런 처참하고 장렬한 희생이 이어지자 얼마 후 묵가 학설은 단절되었다.

묵가의 세상 구원은 유가와 비교하면 훨씬 더 설득력이 있다. 유가는 고고하게 높은 데 앉아서 도를 논하며 경작하지 않고도 먹을 자격이 있는 자를 군자라고 했다. '위험에 처해도 절대 물러서지 않는' 묵가와 비교하면 아마 부끄러움을 느낄 것이다.

도가: 중국인의 세계관을 다지다

도가 학설의 창시자는 노자(老子)다. 그의 대표작은 《도덕경(道德經)》으로 《노자》라고도 불린다.

사마천은 《사기》에서 〈노자한비열전(老子韓非列傳)〉을 지었다. 이 전기는 매우 길지만 중점은 한비(韓非, B.C.280?~B.C.233)에 있고 노자에 관한 단락은 매우 짧다. 어째서일까? 그에 관한 사료가 매우 부족해 쓸 수가 없었기 때문이다.

노자는 매우 신비로운 인물로 아마도 은둔자였을 것이다. 사서에는 세 명의 '노자'가 나온다. 하나는 춘추 시기 주 왕실 도서관의 노담(老聃)이다. 두 번째는 춘추 시기의 노래자(老萊子), 세 번째는 전국 시기의 태사담(太史儋)으로 주 왕실의 수석 역사학자다. 이 중 노자가 구체적으로 누구인지 사마천에게 정설은 없다. 후세의 학자는 어휘 분석 등 여러 방법을 통해 《노자》를 전국시대 작품으로 보았다(공자보다 뒤). 노자는 도대체 누구인지 지금까지 여러 논의가 분분하지만 정설은 없다.

세상에 《노자》보다 함의가 풍부하고 영향력 있는 5,000자는 없다. 《노자》는 세상에서 《성경》 이외에 번역된 횟수가 가장 많은 고전이다.[2] 노자의 사상은 세계에 전해졌으며, 많은 유럽인의 마음을 사로잡았다. 노자는 독일에서 가장 환영받는 철학자 중 한 명이다. 막스 베버는 1915년 당시 도가를 연구하는 것이 유행이라고 썼다. 노자를 추대하는 전문적인 한학자와 철학자들 외에도 많은 일반인들이 노자를 동경한다. 예를 들어 독일의 작가 클라분트(Klabund, 1891~1928)는 도가 사상의 신도를 자처했으며 제1차 세계대전 후 독일인들에게 '도의 신성한 정신'으로 생활할 것을 호소하며 '유럽의 중국인'이 되었다.[3]

《노자》는 중국인의 세계관에서 중요한 근원 가운데 하나다(다른 두 개의 근원은 아마도 《주역(周易)》의 음양학설과 추연(騶衍)의 오행학설일 것이다). 겨우 5,000여 자의 《도덕경》 가운데 저자는 '도(道)'를 우주의 근원으로 상세히 논술한다. 끊임없이 생장하고 번성하는 대자연과 변화무쌍한 인간사 모두 도의 산물이다.

---

2 〈'노자' 번역 소개와 독일에서의 노자 이미지의 변천〉, 《독일 연구》 2011년 제2기.
3 〈'노자' 번역 소개와 독일에서의 노자 이미지의 변천〉, 《독일 연구》 2011년 제2기.

노자의 시각은 보통 사람과 달랐다. 강가에 가서 물 위의 수초와 물살 속에서 노니는 물고기를 보면 우리는 당연히 수초와 물고기에 주의를 기울인다. 하지만 노자가 관심을 기울이는 것은 물 자체다. 예를 들어 천지만물을 수초와 물고기로, 도를 물로 간주하는 것과 마찬가지다. 물속에 들어가면 물에 둘러싸이는 것과 마찬가지로 어떠한 사물도 도를 벗어나서 존재할 수 없다.[4] 하지만 유심히 살피면 존재를 인식할 수 있는 물에 대한 느낌과 달리 '도'는 필경 보아도 보이지 않는 '무(無)'다. 도는 눈으로 볼 수 없기 때문에 우리는 천지간, 만물이 분분하고 생멸하는 유형의 세계에 더욱 유의하지만 노자는 투철한 안목으로 도의 존재를 알아챘다. 노자는 '도'가 투명하고 맑아도 사람들이 그 존재를 느낄 수 있다고 했다.

'도'란 바다처럼 넓고 끊임없이 생장하고 번성하며, 우주이고 인생의 발전 동력이다. 독일의 철학자인 쇼펜하우어(Arthur Schopenhauer, 1788~1860)의 '생존의지', 니체(Friedrich Wilhelm Nietzsche, 1844~1900)의 '강력한 의지'로 대표되는 '의지론'이다. 도가의 각도에서 보면 자연계와 인류의 생명 의지는 모두 도의 체현이다.[5]

노자는 "사물이 극에 달하면 반드시 반전한다(物極必反)", "복은 화가 숨어 있는 곳이다(福兮禍所伏)"라는 원칙을 상세히 논증했으며 '유(柔)'의 철학 관념을 제시했다. 부드러움으로 강함을 제압하고, 약함으로 강함을 이긴다. 노자는 또한 천하를 다스리는 최고 경지는 "무위이치(無爲而治)"라고 했다. 《노자》의 전체 내용을 살펴보면 이 책이 가

---

4 이 미묘한 비유는 네티즌 '어리석음은 물과 같이 향이 없다'의 작품임을 여기서 명시한다.
5 이는 필자의 견해로 도는 자연계에서 생명의 의지이며 인류에게는 강력한 의지다.

진 냉정한 시각, 드넓은 시야, 고도의 명제를 느낄 수 있다. 그 원인을 추측해보면 역사상의 성패, 존망, 화복, 고금의 도와 관련된 모든 것들을 총체적으로 기록했기 때문일 것이다.

노자 이후 도가의 대표는 송나라 장자다. 본래 이름은 주(周)인데, 그는 평생 관직도 마다한 채 세상을 떠돌며 자연스럽고 초월한 생활을 추구했다. 그는 세상 만물은 도 앞에 모두 평등하다고 보았다. 인생은 구속 없는 자유로움을 추구해야지 저급하고 하찮은 일로 다투는 데 인생을 낭비해서는 안 된다. 인생은 높은 경지가 있어야 한다.

장자는 성인을 추구하는 것이 인생의 최고 경지라고 말했다.

장자는 서무귀의 이야기, 완추의 새의 이야기, 하백이 동해로 간 이야기로 인생의 경지를 비유했다. 세속의 구차한 삶도 장자의 눈에는 어떻게든 살 가치가 있었다.

초나라 왕이 사람을 보내 장자에게 재상 자리를 청했지만, 그는 한번 웃고 말았다. 그는 차라리 초원 위에서 자유롭게 먹이를 찾아 헤매는 꿩이나 닭, 큰 연못에서 마음대로 떠다니는 거북이가 되겠다고 했다. 청빈한 생활은 지속하기 힘든 법이다. 그도 성문 밖으로 쫓겨나 좁쌀을 빌려 먹은 적이 있다. 하지만 빈궁함 때문에 그의 사상이 동요된 적은 없었다. 전국 정치 정세 중 철학자 혜시(惠施, B.C.370?~B.C.309?)가 위나라 재상을 맡아 장의(張儀)를 제압하고 합종을 진행했다. 혜시는 장자와 친구 사이로 두 사람은 철학 변론을 즐겼다. 하지만 장자는 혜시의 신세를 지지 않았으며 부엉이가 쥐를 좋아하듯이 더러운 권력을 좋아하는 그의 세속적인 면을 수준 이하라며 마음에 들어 하지 않았다. 그는 차라리 초탈해 천지와 홀로 정신적 교감을 나누길 원했다.

장자는 정치를 모르지는 않았다. 그는 정곡을 찌르듯 집권자의 권력의 근원과 부패, 즉 좀도둑이 사형당하고 나라를 망친 제후들이 부귀를 누리는 세태를 지적했다. 유가의 맹자는 권력은 하늘이 내려주신 것이며 권력은 '덕'에 의지한다고 사방에 선전했다. 장자는 이를 비웃으며 유가가 주장하는 '예'야말로 화의 시작이자 혼란의 정수라고 꼬집었다.

철학에서 가장 중요한 명제 가운데 하나는 어떻게 죽음을 이해하는 가다. 장자는 죽음을 두려워하지 않았다. 죽음은 그저 인생이 '도'로 돌아가는 것으로 한 방울의 물이 바다로 돌아가는 것과 같다고 본 것이다. 장자는 비유를 써서 현묘한 도리를 풀어내는 것을 즐겼다. 놀랄 만큼 아름다운 상상력, 기품 있는 정서는 감탄을 자아내게 한다.

법가의 삼파: 치국의 이익과 병폐

법가학파는 전국 시기 말에 나온 새로운 학설이다. 법가에 대해 오늘날 사람들이 가지고 있는 일반적인 오해가 있다. 예를 들어 법가는 완전히 군주의 이익을 위했을 뿐 백성의 삶은 전혀 고려하지 않았다는 것이다.

사실 법가는 원래 세 분파가 있었고 각자 왕래를 잘 하지 않아 조직성이 없는 '학파'였다. 법가라는 단어는 후세 사람들이 그들을 구분하기 위해 붙인 명칭이다. 법가의 대표 인물은 관중(管仲)·이회·상앙(商鞅)·신불해(申不害)·신도(愼到, B.C.395?~B.C.315?)·이사(李斯)·한비(韓非) 등이 있다.

법가 삼파 중 하나는 '술(術)'을 중시했는데 전국시대 중기 한소후의 신불해가 대표적이다. 이른바 '술'이란 군주가 신하를 조정하는 음모로 얼굴빛을 노출하지 않고 충신과 간신을 구별해 상벌을 내리고 사실을 밝혀내는 묘수다. 두 번째로 중시한 것은 '법(法)'이다. 신불해와 동시대를 산 상앙이 대표 인물로, 법으로 천하를 다스려야 한다고 주장했다(이 책에서는 진나라 부분에서 자세하게 설명하겠다). 세 번째는 '세(勢)'로 맹자와 동시대의 조나라 사람 신도가 대표적이다. 이른바 세란 권위를 말하며 정부의 권위를 최대한 확대해 수중에 집중시키는 것이다.

술치의 본질은 인치주의의 한 유형으로 세치파, 법치파 모두 인치주의를 반대했다. 따라서 본질적으로 술치파와 대립되었다. 법가는 폭군이 술을 써서 세력을 잡는 것을 반대할 뿐 아니라 현명한 군주가 성실하게 정무를 보는 것조차 반대했다. 이 때문에 법가는 근본적 태도에서 인치주의를 주장하지 않았다.

한비자의 학설은 당시 각국의 경험과 교훈을 종합해 법가 삼파를 집대성했다. 그는 법·술·세 모두 '제왕의 그릇(도구)'이라고 여겼다.

한비자는 당대의 군주에게 다음과 같은 권고를 했다.

당신들은 나라가 강성해지고 무력으로 천하를 통일하기를 바라지 않는가? 이는 정당한 일이다. 하지만 당신들이 고명하다고 하는 정책, 특히 유가에서 말한 수단은 당신들의 바람과는 상반되는 것이다. 유가(및 묵가)는 당신들에게 현자를 써서 나라를 다루라고 하지 않는가? 손을 뻗어 한번 세어보라. 국내에 진정한 현자가 몇이나 되는지.

현자를 숭상하는 것은 현실적으로 어렵다. '현자 숭상'은 사람의

'꾸미고, 위장하는' 심리를 장려한다. 신하는 공명과 사익을 위해 의기투합해 이익을 취할 것이고 군주의 마음을 세심히 살펴 군주의 시비를 따르고 군주의 호불호를 따질 것이다. 결국 모든 객관적이고 공정한 기준은 사라진다. 그리하여 군주는 현자를 결코 얻을 수 없다.

현자는 드물다. 따라서 정권은 간신의 수중에 떨어져 천하의 대란을 유발하고 국가는 생사존망의 위기에 처할 것이다(한비자의 예언은 정확했다. 이 같은 혼란은 이후 중국 역사상 끊임없이 출현했다). 그렇기 때문에 사람에 의지해 다스려서는 안 되며 오직 '법치'만이 국가의 장기간 안정과 통치를 보장할 수 있다. 법치에 의거하면 현자가 필요 없고 요순 같은 군주가 필요 없다. 중등 인재면 국가를 다스릴 수 있으니 이것이 바로 노자가 말한 무위이치(無爲而治)의 실현이다.

유가는 애민을 가르치지만 무슨 소용이 있는가? 국가를 관리하는 데 사람에게 의지해서는 안 되고 법에 의지해야 한다. "어머니가 사랑의 힘으로 집을 지키지 못하는데, 군주가 어찌 사랑의 힘으로 나라를 유지할 수 있겠는가(母不能以愛存家, 君安能以愛持國)." 법치는 처음은 쓰지만 끝은 달달한 장기적 전략으로 "즐거움을 탐하면 후에 가난해진다"는 유가의 인도(仁道)와 일맥상통한다. 맹자의 '보모정책'은 정부에 의존하는 백성의 근성만 길러주지만 법가는 백성들을 단련하고 자립하게 해준다.

난세에 대해 유가의 구제 방안은 도덕적 영향을 중시해 '귀덕(貴德)'을 가치 지향점으로 두었다. 법가의 세상을 구제할 방안은 무력으로 중국을 통일하고 전쟁의 지속을 저지하는 것이다. 《상군서(商君書)》 중 〈개색(開塞)〉에서 '개색'은 '탕왕과 무왕의 도(湯武之道)'가 이미 오래되어 막혀버렸음을 뜻하며 무력으로 중국을 정벌해 통일시키는 것을 가리킨다. 한비자는 실력으로 말할 것을 명확하게 주장하였고, 이는 상앙과 일맥상통한다.

《한비자》는 진나라에 전해졌고 진나라 왕 영정은 이를 읽은 후 감탄해 "과인이 이 사람을 얻으면 죽어도 후회가 없을 것이다!"라고 했다(한비자는 후에 과연 진나라에 가서 영정과 만났지만, 불행히도 그의 동학이자 동료인 이사의 참언(讒言, 거짓으로 꾸며서 남을 헐뜯어 윗사람에게 고해바침-옮긴이)으로 옥에 갇혀 죽고 말았다).

시대적 한계로 법가학파도 폐단을 피할 수 없었다. 그 법률 자체가 지나치게 엄격하고 잔혹하여 설사 법에 따라 처리해도 많은 문제를 유발했기 때문이다. 법률 적용을 강조하는 동시에 도덕과 법률을 잘못 대립시켜 유가의 도덕 교화라는 국가 통치의 중요한 작용을 완전히 부정했다. 법가의 법은 군주의 권위에 근거한다. 일단 군주가 법을 함부로 하거나 법을 지키던 군주가 죽으면 붕괴의 위험에 직면했다.

전국시대 학문의 중심지, 직하학궁

제나라의 직하학궁(稷下學宮)은 전국시대의 가장 유명한 학부로 1,000여 명의 '직하 선생'이 이곳에 모여 학문을 연구하고 학생들을 가르쳤으며 정기적으로 학술 변론대회를 거행했다. 변론대회의 명사 회자는 별명도 있었다. 직하 선생들의 연구 범위는 다루지 않는 것이 없었고, 철학과 사회과학 방면의 각 영역뿐 아니라 채광, 합금, 제조 등 공사기술 및 이와 관련된 원리까지 포함되었다. 그들은 《고공기(考工記)》에서 피타고라스 정리, 오목렌즈를 통한 집광의 광학 지식, 진동 소리의 음성학 지식 등을 기술했다.

추연(鄒衍)은 제나라 사람으로 직하학궁의 유명한 '교수'였다. 그는 '끝없이 이야기하는 연' 즉, '담천연(談天衍)'이라는 별명으로 불렸다. 그는 이미 유행하고 있던 오행학설과 인간 세상의 정치 교체를 합쳐서 드러내어 후세에 지대한 영향을 끼친 '오덕종시설(五德終始說, 왕조의 흥망, 즉 역사는 목·화·토·금·수 등 오행의 순서를 따른다는 설-옮긴이)'을 주창했다.

'오덕종시설'은 그 후 널리 전파되어 신도가 온 천하에 퍼졌다. 진시황은 진이 용맹스럽고 혹독함을 대표로 하는 '수덕(水德)'을 따라야 한다고 믿고 검정색을 숭상했다. 한나라 유생 동중서(董仲舒, B.C.176?~B.C.104)도 한나라가 진 왕조를 전복시킨 것은 '천명'을 계승했기 때문이라며 진나라는 '수', 한나라는 '토'로 한이 진을 멸하는 것은 오행 상생상극(相生相剋)의 직접적인 실현이라고 논증했다.

오행학설은 오행 상생상극의 이론을 이용해 세상 만물의 변화를 논증한다. 과학이 아직 발달하지 않은 시대에는 상당히 설득력이 있었다.

그렇다면 오행은 어째서 '오행'이라 불리었는가? 이른바 '오행'은 육안으로 볼 수 있는 태양계의 다섯 개의 행성을 가리킨다. 즉 수성·금성·화성·목성·토성이다. 오늘날 우리는 태양계 안에 여덟 개의 행성이 있음을 잘 안다. 거리에 따라 배열하면 수성·금성·지구·화성·목성·토성·천왕성·해왕성이다. 하지만 고대에는 과학이 아직 발달하지 않아 사람들은 (지구에서 비교적 가까운) 다섯 개만 발견했다. 이에 연역적으로 발명해낸 것이 '오행학설'이며 '다섯 힘의 모형'으로 이해했다.[6]

---

6 오행의 기원에는 다른 견해도 있다. 예를 들면, 기상, 방위 등이다.

오행학설은 중국에 보편적으로 영향을 끼쳐 지금도 아이들의 이름을 지을 때 오행의 요소를 여전히 고려한다. 하지만 태양계에 그 밖에도 다른 몇 개의 행성이 있으니 오행학설의 이론은 기초부터 문제가 있다. 오행학설의 관련 이론에 대해 새로 장점을 정리하는 것이 나을 듯하다. 예를 들어 중국의학(中醫)의 신묘함이 이미 수천 년에 걸쳐 증명되었지만, 이는 완벽하다는 것을 의미하지는 않는다. 중국의학의 이론 부분은 음양오행학설을 기초로 한 것으로, 그중의 오행 부분에는 아마 개선해야 할 부분이 있을 것이다.[7]

추연에게는 풍부하고 기묘한 상상력이 있었다. 그의 저작은 10여만 자에 달하지만 안타깝게도 이미 소실되었다. 추연의 학설은 현재 전해지는 '오덕종시설' 외에 '대구주설(大九州說)'이 있다.

대구주설은 일종의 세계관이다. 추연 이전의 학자들은 전 세계가 하나의 대륙이라고 상상해 사방은 바다이고 당시의 중국(칠웅과 약간의 소국을 포함)은 거의 대륙의 전부를 차지한다고 보았다. 이 대륙은 일찍이 우임금이 구주로 구분했다고 전해진다. 추연은 세계가 여러 개의 대륙으로 구성되었으며 해양에 둘러싸여 있고 "유가에서 말하는 중국이란 천하를 81개로 나누었을 때 그 한 부분만 차지하는 것"이라고 여겼다. 현재의 지리 지식으로 보면 그가 더 정확하게 추측한 셈이다.

양주(楊朱, B.C.440?~B.C.360?)는 맹자의 가장 강력한 논적이었다. 맹자의 말에 의하면 당시 "양주와 묵자의 말이 가득해 천하의 언론은 양주로 돌아가지 않으면 묵자로 돌아간다"라고 했다.

---

7 《중의연구(中醫研究)》(2014년 9월)에 실린 한 편의 논문이 '육합' 이론으로 '오행' 이론을 대체할 것을 제의했다. 이런 탐색은 매우 가치가 있는 것으로 학계의 중의 이론 개조 문제에 대한 탐색이 이미 주의를 끌고 있음이 설명된다.

양주의 저술은 이미 유실되었다. 단지 전국시대 사람의 인용을 통해 그의 학설을 추측해볼 뿐이다. 양주는 묵자의 '겸애'와 상반되는 '위아(爲我)'(개인주의)를 제창했다. 인생의 최고 목적은 마땅히 자신의 편안한 생활을 추구하는 것이며 방종하지 않고 고생하지 않으며 이 목적을 달성하기 위해 "위태로운 성에 들어가지 않고 군대에 참여하지 않는 것을 의롭게 여겨서 천하의 큰 이익을 위해 정강이에 난 털하나라도 바꾸지 않으려고 한다"라고 했다. 양주는 만일 모든 사람이 이처럼 할 수 있다면 천하는 태평할 것이라고 여겼다.

뒤에 양주, 맹자와 동시에 유명한 은둔자 진중(陣仲)과 허행(許行)이 있다.

진중은 본래 제나라의 귀족으로 그의 두 형은 모두 관직에 있었다. 그는 형들의 봉록은 불의한 녹이라 여겨 먹으려 하지 않았고, 그들의 방은 불의한 방이라며 살려고 하지 않았다. 그는 가족을 데리고 형과 모친을 떠나 따로 살림을 차렸다. 그는 아내에게 삼베와 비단을 짓게 하고 자신은 삼베 신을 만들어 팔아 생계를 도모했다. 하루는 집으로 가 어머니를 만나는데 누가 거위를 선물하자 그는 화를 내며 말했다. "이 새를 가져다 뭘 하시려는 겁니까?" 후에 그의 모친이 그를 속여 거위를 잡아 그에게 먹였다. 먹고 있는데 그의 형이 이것이 아까 그 거위 고기라고 알려주었다. 진중은 즉시 문밖으로 나가 토해냈다. 그가 실행한 새로운 도덕은 많은 신도들을 끌어모았지만, 안타깝게도 지금은 전해지는 바가 없어 알 수 없다.

초나라 사람 허행은 신농의 말을 빌려 통치자와 피통치자가 경제적으로 절대로 평등할 것을 제창했다. 그는 군주는 국고를 없애고 "백성들과 함께 경작해 먹어야 한다"라고 주장했다.

허행은 등나라(제와 초 사이의 소국)에 새로 즉위한 문공이 인의 정치를 시행하려 한다는 소식을 듣고 제자 수십 명을 이끌고 등나라의 수도로 갔다. 그들은 문공의 예우를 받았지만, 여전히 짧은 옷을 입고 돗자리를 짜서 팔아 생활했다. 동시에 송나라의 유자 진상(陳相)도 문공의 관심으로 형제 진신(陳辛)과 함께 등나라에 왔다. 그들은 허행의 가르침을 듣고 즉시 자신들이 배운 '주공 중니(공자)의 도'를 버리고 허행의 추종자가 되었다.

신비한 인물 귀곡자와 종횡가

종횡가의 시조인 귀곡자(鬼谷子, B.C?~B.C?)는 전국시대에 가장 신비하고 기이하며 눈에 띄는 인물이다. 신비롭기 때문에 역사상 오독도 유난히 많다.

광범위하게 전해지는 것은 장의(張儀, ?~ B.C.309)·소진(蘇秦, B.C.337~B.C.284)·손빈(孫臏), 방연(龐涓, ?~B.C.342)이 모두 귀곡자의 제자라는 설이다.

하지만 귀곡자가 역사상 정말 존재했는지는 사료가 부족해 설사 적지 않은 사람들이 고증해도 현재로서는 여전히 확인하기 어렵다. 춘추전국 시기는 은사가 많았고 일부 기인도 분명히 존재했을 것이다. 어떤 사람은 귀곡자가 아마도 당시 천하 학술의 중심이었던 제나라 직하학궁의 학자로 후에 은거했을 것이라고 여긴다. 당나라 이후 어떤 사람은 귀곡자의 이름이 왕허(王詡)이거나 왕리(王利), 왕선(王禪)이라고 부른다고 기록했지만, 모두 구전된 것이다. 한나라의 사마천은 귀곡자의 이름을 몰랐고, 당나라 사람은 새로운 사료가 없으니 어찌 알 수 있겠는가.

손빈과 방연이 귀곡자의 제자로 귀곡자가 그들에게 졸업 시험을 보게 했다는 등의 이야기는 명나라《동주열국지(東周列國志)》등 연의 소설에서 나온 이야기일 뿐 신뢰할 만한 역사가 아니다(《사기》는 그들이 '병법을 배웠다'고만 나오지 누가 스승인지는 지적하지 않았다).

두 번째 광범위하게 전해지는 이야기는《사기》에 나오는 장의, 소진이 귀곡자의 제자라는 기록으로 두 사람은 합종연횡을 위해 손잡고 천하를 나누었다.

유감스럽게도 사마천은 틀렸다.

1973년 장사의 마왕퇴 한묘(馬王堆漢墓, 장사성 성주 아내의 무덤-옮긴이)에서 출토된 한 묶음의 비단 책을 나중에 정리해《전국종횡가서(戰國縱橫家書)》라고 이름 지었다. 이 비단 책의 연구 결과 소진의 주요 활동 시기는 대략 장의가 죽은 지 20년 뒤이며 다시 말해 장의보다 한 세대 뒤라는 것이다. 소진의 영향력은 장의처럼 크지 않았다. 후세 사람이 억지로 만들어낸 것이다.

장의가 살아 있을 때 주요 맞수는 공손연(公孫衍)이었다. 공손연은 장의가 "화를 내면 제후들이 두려움에 떨고, 안거하면 천하가 조용했다"라고 한다. 종횡가들의 영향력이 어떠했을지 상상할 수 있다.

종합해보면 종횡가는 전국 시기 각국의 군주에게 유세해 합종연횡 운동에 종사한 한 무리의 외교가, 정치가, 군사가를 가리킨다. 그들은 대다수가 귀족집단의 최하층인 '선비' 출신이었지만 수련을 통해 뛰어난 문무 능력을 다 갖추었다. 그들은 모략에 뛰어나고 국가의 정치 결정에 개입했다. 병법에 정통하고 장기간 군사 활동에도 참여했으며 심지어 직접 병사를 이끌고 전쟁에 나갔다. 그들은 외교와 국제 사무를 깊이 이해했으며 웅변과 변론에 뛰어나 나라를 대표해 사방에 사신으로 나갔다. 그들은 인성을 통찰하고 군주의 마음을 잘 살피고 설득했다. 그들 가운데 대표 인물로 공손연·소진·장의·추기·범저·채택(蔡澤) 등이 있다.

종횡가의 궐기는 전국 시기의 선비 양성 기풍에서 기원한다. 저명한 전국사공자가 있었는데 그중 초나라 춘신군(春申君)은 특히 선비들을 후하게 대했다. 선비 중 상객은 진주로 만든 신을 신고 조나라 평원군의 사자를 만났다. 제나라의 직하학궁은 전성기 때 학사들이 1,000명을 넘었고 모두 후한 대우를 받아 '다스리지 않고 의론'만 했다. 추연·순경(순자)·신도 같은 명사는 모두 직하학궁에서 장기간 일했다.

귀곡자 본인은 존재 여부가 불분명하고 《귀곡자》라는 책에도 의문점이 있다. 이 책은 당나라 때 수정한 《수서(隋書)》 중 처음 출현하는데 전국시대에서 이미 800, 900년이 지난 뒤로, 그 사이에는 아무런 책에서도 언급된 적이 없다. 따라서 후세 사람이 적은 위서(僞書)로 의심하기도 한다(예를 들어 량치차오는 이 책이 위서라고 단언한다). 하지만 필자는 그렇게 단정하는 것이 쉽지 않다고 본다. 예를 들어 《할관자(鶡冠子)》라는 책도 비슷한 이유에서 위서로 의심받았지만, 후에 장사 마왕퇴 한묘에서 출토된 비단 책에서 간접적으로 《할관자》가 전국 시기 실존한 책이라는 사실이 확인되었다. 내용과 문풍으로 판단해 《귀곡자》는 전국 시기 진서의 가능성이 크다. 한대 이후 유가학설에 의해 덮어씌워진 사회에서는 이처럼 정교하고 현묘한 작품을 창조하기 어렵기 때문이다.

중국 전략 사상의 발전사를 보면 비록 《손자병법》 등 고대 병학의 명저가 전략의 원칙, 방법, 요소 등 기본 이론 문제를 모두 매우 훌륭하게 설명하지만, 구체적인 전략 실천의 측면에서 종횡학파 대가들이 공헌한 바가 매우 크다.

오늘날 볼 수 있는 《귀곡자》는 순수 이론서로 구체적 사건이나 사례, 인물은 다루지 않고 추상적 이론을 정교하게 설명한다. 외교 투쟁의 전략 정보 수집, 적국 이익과 우두머리 심리 분석, 유세 방법과 수사학(修辭學) 등이다. 예를 들어 전략 정보 수집, 각국 실력의 추측을 '권력의 재량(量權)'이라 하고 국가 경제, 민중 생활 수준과 민심 응집력, 전략지리, 전략 계획 능력, 군신관계와 결맹 상황 심지어 천상길흉 등으로 구성되었다.

이 책은 통치자에게 정치적 의견을 펼칠 때 상대의 심리를 분석하는 것을 '췌정(揣情)'이라고 불렀다. 상대의 마음을 여는 구체적인 방법은 《귀곡자》에 '패합(捭闔)', '반응(反應)', '내건(內揵)', '저아(抵峨)' 네 편으로 서술했다. 그 외 탐색하여 상대의 심리를 이해하고, 내면에서 계획을 짜는 등 다른 방법을 사용한다.

약소국인 연나라는 강한 제나라에 대항할 때 소진이 연소왕을 보좌하며 때를 기다렸다. 제나라가 연나라에 대한 적의가 줄어들자 동시에 제나라를 부추겨 송나라를 공격하게 하여 국력을 떨어뜨린다. 이때 각국과 연합해 '10년간 제나라를 공격'하게 만들었다. 《귀곡자》 〈저아〉에서 말한 "천지의 합과 분리, 시작과 끝은 반드시 틈새가 있으니 놓쳐서는 안 된다. 열림과 닫힘을 관찰해 그 이치를 활용할 수 있는 자가 성인이다"라는 도리를 실현한 것이다.

제**3**부

제국시대

진

: 반짝하고 사라진 법치

중국 역사상 진나라는 독특한 존재였다. 검은색의 전쟁 깃발, 기세가 드높은 정예 기병, 엄숙하고 경건한 묘당, 간결하고 삼엄한 관리의 품행 모두 후세와는 다른 기질을 보여준다. 진나라의 융성은 중국 최초의 고전 법치 사상의 산물로 진나라가 멸망하면서 법치 사상도 매장되었다.

　진나라를 대표로 중국사는 봉건제에서 제국체제로의 대전환을 완성한다. 이 변화 발전의 의의에 대해 사학자 우쓰(吳思)는 다음과 같이 평했다. "제국체제는 여러 종류의 폭력이다. 제정실체의 병존, 적자생존의 환경 중 점차 조직의 형식을 세우고 완성했다. 이 제도는 자원을 이동하는 능력, 전쟁 능력과 안정의 정도가 당시의 생산과 기술 조건이 허락하는 최대치에 접근했다. 이는 100여 개의 국가와 20여 명의 왕을 거치며 끊어졌다 이어지고 누적되면서 다른 영역과 다른 단계의 제도를 조합하고 배합해서 이룬 고효율의 체계다. 이 고효율의 종합적 적응 체계는 적자생존의 강한 생명력에 의지해 2,000여 년의 독립적 생명을 가진 역사 활동의 중심이 되어 중국사 무대를 점거했고 인류 문명사상 찬란한 장을 열었다."

진나라 사람의 역사
: 산동에서 기인하고 서융을 제패하다

글자로 보아 '秦'자는 '手(손 수)'와 '禾(벼 화)'로 이루어진다. 진나라 사람도 농업 부족임을 알 수 있다. 진나라 사람들의 역사는 유구하다. 《사기》의 기록에는 진나라 사람의 조상이 전욱 고양씨의 후예로 대우의 치수를 보좌하고 대순이 야수를 길들이고 방목하고 축생할 때 보좌해 순임금이 영(嬴)씨 성을 내렸다고 한다. 비록 《사기》의 설명이 정확하지는 않아도(당시 왕이 신하에게 성씨를 하사하지 않았으며, 성은 모친의 부족을 따랐다) 진나라 사람의 유구한 역사를 반영한다.

진나라의 발원지가 어디인지와 관련해 역사학계는 오랜 시간 곤혹을 치렀다. '동이에서 나온 진'과 '서융의 진' 두 가지 관점이 끊임없이 논쟁을 벌였다. 최근 들어 학술 연구로 '진나라가 동이에서 나왔다'는 학설이 점차 인정을 받았다. 새로 발견된 고서 《청화간(淸華簡)》은 더욱 직접적으로 진나라 사람의 선대가 '상엄의 백성(商奄之民)'이라고 지적한다. 즉 지금의 산동 곡부 일대에서 기원한 것이다.

주나라에 이르러 영씨는 주나라 왕을 위해 말을 기르고 마차를 조종한 공로로 분봉을 받았다. 영씨가 세운 제후국은 십여 개에 달한다(조나라도 이에 해당한다). 그중 한 부류가 융적이 뒤섞인 진나라 땅에 봉해졌고, 바로 진나라는 주 왕실의 대외 장벽이 되었다.

주평왕(周平王)이 낙양으로 동천할 때 진나라 사람들에게 본인의 비용을 들이지 않고 은덕을 베풀었으니, 만일 융적의 땅을 점령하면 그 땅을 주겠다고 한 것이다. 진나라는 서쪽과 북쪽으로 혈전을 벌여 점차 영토를 확장했다.

진목공(秦穆公, B.C.682~B.C.621)은 백리해(百里奚)·건숙(蹇叔) 등 명신들과 함께 국력을 강하게 키우는 데 매진해 "20개국을 합병하고 서융을 성공적으로 장악했다." 나아가서 동쪽으로 전진해 중원을 제패할 전략을 세웠다. 진목공은 진혜공(晉惠公, ?~B.C.637), 이오(夷吾, 문공 중이의 동생, 중이보다 먼저 재위했다)를 도와 왕위에 오르게 해 인덕을 베풀고 무력을 쓰는 이중 책략을 실시해 결국에는 진(晉)나라를 굴복시키고 변경을 황하 쪽으로 확장했다. 목공은 후에 진나라 문공 중이의 즉위를 도와 두 나라가 연합해 정나라를 정벌했다. 이때의 진(秦)과 진(晉) 양국은 몇 대에 걸쳐 통혼으로 연맹을 이루었다.

하지만 중원을 제패하기 위해 두 강국은 우호관계에서 대치관계로, 다시 원수로 변했다. 효의 전투는 두 나라 관계의 최종 해결로, 진(秦)이 동쪽으로 진출하고자 하는데 진(晉)이 버티고 있어 저지되었다. 이에 진(晉)과 초의 패권 다툼 중 초나라와 결맹해 진(晉)에 대항했다. 따라서 멀리 남쪽의 초나라는 오히려 효의 전투의 최대 수혜자가 되었다.

당시 각국은 모두 흥망성쇠가 불안정했는데 진나라도 예외는 아니었다. 목공 이후 진(晉)이 점차 강해져 초나라와 남북 제패 태세를 형성했다. 두 나라 간에는 여러 차례 전쟁이 있었고 진(秦)은 승리보다 패배를 더 많이 했다.

진목공이 죽은 지 115년 후인 기원전 506년, 춘추 말기에 진(晉)의 주도하에 제·노·송·채·위 등 18개국이 소릉에서 회맹하고 초나라 정벌을 상의했다. 초나라의 동남쪽에 있던 오나라도 18국과 연합군을 결성해 공격했다. 오나라군은 손무·오자서의 직접 지휘 아래 초나라 수도 영(郢)을 무너뜨렸고 초나라 왕실은 도망갔다. 초나라 사자가 진(秦)에 와서 벽에 기대서서 '7일간 먹지 않고 밤낮으로 울어' 진애공이 결국 전차 500대를 보내 초나라를 구원하기로 약속했다. 진나라군이 오나라군을 물리치자 초소왕은 초나라로 다시 돌아왔다. 이때 공자가 이미 45세였는데, 몇 년 후 노나라의 대사구(大司寇) 벼슬을 지냈다. 공자는 74세에 죽었고 그가 죽은 지 6년 뒤 월나라가 오나라를 멸했다. 다시 70년 뒤 진(晉)이 셋으로 나뉘어져 전국시대가 막을 열었다.

춘추시대의 진(秦)나라는 중원 각국이 보기에 무력이 막강한 만족과 별로 다르지 않았다. 당시 중원의 나라들은 〈소우〉, 〈무상〉 등 아악을 들었는데, 공자는 제나라에서 소(韶)라는 곡을 듣고 3개월간 고기 맛을 잊을 정도였다. 하지만 진나라는 여전히 "항아리와 질 장구(흙을 구워 만든 질화로 모양의 중국 고대악기-옮긴이)를 두드리며, 쟁을 타면서 넓적다리를 두드려 노래하는" 저속하고 야만스러운 모습을 보였다.

전국 시기에 진나라는 여전히 융적의 풍속에서 벗어나지 못했다. 예를 들면 그들은 부모, 형제, 고부, 동서가 한 침실을 썼다(이런 낡은 풍습은 상앙이 법령으로 엄금한 뒤 사라졌다).

일반 사람들은 전국 시기에 들어서자마자 바로 진나라가 가장 강력한 힘을 발휘했을 거라고 생각하지만 사실 당시 가장 강한 것은 위·제·초 삼국이었고 진나라는 매우 약했다.

전환점은 진헌공 때 발생했다. 그는 어려서 위나라로 망명했다가 장년이 되어서야 돌아왔다. 헌공이 왕위를 계승한 후 3년 뒤 오기(吳起)

가 초나라에 피살되고 반란에 휘말린 초나라 양성군이 묵가들을 초청해 성을 지키게 하니 묵가의 거자 맹승이 180명의 묵자를 이끌고 전사했다. 이 전투로 묵가의 열혈과 단호함이 멀리 북서쪽의 진헌공에게 깊은 인상을 남겼다. 이에 그도 묵가를 모셔 공방기계를 설계하고 제작해 군사훈련을 강화하는 등 국가 군사력을 점차 강화했다.[1] 하지만 진나라의 진정한 궐기는 헌공의 아들 진효공이 상앙과 힘을 합친 후에야 이루어졌다.

격동의 시기를 만나다: 공손앙 진나라로 들어가다

중원에 위나라라는 소국에 권세가 자제인 공손앙(公孫鞅, 이후의 상앙, B.C.395?~B.C.338)이 있었다. 공의 아들을 공자라고 하고 공자의 아들을 공손이라고 한다. 따라서 '공손'은 실제로 굉장히 많았으며, 점점 유명무실해져 거의 평민과 다름없었다. 공손앙은 어려서부터 학문을 좋아해 후에 유·묵·도·병·음양 각파의 학설을 두루 배웠다. 위혜왕(魏惠王, B.C.400~B.C.334) 때 소년 공손앙은 위나라 재상부에 가서 실습을 하고 재상 공숙좌의 비서(중서자)가 되었다. 이때부터 위나라의 정치 중추가 되어 기밀에 참여했다.

춘추 패주 진나라에서 분열되어 나온 위나라는 당시 열국 중 가장 강한 나라였다. 위나라는 평원으로 사방으로 전쟁이 일어나는 땅에 위치해 지리적 우세가 전혀 없었다. 위나라가 강할 수 있었던 이유는 사상에 있었다. 법가 비조 이회, 오기 등이 위나라에 강국 사상의 씨

---

1 허빙캉,《묵자: 진나라가 약국에서 강국으로 전환된 관건》.

를 뿌렸던 것이다.

춘추전국 시기 귀족들은 일종의 문과 무에 능통한 인재 교육을 받았다. 위나라의 치국 경험과 이론은 당시 가장 선진적인 지식 체계를 대표했다. 공손앙은 이 같은 배경에서 나왔다.

공숙좌는 정치 고문이었다. 수년 전에 그는 재상의 자리를 쟁탈하기 위해 음모를 써서 오기를 배척했다. 오기는 통치의 뜻을 품은 인재였으나 위혜왕의 신임을 잃은 후 초나라로 도망갔다. 거기서 초왕의 변법을 성공시키는 데 협조했지만, 결국에는 초나라의 정치 투생에 휘말려 죽고 말았다.

다년간의 경험과 관찰로 공숙좌는 공손앙이 뛰어난 인재임을 알아봤다.

공숙좌가 이미 연로하고 병이 중해지자 위혜왕은 재상의 후임자로 누구를 뽑을지 물었다. 공숙좌는 청년 공손앙을 추천했고, 놀란 위혜왕에게 공숙좌는 진지하게 만일 그를 임용하지 않으려면 그를 죽이라고 했다. 지금 가장 중요한 것은 인재인데 만일 다른 나라에서 그를 얻으면 그 후환이 심각할 것이라는 뜻이었다. 위혜왕은 쓴웃음을 지었다.

위혜왕과 헤어진 후 공숙좌는 공손앙에게 말했다. "나는 신하보다 왕이 귀할 수밖에 없다. 미안하다. 목숨이 급하니 어서 도망가거라!" 그러나 뜻밖에도 공손앙은 웃으며 "그가 당신의 말을 안 듣고 나를 쓰지 않았는데, 어찌 당신의 말을 듣고 나를 죽이겠습니까?"라고 말했다. 그 말대로 공손앙은 죽음에 이르지는 않았다. 하지만 위나라에 일할 곳이 없다면 또 어디로 가야 할까?

시간은 이미 흘러 기원전 362년이 되었다. 이 해에 서쪽의 진헌공

(秦獻公, B.C.424~B.C.362)이 죽고 21세의 영거량이 뒤를 이었으니 곧 진효공(秦孝公, B.C.381~B.C.338)이다. 이 군대 출신의 젊은 군왕이 마주한 것은 험난한 국면이었다.

진나라의 서쪽은 융적이 뒤섞여 사는 곳으로 정세가 복잡했다. 진나라의 동쪽에는 6, 7개의 강국과 10여 개의 혼잡한 소국이 있었다. 이 국가들은 커다란 변화를 거치고 강국의 길을 모색하며 개혁을 하고 있었다. 그들은 서로 연합하고 결탁해 무력 경쟁을 했고, 주 왕실은 이미 그들 안중에 없었다. 그중 조와 한 양국은 진나라의 군주 자리가 교체되는 시기를 이용해 직접 출병해 공격해왔다.

동쪽의 나라 중 가장 강한 것은 위나라였다. 전국 초기 위나라는 이회와 오기의 변법을 거치면서 정예 보병 '위무졸'을 키웠다. 위나라의 무졸은 삼중 갑옷을 입고 12석의 강궁과 50개의 화살을 등에 메고, 창과 검을 지녔다. 그 밖에도 3일분의 양식을 등에 졌는데, 이런 중장비를 갖고 행군해 반나절에 100리를 걸었다고 하니 그 전투력이 얼마나 막강했는지를 알 수 있다.

오기는 일찍이 위나라 무졸들을 데리고 10배나 많은 진나라군을 물리쳐 황하 이서의 땅을 빼앗은 적이 있다. 이 대전의 그림자는 오랫동안 진나라 사람의 마음에 투사되었다. 위나라는 강을 따라 서행해 진나라를 삼켜버리려 했다.

효공은 생존을 하려면 심사숙고를 통해 반드시 개혁을 해야 했다.

약 기원전 360년, 진나라는 '구현령(求賢令)'을 내려 각국의 인재를 모집하기 시작했다. 구현령은 단도직입적으로 말하면 '강한 진나라를 만들 능력이 있는 자는 내가 관직을 높여주고 땅을 나누겠다'는 선포였다. 군주가 다스리는 땅을 나누겠다니 분명 성의가 있었다. '구인

광고'를 본 공손앙은 결심한다. 30세가 안 된 이 청년은 이회가 쓴《법경》을 행낭에 넣고 서쪽 진나라로 향해 이 나라의 역사가 급변하는 정세로 뛰어들었다.

제도, 왕도, 패도 중 진효공이 선택한 '패도'

공손앙은 진나라에 와서 진효공이 아끼는 신하의 추천으로 진효공 본인을 직접 만났다.

공손앙은 세 가지 다른 부국강병 전략을 설명했다. 제도·왕도·패도(覇道)였다. 진효공은 젊은 나이라 이론에 조예가 깊지 않았지만 자기 나름의 판단은 서 있었다. '제도'와 '왕도'는 너무 심오해 듣다보니 잠이 쏟아질 것 같았지만 '패도' 전략은 진효공의 정신을 번쩍 들게 했다. 그는 공손앙과 열렬한 토론을 벌였고, 며칠간의 토론에도 피곤한 줄 몰랐다.

'패도' 전략을 이야기한 후 진효공은 눈앞의 공손앙이 대투쟁의 세상에서 용을 잡을 거목이자 진나라를 흥하게 해 꿈을 이루게 해줄 조타수라 여겼다.

공손앙은 마침내 도를 행할 군주를 얻어 기쁨과 포부가 생겼으나 동시에 유감스러운 마음도 들었다. 진효공은 성취에 조급해 '패도'만 마음에 두었다. 하지만 세 가지 전략 중 패도는 사실 하등의 수로 효과는 빨라도 상등의 수는 아니었다. 제도와 왕도는 장기간이 지나야 효과를 볼 수 있지만, 국가 통치 면에서 더 높은 경지다. 공손앙은 진효공과의 합작은 아마도 상, 주 양대와 같은 성덕위업은 달성하기 어려울 것이라고 마음속 깊이 느꼈다.

상앙의 법치 사상

중국과 마찬가지로 서양도 혼란의 왕권정치 시대를 겪었다. 심지어 여러 차례 무정부 상태의 시기도 있었다. 고대 로마가 멸망한 후 1,000년 이후에야 법치가 등장했기에 그사이 관습법의 기초 위에 오랜 시간 변환 및 발전하는 과정을 겪었다. 하지만 중국이 인치의 흙탕길만 걸은 것은 아니었다. 법치 사상도 출현했고 그에 상응하는 거대한 영향도 있었다.

상앙(공손앙)이 바로 법치 사상의 대표 인물이다. 《상군서》와 기타 사료를 종합하면 그의 법치 사상을 추정할 수 있다. 상앙의 국가관은 일종의 생존 경쟁의 국가관으로 현대 서양 정치학의 현실주의파와 비슷하다. 상앙은 국가전략은 실력으로 이익을 다투고 좋은 법률제도는 국력의 근원이라 여겼다. 상앙 사상의 핵심은 법치에 있다. 상앙은 법으로 나라를 다스리고, 사람은 누구나 법률 앞에 평등하며, 모든 것을 법에 따라 판단해야 한다고 주장했다. 법은 대중에 공개하고 천하 모두가 알게 하며 특히 법률 앞에 누구나 평등하다.[2]

제도의 설계 방면에서 상앙은 독립된 법률관의 사상을 제시했다. 중앙에 세 명을 비롯해 제후군현까지 독립된 법률관을 두었다. 독립 법관이 민중에게 법률을 해석해주면 민중이 법에 따라 관원에게 감독권을 행사한다. 동시에 법관도 각급 관원에게 법률 해석, 심사, 감독을 진행한다. 법관의 업무 목표는 관리가 법으로 백성을 괴롭히지 못하게 하고, 백성도 범법을 저질러 관리가 법을 집행하는 것을 방해하지 못하게 한다.

---

2 《상군서》〈상형〉.

권력과 법의 관계에서 상앙은 법치국가는 "군주의 말에 따라 다스리지 않고, 백성은 관리에 복종하지 않는다"라고 말했다.[3] 권력의 중앙 집중과 법률 규범하의 지방과 민중 자치를 병행한다. 상앙은 국군(國君, 중앙정권)이 국가의 대권을 장악하지만, 동시에 두 가지 방면에서 집권의 한도를 제한해야 한다고 주장했다.

첫째, 국군(중앙정권)의 권력은 입법권과 사법권으로 실현된다. 행정권과 인사권은 규정한 법률로 제한한다. 일단 법을 세우면 설사 국군이라도 마음대로 바꿀 수 없다. 관리의 선발과 임용, 면직은 법률로 규정하며 관리는 법에 따라 일을 처리한다. 민중이 법에 따라 자치하면 국가는 강해지지만, 국군이 사회 운행을 간섭하면 국가는 혼란에 빠진다. 따라서 상앙의 결론은 법치를 실행하는 국가는 "군주의 말에 따라 다스리지 않고, 백성은 관리에 복종하지 않는다"는 것이다. 군왕의 권력이 아무리 커도 국가는 권력으로 나라를 다스려서는 안 된다(《상군서》〈거강〉). 법률로 나라를 다스리면 국가는 강해지고, 정치 명령에 의지해 다스리면 국가는 쇠약해진다. 이로써 권력 위주냐 법 위주냐의 문제를 해결했다. 한 국가는 오직 법치에 의해 다스려야지 권력과, 정치에 의해서 다스려서는 안 된다.

모든 것이 법에 따라 행해졌기 때문에 법률 아래 사회와 민중에 약간의 자유가 주어졌다. "모두가 무엇을 피해야 하는지 안다면, 화를 피하고 복을 맞이할 수 있다." 그러면 사회의 '자치'를 실현할 수 있다. '자치'라는 단어는 중국어에서는 《상군서》에서 처음 등장한다.

둘째, 권력과 법의 관계에서 상앙은 국군 자신이 자제하고 자승(自

---

3 《상군서》〈설민〉.

勝)해야 한다고 했다. 입법자와 사법자가 우선 법률을 준수해야 한다. 권력과 법 어느 쪽이 강한지는 중요한 문제다. 오랜 시간 법가는 군권의 가장 충성스러운 노예였다. 하지만 이는 법가 '술파'의 관점으로 상앙은 법률이 최상이라고 주장했다.

최고 권력을 울타리 안에 가두는 것은 개인의 지혜만으로는 설계할 수 없다. 유럽도 영국만이 군권의 제한을 실현했으며, 진퇴를 반복하며 수백 년의 시간이 흘러서야 마침내 가능해졌다. 이웃의 프랑스, 독일 모두 군권 제한의 체제로 발전하지 못했다.

상앙의 높은 이상은 일종의 민본주의 의식과 '공천하(公天下)' 사상으로 형성되었다. 상앙은 동시대 고대 그리스 아테네와 스파르타에도 없는 효과적인 국가제도를 창조했다. 이는 세계에서 첫 번째 현대 국가 정부제도로 서유럽보다 2,000년 앞섰다. 상앙은 비도덕주의 경향을 가지면서, 세계에서 가장 먼저 정치이론을 도덕에서 벗어나게 한 학파를 열게 되었다. 그리고 중국 정치학의 발달을 상징하는 인물이 되었다.[4]

만일 진효공이 '제도' 또는 '왕도'를 선택했다면 중국사는 다른 길을 걸었을까? 진효공이 '패도'를 선택한 것은 후세에 지대한 영향을 끼쳤다.

'패도'는 일종의 국가총동원 전투체제이다. 진나라는 이로써 '강한 진'으로 일어섰고 결국 천하를 통일했다. 하지만 이 체제는 심각하게 백성의 힘을 억누르고 나아가 멸망을 유발하는 화근을 낳았다.

사실 법치국가는 사상적 본질상 개인의 집권을 반대하고 독단과

---

4 예쯔청(葉自成), 〈화하주의: 중국의 본토 인문정신〉, 《인민논단. 학술전연》 2013년 2월.

폭정을 반대한다. 후에 진시황의 개인적 독단은 진나라의 폭정과 단명을 유발했다. 상앙의 법치국가 정신을 위배한 결과다(당연히 상앙의 사상이 완전무결한 것은 아니다. 우리는 현대 사회의 수준으로 고대 사람에게 가혹한 기준을 설정할 필요는 없다). "제도는 지혜와 기회의 산물이다(System is the child of wisdom and chance)"라는 서양의 속담이 있다. 상앙의 변법 시기에 지혜와 기회는 이미 갖춰졌기에 새로운 제도가 이에 호응해 나온 것이다.

상앙변법: 중국사를 바꾼 힘

기원전 359년 진효공은 30대 초반의 공손앙을 좌서장(左庶長)에 임명했고,[5] 진나라는 변법을 실행하기 시작했다.

정책의 변화는 진나라 정계에 커다란 반발을 야기했다. 감룡(甘龍), 두격(杜擊) 등 구귀족 무리가 반기를 들고 일어나 말했다. "조상들의 유산이 얼마나 좋은가. 옛 성현을 배우고 고대의 예를 따르는 것은 잘못이 없다." 이에 공손앙은 반박했다. "하·상·주 삼대는 예와 제도가 달라도 모두 왕이라 부를 수 있었다. 춘추오패는 법술이 달라도 모두 제패했다. 따라서 치국은 불변하는 하나의 도가 아니다. 국가에 이롭기만 하면 고대 사람을 본받을 필요가 있는가?"

이후 중국사에서 비슷한 반론은 자주 출현했다. 진효공은 이 반론을 들은 후 상앙을 더욱 굳세게 지지했다.

---

5 '서장'은 아마도 군직으로 '불경' 같은 진나라에만 있었던 관직명이다. 사적의 기재 중에 동방 육국은 이런 관직명이 없다.

상앙변법 _ 정전을 없애고 천맥을 시행하다

   상앙변법은 모두 두 차례 이어졌다. 첫 번째 변법의 주요 내용은 다음과 같다.

   첫째, 세경 세록제를 없앴다. 신제도는 오직 군사적 공로에 따라 작위에 봉했으며 '관리 자제'의 권리 세습을 취소했다. 둘째, 군사의 공을 장려하고 민간에서 사적인 다툼을 금지했다. 진나라는 줄곧 민풍이 강하고, 민간에서 사적 다툼이 많았다. 신법의 실시 후 개인 간의 다툼은 점차 근절되었다. 셋째, 호적을 편성하고 '연좌제(緣坐制)'를 실행했다. 한 사람이 죄를 지으면 대중이 고발해야 하며, 그렇지 않으면 공범이 되었다. 이 제도는 신법이 신속하게 진나라 사람들의 일상생활에 파고들게 하려는 의도였다.[6] 넷째, 농사를 장려했다. 양식과 작물의 생산량이 기준보다 많으면 본인의 노역과 조세를 면해주었다. 이 법은 진나라 경제 성장을 독려했다.

   신법이 시행된 초기에는 이해하기 어렵고 모든 것을 뒤집는 것처럼 보였다. 민중은 의심하고 몰래 소곤댔으며 항간에는 소문이 떠돌았다.

---

6 허빙캉은 연좌법이 묵자가 진헌공을 보좌할 때 이미 시작되었다고 한다.

어떻게 해야 신법을 빠르게 보급하고 백성들에게 신뢰를 얻을 수 있을까?

선전원을 동원해 법조를 선전해야 하나? 상앙 본인이 거리로 나가 웅변을 해야 하나? 이런 방법은 모두 유용하나 투자에 비해 효과가 너무 낮아 효율적인 방법이 되지 못했다.

하루는 상앙이 수도 역양성(櫟陽城) 남대문에 커다란 나무를 세우고 방을 붙이라고 명했다. 누구든 이 방을 북문으로 옮기면 10일(鎰)의 황금을 상으로 내리겠다는 내용이었다(1일은 20량이다). 모두들 시끌벅적하게 모여들어 어떤 바보가 이 말을 믿을지 둘러싸고 구경했다.

과연 아무도 나서지 않았다.

상금은 오르고, 오르고, 또 올랐다. 이미 50일이 되었고 사람들은 더 많이 몰려들었다.

한 바보가 더 이상 참지 못하고 죽기 살기로 덤벼들기로 했다. 만일 정부가 한 말에 책임을 진다면? 그는 이 나무를 메고 무리를 지어 뒤따르는 사람들을 뚫고 진나라의 도성으로 가서 정말로 50일의 황금을 획득했다.

이 일은 번개처럼 신속하게 전국으로 퍼져 나갔다. 진나라 정부에 대한 신뢰가 드높아졌다. 상앙은 이 기세를 활용해 법률을 공포했고, 신법은 빠르게 퍼져 모든 사람들이 알게 되었다. 민중은 정부가 새로운 임무를 내리기를 단단히 벼르며 기다렸다.

상앙이 법률을 공포한 것은 거대한 혁명이었다.[7] 원래 예로부터 법률은 비밀에 붙이고 소문을 내지 않고 서민을 위협하여 통제했다(유럽도 마찬가지다). 상앙은 법률이 통속적이고 쉽다는 것을 천하에 공포해 명확하게 보여주고 전국의 백성이 배우기 쉽게 했다. 이처럼 사람들이 모두 법률을 준수하면 관리도 불법으로 백성들을 괴롭힐 수 없었다.

2,000여 년 전에 이처럼 탁월하고 실용적인 법률을 세운 것은 쉽지 않은 일이다. 량치차오는 감탄해 말했다. "유럽의 법률 공개는 민중들이 피를 흘려 얻어낸 것이다. 중국의 법가는 진실하고 단호하게 주장하고 여러 가지 수단을 써서 법률 지식을 일반 백성에게 보급하려 애쓰니 그 근본이 바르고 뜻을 관철하려는 정신을 가졌다고 할 수 있다."

상앙 신법이 점차 힘을 발휘하기 시작하는 데 10년이 걸렸고 진나라는 나날이 부강해졌다.

상앙은 자신이 직접 훈련시킨 신군을 이끌고 위나라로 출정했다. 상앙은 군을 통솔하는 데도 서툴지 않았다. 춘추전국 시기의 귀족은 모두 '다재다능한 인재 교육'으로 배양된 문무를 고루 갖춘 인재였다. 외교적인 연회 때 그들은 《시경》을 읊었고, 전쟁이 발발했을 때는 직접 출전했다(유감스럽게도 이런 교육 체계 및 귀족집단은 한나라 이후 모두 사라졌다). 앞에는 고액의 상금의 유혹이 있고, 뒤에는 엄혹한 법률의 징계가 있으며, 내부로는 엄정한 전쟁 법칙이 있어 평소 체계적인 훈련을 받은 법치화된 진나라의 신군은 더는 방금 호미를 내려놓은 농민이 아니었다. 그들은 마치 홍수나 맹수처럼 전국의 간담을 서늘하게 했다.

대군이 출정하자 진나라군은 위나라군을 격파하고 하서의 땅을 수복했다. 위나라는 대량으로 강제 천도를 했고 진나라군의 칼날을 피했다. 이때 위나라 왕은 당시 공숙좌의 말을 떠올리며 공손앙을 죽이지 않은 것을 후회했다.

위나라는 중원의 공격을 받기 쉬운 자리에 위치해 앞뒤에서 적의 공격을 받았다. 그 사이 유명한 '위나라를 포위해 조나라를 구원한' 전쟁도 벌어졌다. 이 전쟁은 제나라군이 손빈의 모략에 따라 위나라 군이 원정에서 돌아오는 도중 매복했다가 위나라의 주력군인 '위무졸'을 대파한 것으로 위나라군의 명장 방연은 전쟁에서 패한 뒤 자살하고 태자 신은 포로가 되었다. 위무졸의 배양은 자금 지출이 크고 주기가 길어 위나라는 일단 이 주력군을 잃어버리자 세력을 회복하기 힘들었다. 전승 후에 제와 진 양국은 이로부터 융성해졌고 위나라는 위혜왕 재위기간에 강국에서 약국으로 몰락했다.

위나라의 쇠락 과정은 매우 길었다. 위혜왕은 오래도록 살아서 집정 기간이 반세기에 달했고, 전체 전국 시기에서 가장 오랜 기간 집권했다. 하지만 위혜왕의 재능은 평범했으니 그의 장수(長壽)는 공격받기 쉬운 땅에 위치한 국가로서는 좋은 일이 아니었다. 그는 후에 진나라 재상 장의와 교류하며 장의에게 끌려다녔다. 그는 유가의 명인 맹자에게 도움을 청하려고도 했으나 불행하게도 맹자는 공염불에 가장 능했다. 노년의 위혜왕은 성실하게 노력해도 자신의 국가가 한 걸음씩 무너지는 것을 무기력하게 바라볼 수밖에 없었다.

《여씨춘추》〈불굴〉에는 위나라의 고통을 다음과 같이 묘사했다.

혜왕 때 50차례의 전투 중 스무 번 패해 죽은 자가 이루 헤아릴 수 없었고 대장과 아끼는 자식이 포로가 되었다. …… 한단을 3년간 포위하고도 얻지 못하고 국가는 텅 비고 천하의 병사가 사방에서 침입하고, 대중들은 비방을 하고, 제후들은 칭송하지 않는다. …… 보석들은 흩어지고 토지는 나뉘어 위나라는 쇠락했다.

이 시기 역사를 분석해보면 위혜왕의 실패는 그가 제때에 엄격한 법치를 추진하지 못한 것과 관계가 있다. 이와 대조적으로 법치를 실행한 진나라는 날로 번영했다.

기원전 350년 진나라는 함양으로 천도했다. 이는 상앙이 직접 계획하고 감독해 세운 기세가 웅장한 도시다. 함양에서 상앙은 '변법 2.0 업그레이드 버전'을 추진했다. 이는 중국의 역사를 바꾼 묘수였다.

첫째, 현제(縣制)를 추진한다. 시골의 성진을 합병해 현이라 하고, 전국을 통일해 31개 현으로 나누었다. 현에는 령과 승을 두고 군주가 임명해 이전의 분봉 채읍제(봉건제)를 대체했다. 역사가 유구한 봉건제도가 직접적으로 폐지되었고, 제국체제의 초기 형태가 이미 세워졌다. '봉건제'는 원래 일종의 '부락주의(tribalism)'에서 변화 발전한 제도로 직책을 나누지 않아 조직이 느슨하며 군주 개인이 중심이 되는 원시적인 부락제도다. '제국-문관제도 체계'는 엄격한 조직, 직책이 분명하며, 효율이 탁월하고, 법칙이 찬연한 고급 문명의 정치 제도다. 낙후되고 원시적인 봉건제와는 전혀 다르다. 역사의 시선으로 보면 혼돈의 시대에서부터 상앙까지 화하족의 정치 조직의 수준은 줄곧 높아졌다.

둘째, 정전(井田)을 폐지하고 천맥(阡陌, 논밭의 경계-옮긴이)으로 토지의 경계를 삼았다. 황무지 개간을 장려하고 토지 사유화를 승인했으며, 토지 매매를 허락해 토지의 크기에 따라 납세를 하게 했다. 이 법률은 봉건제도에 의지한 경제 기초인 정전제(井田制)를 폐지하게 했다.

셋째, 도량형의 통일이다.

넷째, 진나라의 법률을 제정했다. 현재 출토된 진간은 진나라의 법률 규정이 매우 상세하고 판례에 대해 깊은 이해가 있었음을 보여준다. 악록서원이 소장한 《악록서원장진간(嶽麓書院藏秦簡)》의 사법 판례를 통해 형사 탐문 조사의 치밀함, 심문과 판결을 분리한 제도 및 의문이 남은 사건의 심판 제도, 형사 소송 프로세스의 성숙과 발달을 볼 수 있다. 진나라 법률은 심지어 고문을 통한 강제 자백을 엄격히 제한하는 규정을 만들었다. 한나라 초기의 학자는 진나라 법이 얼마나 잔혹한지를 공격했지만, 출토된 진간의 많은 사례를 보면 진나라 법은 매우 세밀하며 양형이 정확하고 합당해 전혀 가혹하지 않았다.[7]

다섯째, 시서(詩書, 《시경》과 《서경》-옮긴이)를 태우고 유학을 금했다. 유가의 복고사상에 타격을 입히고 법가 사상의 지도적 지위를 확립했다.

진나라의 굴기: 제도의 역량

상앙변법은 최종적으로 큰 성공을 거두었다. 변법이 성공한 후 강성해진 진나라를 두고 사마천은 《사기》에서 이처럼 묘사했다.

(신법) 시행한 지 10년, 진나라 백성은 크게 기뻐했다. 길에 떨어진 물건이 있어도 줍지 않고 산에는 도적이 없으며 집의 식구들은 부족함이 없었다. 백성들은 용감하게 전쟁에 참여하고 민간의 다툼은 멀리했다. …… 5년 진나라가 부강해지고, 천자가 효공에게 제사고기를 보내오니 제후들이 모두 축하했다.

---

7 차오훙융(肖洪泳), 〈악록진간에 나오는 진나라 형사 소송 프로세스의 역사적 가치〉, 《호남 대학 학보》 2013년 5월.

이른바 성세란 경제적 번영이나 강한 국력만이 아니라 백성들의 마음과 정신의 풍요로움이 있어야 한다. "크게 기뻐하다", "길에 떨어진 물건을 줍지 아니하다" 같은 이 몇 글자들은 상앙변법을 묘사하는 화룡점정이다. 주 천자가 효공에게 제사고기를 보내오니 효공은 후에 공자를 파견해 회합하고 제후들을 이끌고 감사를 표하려 가니, 진효공이 정식으로 천하를 제패했음을 상징한다.

기원전 338년 진효공이 죽고 19세의 태자 영사(嬴駟)가 왕위를 계승했다. 처음에는 혜문군으로 불리다 후에 스스로 '왕'이라 칭하니 바로 진혜문왕(惠文王)이다.

왕년의 원한은 사라지지 않는다.

진혜문왕의 태자 시절 스승이었던 공자 건(虔)과 변법에 반대해온 원로세력들이 결탁하여 상앙이 반역을 꿈꿨다며 사실을 날조했다. 상앙은 어쩔 수 없이 도망을 갔으나 결국 자신의 봉읍에서 무력 저항에 실패해 자신과 전 가족이 몰살당했다. 상앙의 시체는 수도 함양으로 옮겨졌고 다섯 마리의 말로 시신을 찢는 거열형에 처해졌다. 이때 상앙의 나이는 50대 초반이었다.

상앙은 죽었지만, 그가 설계하고 세운 법치 체계는 계속해서 효과적으로 작용했다. 상앙 사후 70, 80년 조나라의 대유 순경(즉 순자)이 진나라를 방문했다. 그의 기록에 따르면 이때 상앙변법의 성과를 역력하게 볼 수 있었다고 한다. 순자는 진나라의 지세가 험할 뿐 아니라 자원이 풍부하고 백성들이 순박해 법을 준수하고 관리는 충신으로 청렴해 질서가 정연한 모습이었다고 했다. 순자는 진나라의 음악과 의복까지 단정해 전혀 경박하지 않음을 발견했다.

순자는 제·위와 진나라의 군사제도를 비교한 결과 "제나라의 격

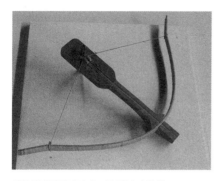
서안시 베이관에서 출토된 진나라 강궁

투 기술은 위나라의 무졸을 만나서는 안 되며, 위나라의 무졸은 진나라 왕의 정예군을 만나서는 안 된다"라고 말했다. 위나라 무졸은 용맹스러웠으나 상앙의 병제는 상벌을 핵심으로 체계화한 역량으로 기술 장비의 우세가 제도적 우세 앞에서 크게 뒤질 수밖에 없었다.

제도는 한 나라가 장기간 흥하고 쇠하는 근원이다. 상앙을 대표로 하는 법치학파의 궁극적 이상은 '무위이치(無爲而治)'이다. 즉 사회를 통치하는 데 개인의 능력이 아니라 제도 체계에 의존하는 것이다. 제도 체계가 세워지면 사회의 운행은 수레바퀴처럼 자신이 움직이지 않아도 전진할 수 있다. 상앙 이후 진나라는 창설한 제도 체계에 의존해 장기간 흥성을 이루었다. 유감스럽게도 한나라 이후 상앙의 법치 사상은 중국사의 주류가 되지 못했다. 한나라 이후 이른바 '외유내법'의 '법'은 상앙의 법이 아니다. 상앙은 인치를 반대했고 역사도 인치의 찬란함이 지속될 수 없음을 증명했다.

법치 사상은 인류 집단의 통치 양식의 하나로 사유방식으로 내재화할 수도 있다. 크게는 국가에, 작게는 기업에 적용하면 성공할 수 있으며 적용하지 못하면 실패한다. 이는 지금에도 찾아볼 수 있다. 예를 들어 흔히 보이는 리더형 기업은 사장 한 사람에게 흥망이 달려 있어 사장이 망하면 같이 망한다. 하지만 법치 통치를 실현한 기업의 운명은 완전히 다르다. 궈메이(國美)전기(한국의 하이마트 같은 중국의 가전제품 유통업체-옮긴이)의 권한 다툼은 기업의 운명에 아무런 영향을 미치지 못하는 것처럼 보인다. 귀메이전기 식의 법치화 기업이 작은 불씨가 들판을 태우듯 퍼져 나가면, 중국 현대화의 미시적 기초는 매우 안정적으로 실현될 것이다.

500년의 혼전을 끝낸 천하통일: '황제'의 탄생

상앙이 살아 있을 때 동정(東征) 중원 정벌이라는 장기간 전략을 기본 국책으로 확정했다. 상앙은 죽었지만, 진나라의 동정 전략은 계속 이어졌다.

진혜문왕이 촉나라를 멸하고 위나라를 무너뜨리며 장의 같은 인물을 등용해 연횡 정책으로 육국을 서로 분열시키니 진나라는 더욱 강성해졌다. 진혜문왕의 후임자인 진무왕(武王, B.C.329~B.C.307) 영탕(嬴蕩)은 기지가 뛰어나며 타고난 초인적 능력으로 짧은 재임 기간에도 많은 성과를 올렸다. 유감스럽게도 무사와 정(鼎)을 드는 시합을 하다가 과도하게 힘을 쓰는 바람에 혈관이 터져 하루 만에 급사하고 말았다. 재임 기간은 겨우 4년이었다.

진무왕의 갑작스러운 죽음으로 후임자를 놓고 혼란이 벌어졌다. 초나라에서 시집 온 진혜문왕의 후궁 미팔자(羋八子)가 배후에서 권력을 장악했다. 이후 수십 년간 진나라는 진소양왕(昭襄王, B.C.325~B.C.250, 56년간 재위), 진효문왕(孝文王, B.C.302~B.C.250, 3일 재위), 진장양왕(莊襄王, B.C.281~B.C.246, 3년간 재위)을 거치며 복잡한 합종연횡의 전쟁을 겪었다. 구체적인 과정은 이미 앞부분에서 설명했다.

기원전 247년 진장양왕이 35세의 이른 나이에 죽고 그의 13세 아들 영정(嬴政)이 즉위했다. 이때 진장양왕을 보좌해 왕위를 획득한 승상 여불위(呂不韋, ?~B.C.235)가 대권을 독식했다. 영정 모친의 정부(情夫)이자 가짜 환관인 노애(嫪毐)도 개인 군사력을 장악해 반란의 기회를 엿보고 있었다.

영정은 수단이 비범했다. 친정을 실시한 후 그는 군대를 보내 미처 손쓸 틈도 없이 노애의 반란 무리를 제거했고, 여불위를 사지로 몰아넣었다. 영정은 비록 젊었지만 이상은 원대했다. 시대의 우환은 제거하고 목표는 반드시 실현하리라 마음먹었다.

당시 화하의 큰 근심은 두 가지였다. 하나는 화하가 통일되지 못하고, 전란이 끊이지 않는 것이었다. 전국시대 총 250여 년 동안 각국 간의 전쟁은 330차례나 벌어졌다. 다른 하나는 이민족의 계속된 침략이었다. 전국시대까지 중국 변경 안팎으로 이민족의 침략이 자주 있었다. 그중 북쪽의 이적의 위협이 가장 컸다. 전국시대에는 북쪽 제후국이 그들과 화해하거나 장성을 지어 자국을 보호했다. 하지만 내부 분열로 일관되게 대외 침략에 대응하지 못했고, 이 일은 민족의 존망에까지 영향을 미쳤다. 민족의 생존을 유지하려면 반드시 이민족에 대항해야 했다.

기원전 230년부터 영정은 육국 정복 전쟁을 하기 시작했다.

진나라 왕 영정은 부지런하고 강하며 패기만만했다. 그는 노고를 아끼지 않고 매일 120석(1석 30킬로그램)의 죽간을 결재하고, 결재가 끝날 때까지 쉬지 않았다. 귀신(鬼神)의 도전에도 조금도 위축되지 않고 굳건하게 진압했다. 후에 남쪽 지방을 순회할 때 상수(湘水) 상류에서 폭풍우를 만나자 상수 물귀신의 장난이라 여기고는 크게 노해 상산의 나무를 모두 베어버려 징계했다. 동쪽 순회 중에는 배를 타고 바

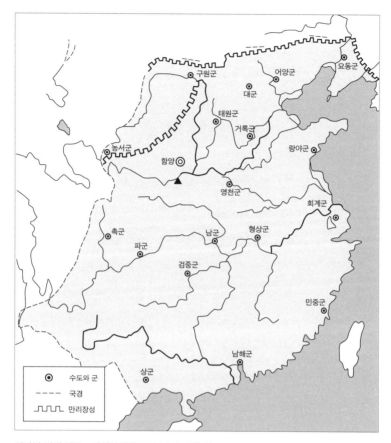

진나라 변경 지도 _ 탄치랑의 《중국역사지도집》 참고

다를 건너며 직접 커다란 물고기를 활로 쏘아 맞히기도 했다.

26년 후 그의 대군이 육국을 정복해 천하통일을 실현하고 500년 간의 혼전 국면을 평화로 이끌었다. 과거의 모든 것을 얕보고 유사 이 래 가장 위대한 업적을 이뤘다는 자만심으로 가득 찬 영정은 예전에 있던 군주의 호칭들이 모두 적합하지 않다고 여겼다. 전국시대 이전 까지 군주의 최고 호칭은 왕과 제와 후(后)였다. 신하 이사(李斯)는 상 고시대를 본받자는 의미를 부여해 '황(皇)'자를 따서 '진황(秦皇)'이라는 호칭을 제안했다. 하지만 생각이 남달랐던 영정은 '진'자를 없애고 '제(帝)'자를 붙여 '황제(皇帝)'라고 만들었다. 또한 주나라 때 쓰였던 시호 법칙을 폐하고 '시황제(始皇帝)'라고 자칭하고, 후세는 2세 황제, 3세 황제라고 미리 정하며 만세까지 지속되기를 바랐다. 하지만 그의 생각과 달리 진나라의 강산은 만세까지 전해지지 못하고 15년 만에 철저하게 전복되었다.

추연의 학설은 이 당시 이미 천하에 유행했다. 진시황도 그의 학설을 접하고 주나라는 화(火)덕에 속하며 진나라가 주를 대신하니 응당 화의 상극인 수(水)덕에 속한다고 보았다. 오색 중 수에 어울리는 것은 검은색이기에 예복과 깃발에 모두 검은색을 사용했다. 또한 사계절 중 수에 어울리는 계절이 겨울이고 겨울의 시작은 10월이므로 10월을 한 해의 시작으로 바꾸었다. 추연은 정치의 정신이 오덕을 따라 바뀌어간다고 믿었다. 그의 신도는 수덕에 어울리는 것은 맹렬하고 엄혹한 철혈정치라고 여겼으며 이는 진시황의 뜻에 마침 부합했다.

진나라는 제도를 바꾼 뒤 침략으로 획득한 토지는 중앙으로 귀속해 큰 곳은 군(郡), 작은 곳은 현(縣)으로 재편하고 군현의 장관은 임기를 두고 세습하지 못하게 했다. 진시황은 한 나라를 정복하면 몇 개의 군을 세웠다. 진나라는 순수한 군현제의 대제국이 되었다.

열국의 경쟁은 본질적으로 사상의 경쟁이다. 이 수백 년의 대국 경쟁 과정을 돌이켜볼 때 최종 승리자는 상앙의 사상이다. 그가 다진 군대 기초가 육국을 멸망시켰고, 그가 설계한 국가 양식이 당시의 온 천하에 복제되었다. 전체 중국 사회는 봉건제에서 제국체제로 전환되었다.

진시황은 전국을 36개 군으로 나누고 군마다 군수를 임명해 민정을 관리하게 했으며 군위를 세워 병사를 관리하고, 감어사를 세워 감찰을 했다. 이런 제도는 중앙정부의 복제판이기도 했다. 군현 아래에는 향(鄕)을 설립했고 향에는 교육사업을 관리하는 '삼로(三老)'가 있었으며 사법과 부세를 관리하는 '색부(嗇夫)', 치안을 유지하는 '유요(遊徼)'가 있었다.

대체로 진나라의 개국 초기의 경계는 북쪽은 지금의 요녕의 남부를 포함해 하북, 산서 및 요원과 영하 두 성의 남부까지이며 서쪽은 감숙과 사천 두 성의 대부분을 포함하며, 남쪽은 호남, 강서와 복건을 포함하고, 동쪽은 복건에서 요동의 해안을 경계로 했다. 이전에 연나라에 신복했던 고조선도 진나라의 속국이 되었다(우리 학계에서는 진시황을 직접 만나러 가는 일은 거부한 것으로 보아 표면적인 복속관계였던 것으로 보고 있다. 또 고조선이 연나라와 싸워 영토를 잃었고 대치하기는 했으나 신하의 위치였다는 내용은 찾지 못한 것으로 알려져 있다–옮긴이) 이 밖에 북서쪽과 남서쪽 변경 밖의 이민족 수장이 진나라의 신하라 칭한 곳도 적지 않았다. 주나라 초기 화하와 만이가 뒤섞여 살며 협소했던 영토와 비교할 때 이 800, 900년간 화하 영토의 확장과 정치 조직의 진보에서 거대한 변화를 보인다.

역산(嶧山)에 있는 진시황 공적비에는 다음과 같은 내용이 새겨져 있다.

자고이래 천하에 전란이 끊임없었고, 옛날부터 지금까지 오직 황제만이 천하를 평정하고 진정한 평화를 실현해 백성을 평안하게 하고, 오랫동안 이롭고 윤택하게 했다.

제국의 건설: 문자와 교통의 통일

정치적 통일도 매우 중요하지만 전국의 문화를 통일할 수 없다면 정치상의 통일은 견고하게 안정될 수 없다. 이 때문에 진시황은 한층 더 나아가 전국 문화의 통일을 이루려 했고 첫 번째가 바로 문자와 교통의 통일이었다.

중국의 문자는 주나라 이전에 '주문(籀文)'이라는 일종의 고대 문자가 있었다. 전국 시기에 각국이 분열되어 사용하는 문자가 서로 달랐다. 진나라에서 사용한 것은 주문〔籀文, 진나라는 본재 주나라의 옛 영토여서 서주의 금문에서 파생된 주문을 사용함. 다른 말로 대전(大篆)이라고도 부름-옮긴이)이고 육국이 사용한 것은 동방고문이었다. 진시황이 중국을 통일한 이후 이사 등은 소전(小篆, 한자 서체의 하나로, 고대문자 대전을 규격화하고 단순화시킨 형식-옮긴이)을 창조했고, 정막(程邈, B.C.240?~207?)은 서리가 기록하기에 편리한 예서(隷書)를 만들었다. 이때부터 전국에 '책에 쓰는 문자가 동일'해졌다. 원래의 대전과 동방고문은 폐지되었고, 이를 대신해 좀 더 간략해진 소전과 예서가 사용되었다. 이는 전국 백성의 정신 통일에 중요한 역할을 했다.

진시황은 산하를 재편하는 제국의 건설 공사를 시작했다. 예를 들어 간선도로·대운하·만리장성 등이다. 그중 가장 중요한 것은 도로 교통의 체계다. 진나라가 건설한 '치도(馳道)'는 오늘날의 고속도로와 같다. 치도는 두 간선으로 나뉘며 모두 함양에서 출발해 한 선은 동쪽으로 연나라·제나라에 닿으며 다른 한 선은 남쪽으로 오나라·초나라에 닿는다. 이 치도는 실용적이면서도 아름다웠다. 도로의 너비는 50보이며 길 옆에 3장(丈, 1장은 약 3.3미터-옮긴이)마다 푸른 소나무를 심었다. 도로를 견고하고 두껍게 건축했으며 훼손되기 쉬운 구간은 구리 말뚝을 설치했다. 사방 어디든 일이 생기면 군대는 치도를 따라 신속하게 이동할 수 있었다. 몽염(蒙恬, ?~B.C.209?) 장군은 편리한 행군을 위해 1,800리에 이르는 직선도로를 개통했다. 이 밖에 오척 도로를 개통해 남서쪽으로 연결해 후에 육상 실크로드를 형성했다.

진시황이 전국의 문자를 통일하고 도로 체계를 구축함으로써, 진나라는 중국 역사상 첫 번째로 진정으로 통일된 민족국가가 되었다.

진시황이 보기에 무력은 완전히 중앙정부에서 장악해야 했다. 따라서 제국의 성립 초기에 진시황은 전국의 백성들에게 술자리를 마련해 마음껏 즐기게 했다(진나라 법에는 평소 3인 이상의 술자리를 금했다). 그리고 사람들이 술에 취해 있는 중에 갑자기 민간의 모든 병기를 몰수하라는 명을 내렸다. 몰수한 무기는 함양으로 운송해 한꺼번에 녹여서 큰 종과 열두 개의 거대한 동상을 만들었다.

동상 열두 개는 북방의 소수 민족인 적인(狄人)이 단정하게 앉은 형상으로 만들어졌다. 가장 작은 것은 30만 톤에 달하고 가장 큰 것은 80여 만 톤에 이른다. 작은 것은 8미터, 큰 것은 13미터나 되어 진나라 궁전 앞에 기세등등하게 진열했다. 뒤에는 1만 명을 수용할 수 있는 진나라의 상징인 궁전이 있었다.

동상 열두 개의 운명은 시대의 불안과 역사의 고난을 증명했다. 수백 년 후 동상은 동탁, 석호 등 군벌세력에게 훼손되어 동전과 병기를 만드는 데 쓰였다. 그리고 전국의 부호들을 이주시켰다. 자그마치 12만 호를 함양으로 강제 이주시켜 중앙의 감시하에 두었다.

병기 압수 외에 사상과 문화의 통일도 실행했다. 진시황의 조정에서는 70여 명의 유생과 학자를 양성했으며 이들을 박사라고 불렀다. 진시황 34년, 한 박사가 자신을 찬송하는 대문장을 바치니 진시황은

진시황릉의 청동 마차

크게 기뻐했다. 한편 다른 박사는 상서를 올려 그가 아첨한다고 질책하고 봉건제를 옹호하며 군현제를 비판했다. 이때 그자를 죽이지 않고 뜻밖에도 진시황이 이사에게 의견을 묻자 이사는 천하의 사상이 혼란해 마땅히 통일해야 한다며 의학, 기술 등 '자연과학' 방면의 서적을 제외하고는 책을 태워 없앨 것을 제안했다.

신은 사관에게 진나라를 기록한 것이 아니면 모두 태워버릴 것을 청합니다. 박사관에 근무하지 않으면서 천하에 감히 시서백가어(詩書百家語,《시경》,《서경》과 제자백가의 책을 아울러 이르는 말 – 옮긴이)를 소장한 자는 그것을 태워버려야 합니다. …… 의약·점술·나무를 심는 것에 관한 책은 태우지 않습니다. 만약 배우려면 관리를 스승으로 삼도록 합니다.

집행에 적극적으로 협조하지 않으면 '사형', '멸족' 등 중형에 처했다. 진시황은 가볍게 '가(可)'자를 결재해 천고를 탄식하게 한 문화 대참사를 일으켰다. 이것이 후세 사학자들이 말하는 '분서갱유(焚書坑儒)'다.

하지만 '분서갱유'는 실상에 비해 역사 속에서 심각한 수준으로 추악하게 묘사되었다. '분서'는 분명 일어났다. 하지만 진나라 조정이 천하의 모든 책을 태워버리라는 명을 내렸어도 이 책들은 궁전 안에 여전히 보존되었다.[8] 진나라 조정은 전체 서적을 훼손할 의도는 없었다. 실제로 손실도 상상처럼 그렇게 심하지 않았다. 진나라가 멸망한 후 장서의 상당 부분이 한나라 궁정으로 옮겨졌다. '갱유'는 달랐다. 사실 함양에서 400여 방사(方士)가 매장당해 죽었다. 이때 죽은 사람들은 이전에 수차례 사기를 쳐 진시황을 속인 자들이었다. 박사와 진정한 유가학자는 계속 자신의 학술 생활을 했다.

전한 시기에 진나라는 철저하게 의도적으로 추악하게 묘사되었지만, 후한 학자 왕충(王充, 30?~100?) 이후의 학자들은 '분서갱유'의 지나친 오명을 벗기려 변호했다. 근대의 몇 가지 예를 들어보자.

루쉰(魯迅, 1881~1936)은 이렇게 말했다. "진시황은 사실 매우 억울하다. 그는 두 세대 만에 망해서 손해를 보았다. 한 무리의 아첨꾼들이 새로운 왕자를 위해 그에 대해 나쁜 말을 했다." 량치차오는 당시 술사들이 본래 이익만 추구하는 사기꾼으로 법에 따라 주살해야 할 자들이니 생매장당해도 싸다며 어느 누가 그들을 위해 안타까워했겠

---

8 책을 태운다는 사상은 법가에만 있었던 게 아니라 유가에도 있었다. 동중서는 기타 이론유파에 대해 '그 도를 자르고 발전하지 못하게 하라'라고 했으며 당대의 유가 한유는 직접적으로 불가 학설의 '책을 태울 것'을 요구했다. 당나라 황제는 그의 말을 듣지 않고 하마터면 그를 처단할 뻔했다.

느냐고 했다. 그리고 진시황이 한 번의 매장으로 악의 무리를 청산하고 민중의 벌레를 벌하니 공이 과오보다 크다고 했다. 장빙린(章炳麟, 호는 太炎, 1868~1936)은 진나라가 백성들이 집에 숨긴 《시경》·《서경》·제자백가의 책을 태운 것은 이들 사상을 독점해 우민정책을 실행하기 위해서라고 했다.

진나라의 국방
: 북쪽의 흉노 공격, 남쪽의 남월 정벌, 만리장성 건설

중국을 통일한 후 진시황의 두 번째 목표는 외환을 없애는 것이었다.

전국시대 중기 이후 연·조·진 삼국의 근심은 북쪽 변경에 있는 두 유목민족이었다. 바로 동호와 흉노를 합쳐서 '호(胡)'라고 부른다. 동호는 지금의 하북 북쪽, 요녕 일대에서 출몰하며 수시로 연과 조나라를 약탈했다. 흉노는 지금의 내몽골·산서·섬서·감숙의 북쪽 일대에서 출몰하며 연·조·진나라에 모두 피해를 입혔다. 이 두 민족은 흩어져 있는 여러 부족들을 포함한 통일된 정치 조직이 아직 없었다. 그들은 춘추시대 융적과 동일한 부족들로 보이나 각 융적 간의 혈통관계가 어떤지는 지금으로서는 알 수가 없다.

전국 시기 무력으로 변방의 재해를 제거한 세 명의 유명한 인물이 있다. 첫 번째는 초회왕과 동시대의 조무령왕이다(그가 추진한 '호복기사'의 군사개혁에 대해 이 책의 전국시대 부분에서 이미 상술했다). 두 번째는 형가를 따라 진나라로 들어왔던 진무양의 조부 진개로 동호에 인질로 잡혔다가 호인의 신임을 얻었다. 연나라로 돌아온 후 그는 군사를 이끌고 동호를 습격해 그들을 1,000리 밖으로 내몰았다(이때가 대략 악

의가 제나라를 물리친 전후다). 세 번째는 이목으로 진개가 동호를 물리친 후 30, 40년 뒤 조나라의 장수로서 안문, 대를 지켰다. 그는 장기간 병사를 거둬들이고 방어만 하며 철저한 준비를 한 뒤 흉노가 나태해졌을 때 갑자기 출전해 10여만 기병을 물리쳤다. 이후 10여 년간 흉노는 감히 쳐들어오지 못했다.

연나라, 조나라가 진나라에 마지막 저항을 할 때 잠시 숨을 돌렸던 호족이 약탈을 하러 왔다.

진시황은 몽염에게 30만 군을 이끌고 북벌을 명했다. 몽염은 오래 걸리지 않아 호족을 토벌했을 뿐 아니라 더 북쪽까지 밀고 올라갔다. 진시황은 그곳에 구원군을 세웠다. 한번 고생으로 훗날의 번거로움을 없애기 위해 진시황은 다시 원대한 공사를 시작했다. 연, 조나라 북쪽 경계의 장성을 합쳐 최종적으로 만리장성을 세우는 것이었다. 역사에 기록된 몇 차례의 전쟁 세부사항을 종합해보면 장성은 확실히 유목민족의 상대적 우세를 열세로 바꾸어놓았고 중원의 방어력을 강화했다.

진나라 대군이 북으로는 흉노를 공격하고, 남으로는 남월을 정복하니 대적할 자가 없었다. 중국의 동쪽은 망망대해이고 서쪽은 드넓은 사막이기 때문에 진나라 대군은 당시 이미 세상에 있는 거의 모든 적을 다 이긴 셈이었다. 진나라의 통일은 당시 동아시아 문명 세계의 통일이었다.

진제국의 정치: 호랑이보다 무서운 '리바이어던'

학문 연구가 심화되면서 사람들은 사회발전을 가늠할 수 있는 수많은 기술지표를 발명했다. 예를 들어 1인당 평균 열량 소비 수준(굶주

림과 추위에서 포만감과 따뜻함까지), 1인당 평균 GDP, 인간개발지수(HDI, Human Development Index) 등이다. 이들 지표 중 추상적이지만 매우 중요한 지표가 있다. 사회 조직의 풍부함과 복잡한 정도를 나타내는 것이다. 중국에서 대학생 서클은 무척 다양해 보이지만 전문성, 다양성의 정도는 모두 표면적 수준에 머무르고 있다. 하버드대학교의 포셀리안 클럽, 예일대학교의 해골단 같은 비밀스런 조직은 비교가 불가능하다.

천하를 통일하고 제국을 건설한 것은 중국 경제, 성치문화의 측면에서 보면 커다란 발전이다. 하지만 사회 조직의 풍부함과 복잡함이라는 관점에서 보면 퇴보다. 진나라 정치의 확립으로 봉건사회 생태조직은 커다란 나무 아래 작은 풀들이 자라지 못하는 것처럼 거의 소멸되었다. 진 제국의 모형은 대체로 다음과 같이 간략화할 수 있다. 피라미드의 꼭대기는 폭력적인 최고 권력에 의탁하고 중간은 이익을 나누어 사리사욕을 채우는 문관집단이며, 방대한 바닥 부분은 억만 명의 흩어진 모래알 같은 순박한 백성들이다. 모래알 같은 백성들은 고혈을 짜내느라 담판할 능력이 없었다.

외부에서 침입했을 때 피라미드의 중간과 윗부분만 와해시키면 전체 피라미드를 정복할 수 있는 셈이었다. 억만의 모래알 백성들은 효과적으로 저항할 수 없기 때문이다. 약탈자로서는 중원에 들어서서 국가의 신기를 빼앗을 수 있고, 역사상의 화하로 보면 망국 망천하다. 원이 송을 멸하고, 청이 명을 멸망시킨 것 모두 이런 패턴의 재연이었다. 물론 이는 진시황이 당초 예상하지 못한 것이다.

대통일을 이루고 평화가 강림하는 동시에 '강한 국가, 약한 사회'의 구조가 점점 더 돌출되어 국가는 백성을 지배하는 절대 권력이 되었다. 영국 철학자 홉스(Thomas Hobbes, 1588~1679)는 강한 국가기구를 괴물 '리바이어던(Leviathan)'에 비유했다. 오늘날 이 리바이어던은 과연 평화와 질서를 제공했지만 괴물이 사람을 잡아먹기 시작했다.

진시황 집정 후기 백성에 대한 사역, 착취 및 학대는 이제까지 없던 수준이었다. 부역 한 가지만 놓고 말해도 진나라 황실의 부역은 매우 부담이 커서 필요 인원이 끊임없이 확대되었다. 처음에는 죄를 지은 관리와 상인을 징발했다가 후에 상인이었던 사람으로 확대되었고 그 후에는 '여좌(閭左, 고대에 빈민은 거리 좌측, 부자는 거리 우측에 거주하게 하였다-옮긴이)', 즉 빈민가에 거주하는 가난한 사람에게까지 확대되었다. 아방궁(阿房宮)과 여산 능묘(驪山陵墓, 진시황이 즉위한 후부터 만든 자신의 묘-옮긴이)를 건축하는 데 동원된 노동자는 70만 명이었다. 장군 몽염은 북벌에 30만 명을 데려갔고 장군 도저(屠雎)는 남벌에 50만 명을 데려갔다. 후에 구원병과 병졸 및 운수와 기타 노역을 맡은 노동자를 추가로 파견했는데 두 군에 동원된 인원수 이상이었다. 이 두 가지 군사행동만으로도 진시황은 200만 가정을 망가뜨렸다. 북쪽 변경으로 간 사람들 중에는 사망률이 60~70퍼센트에 달했으며, 일부는 학대를 견디지 못해 길가의 나무에 스스로 목을 매어 자살하니 시신이 길을 따라 끊임없이 매달려 있었다. 당시는 인구수가 3,000만가량이었으니 가구 수를 5인으로 계산하면 약 600만 가구가 된다. 대부분의 가정이 핍박을 당한 것이다.

기세 높게 건설 공사가 진행될수록 사회 갈등은 누적되었다. 하지만 정세의 변화는 국가기구의 최고 지배자인 진시황 본인에게 의외의 변고가 나타날 때까지 기다려야 했다.

기원전 210년 운석이 떨어지고, 별자리에 변화가 생기는 등 흉조와 괴이한 일이 계속해서 발생했다. 이 밖에 수년 전에 진시황이 풍랑을 가라앉히기 위해 강물에 버렸던 옥벽이 갑자기 돌아왔다는 상소가 올라왔다. 관련 상소를 열람한 후 진시황은 마음이 불안해 천하를 순시하며 재앙을 물리치려고 했다.

진시황의 수레가 긴 행렬을 이루며 중국의 절반을 순시했다. 돌아오는 도중 하북 사구를 지날 때 진시황은 돌연 중병에 걸려 죽음을 맞았다.

진시황이 죽기 전에 장자 부소(扶蘇, ?~B.C.210)에게 유서를 써서 태자로 봉했으나 사신에게 전달되지 못했다. 진시황이 죽자 환관 조고(趙高, B.C.258~B.C.207)와 승상 이사가 정변을 일으키고 조서를 압류해 수행 행렬을 통제하는 동시에 진시황의 둘째 아들 호해(胡亥)를 황제의 자리에 앉히고 권력을 빼앗았다. 음모를 순조롭게 진행하려고 그들은 잠시 진시황의 죽음을 비밀로 했다. 여름이어서 진시황의 시체가 부패해 냄새가 나자 조고와 이사는 마차 한 대에 생선을 실어 나르게 해 냄새를 위장하고 외부에는 황제가 생선 먹는 것을 좋아한다고 속였다.

공자 부소는 조고와 이사가 날조한 거짓 조서를 받고 자살을 하고 호해가 왕위를 이어받아 진 이세황제가 된다. 공자 부소는 본래 인망이 두터웠으나 진시황이 미리 후임자로 정해놓지 않아 진나라가 멸망하는 중요한 원인이 되었다.

진시황은 30여 명의 자녀를 두었는데, 호해는 왕위를 계승한 후 권력을 유지하기 위해 조고 등과 함께 다른 자식들을 잔인하게 살해했다. 최근 들어 진시황릉 부근에서 몇 개의 진나라 종실 고분이 출토되었다. 묘 주인의 죽음이 처참한 것으로 보아 그 자식들일 가능성이 크다. 종실대신도 대거 연루되어 일순간에 진나라 조정은 공포 분위기로 뒤덮였다.

제2대 권력은 대단히 중요하다. 진나라, 수나라 모두 2세에서 망했다. 비교적 오랜 기간 권력이 유지됐던 한·당·명 등에서도 2대가 뒤를 이을 때는 피비린내 나는 무장투쟁이 발생했다. 호해 본인은 열심히 일해 부임 후 순행을 시작해 반년도 안 되어 1만 리 이상의 노정을 소화했다. 효율이 없었다거나 고생하지 않았다고 말할 수는 없다. 또한 역사도 그에게 기회를 주었다. 그가 즉위한 초기에 천하의 사람들은 매우 기대하며 추이를 지켜보았다. 당시는 반란을 일으킬 계획이 없었다. 하지만 호해의 통치사상은 사회 갈등을 줄이기보다 지도력만 강화하는 데 초점을 맞췄다. 그는 '법을 강하게 적용해' 진시황보다 더 가혹한 통치를 실시했다. 천하 사람들의 기대와 관망은 절망으로 변했다.

강했던 진나라는 어째서 망했을까?

갈등은 결국 폭발했다. 진 2세 원년 7월, 즉 진시황이 죽은 지 1년여 후 900명의 농민들이 남쪽에서 어양(漁陽, 지금의 북경 밀운)을 지키러 가는 길에 끊임없이 큰비가 내려 사방이 질척한 진흙탕에 갇히고 말았다. 제때 도착하지 못하면 군법에 따라 참수형에 처해질 터였다. 사람들은 생사의 갈림길에 놓였다. 그 무리 중 진승(陳勝)과 오광(吳廣) 두 사람은 어차피 죽을 거라면 아예 반란을 일으키기로 결심했다.

당시 사회는 오랫동안 진나라의 무거운 세금과 가혹한 형법 아래 신음했다. 진승과 오광이 반란을 일으키자 천하가 들고일어나 호응했다. 반란군은 진나라가 각지에 세운 정부기관을 공격했다. 진나라에게 멸망한 육국의 유신들은 거대한 조직을 이끌었다. 진나라 조정은 즉시 여산의 형벌을 받은 무리를 사면하고 임시 군대를 조직하고 변경에서 대군을 회군시켜 진압했다.

진승과 오광은 장초(張楚) 정권을 세우고 진승이 왕이 되고 오광은 보좌하며 한때 기세가 등등했다. 하지만 겨우 반년 후 그들은 진나라군에 패하고 만다. 진승은 반년 동안 왕으로 지내다 그의 마부에게 살해당하고 머리가 진나라군에게 보내졌다. 진승의 시체는 여러 손을 거쳐 망탕산에 묻혔다. 유방이 제후가 된 후 진승을 '은왕(隱王)'이라 추봉하고 30명의 장정을 보내 묘를 지키게 한 후 왕후의 대우로 해마다 희생물을 바치는 제사를 지냈다.

진나라에 반란을 일으킨 여러 세력 중에 항우(項羽, B.C.232~B.C.202)의 군대가 전투력이 가장 강했다. 진나라가 초나라를 멸하기 전에 초나라에 항연(項燕, ?~B.C.223)이라는 유명한 장군이 있었다. 항우는 바로 항연의 아들 항량(項梁, ?~B.C.208)의 조카였다. 항우는 어릴 때 공부를 싫어해 글을 가르쳐도 별로고, 검술을 가르쳐도 신통치가 않았다. 항량이 크게 노해 질책하자 항우는 "글이야 자기 이름 쓸 정도면 되고, 검술은 사람 하나를 상대하는 일이라 배울 가치가 없습니다. 만인을 상대할 수 있는 것이라면 배우고 싶습니다." 이에 항량은 그에게 병법을 가르쳤다. 항우는 대략 그 이치를 깨우치는 데 그치고 깊이 연구하지는 않았다.

항량은 일찍이 사람을 죽인 일이 있어 항우를 데리고 오(오현, 진나라 회계군치, 지금의 소주)로 도망가 숨었다. 오중의 명사 대부들이 그를 우두머리로 모셨다. 항우는 자라서 몸이 우람하고 거대한 솥을 들어

올릴 정도로 힘이 셌다. 오중의 명사 대부들의 여러 자제가 그를 매우 따라 8,000명의 자제병이 된다.

항우가 젊은 시절 진시황의 순시 행차를 보고 말했다. "저 황제를 내가 해보겠다!"

진 2세 원년 9월에 항량이 진승과 오광의 반란에 동참하려 했다. 항우는 회계의 군수를 습격해 죽이고 수십 명을 뒤쫓아 가 죽였다. 회계의 군인들이 두려워하며 복종해 항량을 회계 군수로 받들었다. 항량이 사람들을 모으니 8,000명이 달려와 본격적으로 반란에 동참했다. 항우는 비장이 되었으니 당시 24세였다.

항량이 소주에서 강을 건너 북상하는 길에 호걸들을 받아들이니 하비(지금의 강소성 비현)에 도달했을 때는 이미 6, 7만 명이 모여들었다. 측근 중에 범증(范增, B.C.277~B.C.204)이라는 70세 노인이 있었는데 평소에 지략이 뛰어나 항량의 모략가가 되었다. 항량은 진승이 이미 죽었음을 알고 범증의 제안에 따라 이름이 심(心)인 초왕의 손자를 목장으로 찾아가서 그를 왕으로 추대하여 초회왕이라 부르고 수도는 우태(안휘성 금현)로 정했다. 항량 자신은 무신군이라 스스로 칭했다.

다음 해 항량의 군대는 진나라군과 예동 일대에서 전쟁을 벌여 연속으로 크게 이겼다. 항량은 이 전투로 진나라를 무시하고 거만하게 행동했다. 진승과 오광의 반란을 진압했던 장군인 장한(章邯, ?~B.C.204)은 항량의 군대를 물리치고 항량을 죽인 뒤 군대를 보내 북쪽의 조나라를 포위했다. 전에 항량군이 점거한 거록성이다. 항량군이 격파될 때 항우는 군중에 없었는데, 항량의 명에 따라 유방과 함께 다른 전투에 출정 중이었다.

거록성은 진나라군에 둘러싸여 초나라에 구원을 요청하고 초회왕은 송의를 상장군으로 임명하여 군대를 보내 지원하게 했다. 도중에 항우가 의견이 일치하지 않는다며 상장군 송의를 죽이자 장수들은 두려움에 꼼짝할 수 없었다. 회왕은 항우를 상장군으로 임명한다. 송의를 죽인 뒤 항우의 이름이 알려지기 시작했다.

거록성에서 반란군과 진나라군이 결전을 앞두었다.

항우는 전군을 이끌고 강을 건넌 뒤 배를 가라앉히고, 밥 짓는 솥을 부숴버리고 집을 불태웠다. 병사들에게 한 사람당 3일치 식량만 배급해 싸우게 함으로써 목숨을 걸고 귀환하지 않겠다는 마음을 드러냈다. 거록성에 도착해 양식 수송로를 차단하고 아홉 번 싸워 크게 이기니 진나라 장수 왕이는 포로가 되고 그 부하 장수들은 전사하거나 자살했다. 진나라군은 전략에 실패했다.

그전에 각각의 반군 지원군은 거록성 밖에 요새를 높이 쌓고 감히 싸우러 나오지 못했다. 초나라군이 공격을 시작하자 제후군 장수는 성벽에서 구경했다. 초나라 병사들은 한 명이 열 명을 상대하며 함성이 하늘을 뒤흔들며 선혈이 낭자할 정도로 진나라군을 물리치니 제후군은 가슴이 내려앉았다. 항우는 진나라군을 물리친 후 각 반란군 장수를 소집했다. 자연히 항우는 군을 통수하는 자가 되었고, 제후군 장수는 모두 그의 지휘 아래로 들어가길 원했다.

거록성의 전쟁 이후 항우는 다시 진나라 장군 장한의 군대를 대파했고 장한은 투항했다. 진나라군의 주력은 이에 거의 다 사라졌다. 진 2세 3년 7월 장한과 항우는 한수 남쪽 은허(즉 지금의 하남 안양 은허)에서 만나 맹약을 맺었다. 장한은 항우에게 조고의 일을 이야기하고 눈물을 흘렸다.

이 기간에 패현 사람 유방도 신속하게 함양으로 진군했다.

유방의 자는 계(季)이고 사천군ᵇ 패현(지금의 강소성 서주) 사람으로 진시황보다 세 살 어렸다. 하지만 진시황은 보잘것없던 그의 존재를 몰랐다. 진시황이 육국을 통일한 시기에 유방은 고향에서 농사를 지었고, 진나라 제국이 수립된 후 유방은 패현 사수정장(泗水亭長, 사수의 정장. 정(亭)은 진나라 때 교통의 요지에 세운 행정기관으로, 역참 공문 전달과 치안 유지 같은 기능을 수행한 곳으로 이곳의 관리를 정장이라 한다 - 옮긴이)이 되었다. 유방의 관직 서열은 겨우 오늘날 서기보다 약간 높았다. 세월이 흘러 유방은 이미 47세의 중년이 되었다. 유방의 아버지가 보기에 아들이 식탐이 있고, 게을러서 한 번도 열심히 노력하지 않으니 장래가 없어 보였다.

유방은 하급 관리로 술과 여자를 좋아하고 돈은 못 벌면서 쓰는 것은 헤펐다. 현의 서리는 그와 자주 희희낙락했다. 《사기》에 의하면 유방은 젊은 시절 사람들 무리에서 진시황의 순시 행렬을 보고 감탄해서 말했다. "대장부라면 저렇게 한번 돼 봐야지."

진승이 반란을 일으킨 후 반백살의 유방이 무리를 이끌고 현리 소하(蕭何, ?~B.C.193), 조삼(曹參, ?~B.C.190?)과 함께 반란을 일으켰다. 반란은 위험이 따르므로 누구도 우두머리가 되려 하지 않았다. 유방은 못 이기는 척 '패공(沛公)' 추대를 받아들였다. 계속해서 패현의 자제 2,000~3,000명이 모여들었다. 이후 7개월 동안 그들은 지금의 독산호 서쪽 산동성과 강소성의 접경 지역인 패·풍·탕을 취하여 근거지로 삼았다.

유현에서 유방은 장량(張良, ?~B.C.189)을 만났다. 장량은 원래 한(韓)나라의 귀공자로 조상이 한왕을 보좌했다가 나라가 망한 후 망국의 원한을 갚으려 했다. 진시황은 박랑사에서 자객을 만났는데 바로 장량이 계획한 것이었다. 하지만 계획은 성공하지 못했다. 장량은 그때 100여 명이 따랐는데 유방을 만나 의기투합했다. 유방은 항량을 만나, 항량이 그에게 5,000명을 보충해주었다. 그는 봉현을 공격하고 이때부터 항량을 따랐다.

초회왕이 보낸 송의, 항우 등의 북쪽 조나라 구원군과 유방의 서진군은 동시에 출발하였다. 전면전에서는 유방의 그림자를 볼 수 없었다. 항우가 거록성의 전쟁에서 조나라를 구원하는 동안 유방은 낙양에서 남하해 서쪽으로 향했다. 장량의 계책을 써서 강한 적은 피하고 유격, 우회해 전진했다. 동시에 각 반란군을 매수해 병력을 강화했다.

유방의 군은 점차 관중으로 다가가 진나라의 수도 함양으로 전진해 세력을 형성하고 압박을 가했다.

조고가 진 2세를 시해한 뒤 호해의 조카(부소의 아들) 자영(子嬰, B.C.240~B.C.206)을 즉위시키고 투항을 약속했지만, 유방은 거짓이라 여기고 계속 전진했다. 9월에 효관을 공격하여 함락시켰다. 당월 진나라군은 남전 남쪽에서 다시 싸웠으나 대패했다. 자영은 스스로 제호를 버리고 진왕이라 칭하고 조고를 죽였다. 유방은 함양을 압박했다. 대세는 이미 기울었다. 자영은 목에 밧줄을 감고 장례용 마차를 탄후 옥새를 가지고 유방을 영접해 정식으로 투항했다. 강했던 진 제국은 이 장례용 마차의 장면과 함께 사라졌다.

진나라의 패망은 자연스럽게 훗날 제국 통치자들에게 반면교사가 되었다.

멸망 원인을 총 정리하는 데 법가와 진나라의 철천지원수인 유생이 절대적인 발언권을 차지했다. 유생이 총 정리한 진나라 멸망 원인은 '인정(仁政)을 펼치지 않았기 때문'이다. 하지만 그들의 정리는 너무 표면적이다. 진나라의 근본 문제는 권력이 제약받지 않고 법치가 진정으로 실현되지 못했기 때문이다. 원인이 달라지면 해결 방안도 달리 나올 것이다. 유생들은 '어떻게 인정을 실시하는가?'를 생각했고 답안은 왕을 교화하는 것이었다. 반면에 문제점을 절대 권력에서 찾았다면 '어떻게 절대 권력을 제약해야 할지'에 대한 답안은 당연히 달라졌을 것이다.

초왕의 약속: 초한쟁패의 복선

유방은 제국의 수도 함양에 입성해 호화로운 궁전을 보고 도취되었다. 번쾌와 장량의 충고로 유방은 궁중의 재산과 창고를 봉하고 자리에서 물러나 사방의 반란군 우두머리를 기다렸다가 처리했다. 그는 부로를 불러 진나라의 잔혹한 법을 없애고 세 가지 법만을 남겼다. "살인자는 사형에 처하고 남에게 상처를 입히고 도적질하는 자는 법에 저촉된다." 백성들은 기뻐하며 소와 양을 바쳐 군을 대접했지만, 유방은 이를 전부 사양하고 받지 않았다.

하북을 평정한 항우가 초나라군과 제후군 및 진나라 투항군을 이끌고 관중으로 서행해 신안에 이르렀을 때 진나라 투항군의 원망을 듣고 반란이 일어날까 걱정해 진나라 투항군을 전부 매장했다. 당초 초회왕은 누구든 먼저 진나라의 수도 함양에 입성하는 자에게 그 땅의 왕으로 봉하겠다고 약속했다. 그리하여 유방은 관중의 주인이 되었다. 항우는 서진 이전에 이미 장한을 옹왕(진나라 땅은 예전에 옹주라고 불렸다)으로 봉해 회왕이 처음 한 약속의 뜻을 어겼다. 유방은 이를 듣고 함곡관에 병사를 보내 지키며 외부 군이 들어오는 것을 막고 동시에 관중 백성을 모아 세를 확장했다.

항우는 함곡관에 도착해도 들어갈 수 없자 크게 노해 군을 보내 공격했다. 홍문으로 들어가 주둔하니 유방군과 겨우 40리 떨어졌다. 항우는 홍문에서 연회를 벌여 유방을 초대했다. 그사이 범증은 항우에게 유방을 죽이라고 암시했지만, 항우는 이 말을 듣지 않았다. 결국 유방은 안전하게 도망갔다. 이후 항우가 함양에 들어와 성을 도륙하고 자영을 죽인 후 아방궁을 태워 천하를 호령했다.

그런 다음 각 우두머리를 불러 회의 탁자에서 지도를 보고 중국을 분할했다. 기본적인 생각은 봉건을 회복하는 것이고 분봉 대상은 육국의 후대, 두 번째가 혁명공신이었다. 최종적으로 18개 왕국을 봉해 그중 항우는 서초패왕(西楚覇王)이 되었다. 그는 옛 초와 위 지역의 9군을 차지하고 수도는 팽성(지금의 강소성 서주)으로 정했다. 유방은 한왕(漢王)이 되어 남정·한중·파촉 일대를 관할했다. 다른 분봉은 항복한 진나라 장수 장한이 옹왕이 되고 동예는 적왕, 사마흔은 새 왕이 되어 '삼진'이라 부르며 유방을 견제했다. 나머지 12개 왕국도 새로운 왕들이 정해졌다.

항우가 국면을 주도하고 초회왕은 의제(義帝)로 이름만 바꾸어 불렸을 뿐, 오히려 상강 상류의 협소한 땅만 얻고 우림(지금의 호남 임주)을 수도로 하니 몰락한 주 천자와 다를 바가 없었다. 그는 후에 항우가 보낸 자객에 의해 암살당한다.

한나라 원년 4월 함양에서 새로 봉해진 제왕들은 각자 자신의 나라로 돌아갔다. 장량은 촉 땅으로 가는 유방과 헤어지고 한(韓)나라 왕을 보좌했다. 장량은 헤어질 때 유방에게 지나갔던 잔도(棧道)를 모두 태워버려 항우가 차지한 중원을 넘볼 생각이 없다는 것을 나타내라고 권했다. 유방은 그대로 따르며 때를 기다렸다. 표면상으로는 천하가 안정돼 보였지만 실제로는 각 제왕들 마음속에 불만이 있었다. 각자 원망이 용솟음쳤다.

오래지 않아 제나라, 조나라 땅에 반란이 일어 천하는 다시 전란의 소용돌이로 들어갔다. 유방도 기회를 틈타 움직이니 초한쟁패가 시작되었다. 결국 유방이 항우를 이기고 한나라를 세웠다.

한

: 중국인의 성격 정립

기원전 200년 겨울, 산서 대동 백등산에 차가운 겨울바람이 불고 폭설이 내리는 가운데 교전을 벌이는 날카로운 소리가 마치 대해의 파도 소리처럼 간간이 흘러나왔다. 이때 한고조 유방과 그의 선봉 부대는 40만 흉노 기병에게 포위되었다. 30만 한군 보병은 아직 수백 리밖에서 긴 대오가 행진을 하며 오지만 7일 전에 이미 통솔부대와 연락이 끊겼다.

그전에 초와 한이 대결할 때 북쪽 초원의 모돈(冒頓)이 홀로 일어서고 있었다. 모돈은 본래 흉노족의 수장인 두만(頭曼)의 아들로 성격이 늑대처럼 강하고 용맹했다. 후에 병사를 이끌고 반란을 일으켜 활로 부친 두만을 쏘아 죽이고 흉노의 선우(單于, 흉노 왕의 칭호-옮긴이)로 자립해 이후 기병을 이끌고 동정서벌을 벌여 1,000년 동안 북쪽 초원에 흩어져 있던 부족을 통일한다. 동호의 오환 등과 같은 부족 및 서역의

232

수십 개 작은 국가는 이후 총인구 200만이 안 되는 흉노에게 굴복하고 신하라 칭했다. 막강해진 흉노는 남쪽으로 중국을 압박했다. 이제 막 황제가 된 지 2년 된 한고조 유방은 백등산에서 이미 흉노 대군의 독 안에 든 쥐가 되었다.

한나라의 역사는 이런 중대한 운의 경쟁 중에 열렸다.

한나라의 위대함과 그 폐단: 제국의 정형과 상무정신의 상실

상앙변법 전기부터 시작해 중국 사회는 300년에 달하는 사회 대전환을 시작했다. 진, 한 제국은 모두 이번 사회 대전환이 완성한 산물이다. 봉건체제가 끝나고 제국체제가 탄생했고 안정과 성숙으로 향했다. 만일 진시황 때부터 계산하면 제국체제는 중국에서 청나라 왕조가 멸망할 때까지 2,132년간 운행되었다.

진나라 말기 평민들의 혁명이 발발하고 후에 나라는 잠시 항우가 이끄는 초나라에 통일된다. 초한쟁패는 최종 한나라로 통일된다. 이 잔혹한 왕조 전환시대에 많은 인구가 희생되었다. 기원전 221년 진시황이 전국을 통일했을 때 진나라의 인구는 대략 3,000만가량, 혹은 그를 약간 넘어서는 숫자였다. 전한 초에는 1,500만~1,800만 명만 남았다. 왕조의 추이에 따라 인구는 점차 증가한다. 한나라 시기 가장 인구가 많았을 때는 6,000만 명가량이 된다. 수많은 황무지를 개간하고 변경의 요새를 무료로 통행하게 하니 떠들썩하게 인적이 모여들고 사회는 점차 번화해갔다.

중국 역사상 한대는 중추이자 전환점이었다. 진나라 때 제국체제가 본격적으로 시작되었지만 절반만 이루었고 한나라에 와서야 완성되었다. 진나라는 후대를 위해 제도의 틀을 다졌다. 한나라는 진의 제도를 계승하고 그중 사상의 기초를 받아들였다. 한 왕조는 수백 년 역사의 대전환으로 완성한 산물이고, 역사 발전의 단계상 절정이었다. 하지만 이 시기에 수많은 고대 문화의 정수(精髓)가 다 사라지고 장기간 쇠약을 불러일으키는 요소가 생겨났다.

한대는 국가 판도, 정치제도, 의식 형태, 민족 기질 및 생활 민속 등 다방면에서 대략 화하민족의 미래 2,000년의 기본 형태를 확정했다. 한 왕조 때문에 화하족은 이후 한족('한(漢)'이라는 글자는 원래 지리명사로 항우가 유방에게 봉한 파·촉·한 중 일대에서 '한왕'이 된 것을 가리킨다)이라 불린다. '한'이라는 호칭은 근대에서야 량치차오가 '중화민족'('한'이라는 호칭은 사실 중국의 특징을 정확하게 반영할 수 없다. 확대판인 '중화민족' 또는 고대 의미인 '화하족'이 더욱 알맞다)이라고 부를 때까지 역사상 1,000년간 사용된다.

한나라 때 중국의 정치, 군사, 과학기술, 문화 모두 세계에서 앞장서 갔다. 한나라 때 전 세계에서 가장 빠르게 태양의 흑점에 관한 기록이 나왔고, 가장 이른 의학 마취기술이 있었으며, 가장 이른 제지기술과 지진 측량 등이 있었다. 오늘날의 미국처럼 한 왕조도 고도의 과학기술의 수출을 제한했다.

한나라의 핵심 공업기술 중 하나는 철광석 제련술로, 날카롭고 견고한 병기를 만들었다(같은 시기 고대 로마 군대의 병기보다 훨씬 선진 기술이다). 전한의 철기는 이미 철저하게 유화 처리한 흑심가단주철(黑心可鍛鑄鐵)이 출현했다. 이 공예는 서유럽 국가보다 약 2,000년 먼저 나타났다. 또한 고탄소강, 중탄소강과 연철로 만든 병기가 출현했다. 특히 하남성 공현 철생구촌에서 출토된 농기구는 화학 실험을 통해 좋은 흑연이 명백한 흑연 핵심과 방사성 구조로 현행 연성 주철 국가 표준의 A급 흑연과 크게 다르지 않았다. 전국 시기에 철제 병기는 드물었다. 대다수는 초나라 땅에 제한되었다. 전한시대에 들어 철제의 장검, 장창, 원형 칼을 생산했을 뿐 아니라 생활 그릇과 잡다한 공구에서 광범위하게 철제를 사용했다. 예를 들어 등·도끼·화로·가위 등 모두 이미 전한 중기의 문화 유적지에서 발견되었다. 이는 전한 시기에 이미 철기를 상당히 광범위하게 사용했다는 것을 설명해준다.

사실 유사 이래 철강업은 대국 흥망성쇠의 척도였다. 한대 이후의 1,500년 동안 중국의 철강은 줄곧 전 세계를 앞섰다. 영국은 산업혁명 이후 강철 생산량이 세계 제1위를 차지해 점차 전 세계를 제패했고 '해가 지지 않는 제국'이라 불렸다. 다시 100년 후 독일이 영국을 대신해 제1위가 되었다. 북양 정부(北洋政府, '북경 정부'라고도 한다. 1912년부터 1928년까지 북경에 있던 중화민국 정부를 말하는데, 주로 군벌세력이 정권을 장악했다-옮긴이)의 총리 돤치루이(段祺瑞, 1865~1936)가 젊었을 때 독일로 유학을 가 실습한 티센크루프회사는 바로 독일 철강 공업의 대표 회사다. 지금은 판세가 바뀌어 중국이 철강을 가장 많이 생산하는 국가가 되었다.

한나라는 위대했지만 수많은 폐단이 있었다.

첫 번째는 전국시대 법치 사상과 고전 법치정신이 한대에 전면적으로 폐기됐다. 법가 삼파 중 가장 가치 없는 '술파' 사상을 흡수하고 뒤섞어서 '외유내법(外儒內法, 겉으로는 유가의 덕치를 내세우면서도 속으로는 법가의 법치를 구사하는 통치-옮긴이)' '왕패잡유(王霸杂糅, 덕으로 다스린 왕노(土道)와 힘으로 제후와 백성을 다스린 패도(覇道)를 함께 사용한다 -옮긴이)'의 통치체계가 형성되었다. 인치는 역사의 주류가 되었고, 그 결과 궁정암투, 환관농단, 관리의 부패, 사회 부패가 생겨났다.

후한 시기에 인치는 이미 뿌리 깊게 자리 잡았다. 예를 들어 제갈량(諸葛亮, 諸葛孔明, 181~234)이 〈출사표(出師表)〉에서 전한·후한의 흥망성쇠 근원을 총 정리한 결론은 "어진 신하를 가까이하고 소인배를 멀리한 것이 바로 전한(前漢)이 흥성한 이유이며, 소인배를 가까이하고 어진 신하를 멀리한 것이 바로 후한(後漢)이 기울고 패망한 이유입니다(親賢臣遠小人, 此先漢之所以興隆也, 親小人遠賢臣,此後漢之所以傾頹也)" 라고 했다. 군자와 소인으로 나누는 것은 유생이 자주 사용한 도덕적 분석 양식이다.

만일 춘추전국 시기의 관중·이회·상앙·오기·추기·범추·장의 등을 제갈량의 위치에 두고 전한과 후한이 흥하고 쇠한 이유를 분석하라 하면 그들은 제갈량 식의 결론을 내리지 못할 것이다. 500년 전의 상앙 등과 비교해 제갈량의 수준은 이미 떨어진다. 개인의 차이는 시대의 차이를 반영한다. 시대의 수준 전체가 낮으면 무성한 숲은 관목과 풀덤불로 변한다.

두 번째로 유가학설은 사상계에서 독점 지위를 형성하고 후세 중국의 사유체계를 형성했다. 이후 2,000년 동안 중국인은 사상 영역의 연구 범위, 방향, 중점, 유형에서 대체로 정형을 이루었다. 한대에서 청조까지 사대부들은 선대의 길을 따라 남이 빠뜨리거나 부족한 부분을 보충했다. 시간이나 재능은 갈수록 세밀해졌고, 더는 대규모의 사상적 창조가 없었다. 화하민족은 본래 가장 문명 창조력이 뛰어난 민족이었으나 이 사상 창조의 질식은 길고 심각했다.

세 번째로 화하의 가치관은 후한부터 나약하게 돌아섰고, 상무정신이 점차 사라졌다. 중국의 역사는 이때부터 약세 구조로 흘러갔다.

상무정신은 어째서 사라진 것일까? 첫째, 전제 정권의 억제 때문이며 둘째, 유가의식 형태의 장기간 '교화' 작용의 영향 때문이다. 후한 이후 화하가 상무정신을 진작하려 할 때마다 복고로 돌아섰고 그 결과 쇠약과 망국을 초래했다. 수당성세(隋唐成勢)의 출현은 오호(五胡) 난세 시기에 처절하게 살고자 하는 풍토가 남아 있어 상무정신이 다시 일어난 것이다. 당나라 중기 이후 다시 쇠락의 길로 향했다. 송대는 더욱 나약해졌다. 역사를 고찰해보면 화하가 상무정신을 일으켰을 때 부흥했음을 알 수 있다.

아래에서 다시 한대 건립 이전 5년에 걸친 초한쟁패의 역사를 간략하게 살펴보자.

전사(前史): 초한쟁패의 경과

항우가 봉한 제후들은 생각이 많았다. 반란의 조류가 은밀하게 용솟음쳤다. 얼마 뒤 북쪽의 제나라와 조나라 땅에서 반란이 일어났다. 유방은 제나라의 변고를 틈타 "겉으로는 잔도를 수리하는 척하면서, 몰래 진창으로 건너가는(明修棧道, 暗渡陳倉)" 계책으로 한나라 원년 8월에 관중으로 돌입했다. 이때부터 초한쟁패가 시작되었다.

항우는 여러 곳에 있는 적의 세력과 동태를 파악한 뒤 우선 제나라를 공격하기로 결정하고 손쉽게 승리를 거두었다. 유방은 기회를 틈타 제후들과 연합하여 출병한 후 배후에서 항우의 도성인 팽성을 공격했다. 항우는 정예병 3만 명으로 급습해 한군은 대패했다. 다시 영벽(靈壁)의 동쪽에서 전투를 벌여 한군이 다시 패해 수수(睢水) 강변이 시체로 뒤덮일 정도였다. 초나라군은 유방을 포위했는데 공교롭게

유방(왼쪽)과 항우

도 북서쪽에서 폭
풍이 불어와 모래
바람이 불고 연무
가 하늘을 가려 한
낮인데 밤처럼 어
두웠다. 초나라군
은 폭풍에 흩어지
고 유방은 수십 명만 데리고 처참하게 노망갔다.

이후 전쟁의 양상은 세 단계로 나뉜다.

첫 번째 단계는 한나라가 정면으로 대패하나 측면으로는 맹렬히
돌진한다. 정면에서 한나라는 수양, 성취(모두 지금의 하남성 성취현에 있
다)를 잃는다. 유방은 다시 한 번 낭패해 도망가고 생명을 간신히 보전
한다. 측면에서는 한나라 장군 한신이 조나라 땅을 공격해 얻는다. 그
사이 항우는 한나라의 이간질에 속아 수석 모략가인 범증에게 의심
을 품는다. 이에 범증은 분노해 항우를 떠나 고향으로 돌아가던 중에
병사한다.

두 번째 단계는 쌍방이 대치하는 단계다. 대장군 한신이 남하해 제
나라 땅을 얻고, 초나라군이 제나라를 도우러 와서 두 나라 군대가
위수(지금의 산동 제성 경내)에서 맞부딪쳤으나 초나라군이 대패했고,
한신은 제나라 땅을 성공적으로 획득한다. 한나라군은 전략가 이좌거
(李左車)의 작전 덕분에 승리할 수 있었다. 지금도 이좌거의 사당이 있
으며 그는 민간에서 많은 사랑을 받았다. 백성들은 그를 우박의 신으
로 공경했는데 그가 우박을 내리는 일을 한다고 믿었다.

유수의 전쟁 이후 초한은 광무에서 대치했다. 항우는 전방에서는

양식이 부족하고 후방에서는 한신의 위협을 받아 한나라와 생사를 걸고 마지막 싸움을 하려고 했다. 하지만 한나라는 군대를 출동시키지 않아 하는 수 없이 한나라와 평화조약을 맺었다. 초와 한은 천하를 나눠 홍구를 경계로 동쪽은 초나라가, 서쪽은 한나라가 갖는 것으로 했다. 초나라는 일찍이 포로로 잡았던 유방의 부친과 처를 석방했다. 조약이 체결되고 항우는 군사를 물리고 동쪽으로 귀환했다.

대치 기간에 항우는 유방의 부모와 처자를 잡아 국을 끓이겠다고 위협한 바 있다. 유방은 "우리 둘은 형제 결의를 한 적이 있어 내 부친이 자네 부친이니 국을 끓여 나에게도 나눠주게"라고 말했다. 위협이 통하지 않자 항우는 포기할 수밖에 없었다. 항우는 유방에게 일대일 대결을 요구했으나 유방은 거절했다. "나는 지혜를 겨룰지언정 힘으로 겨루지는 않겠네." 항우는 다시 장사에게 필마단기로 한나라군에 도전하게 했다. 한나라에는 신궁으로 유명한 누번이 있어 항우는 세 번이나 장사를 보냈으나 모두 그가 쏜 화살에 맞아 죽었다. 항우는 크게 노해 갑옷을 입고 창을 들고 직접 출전해 도전했다. 누번이 활을 든 것을 보고 항우는 말을 타고 달려가 큰 소리를 질렀다. 이날 천신처럼 노한 소리에 누번은 온몸이 떨려 요새 속으로 숨어들어가 다시는 활을 쏘지 못했다.

세 번째 단계는 한나라가 초나라를 멸망시킨 단계다. 처음에 유방도 병사를 물리고 서쪽으로 돌아가려 했다. 하지만 장량 등이 기세를 몰아 초나라를 멸해야 한다고 권했다. 한 5년 10월, 한나라는 항우의 군을 추격해 고릉(지금의 하남 회양현 북서쪽)에서 대승을 거두었다. 12월 항우는 해하까지(지금의 안휘성 영벽현 동남쪽) 행군해 병력은 기력이 다했는데 한나라군에 포위마저 되었다.

그날 밤 항우는 장막 안에서 사방에서 울려오는 초나라 노래를 듣고 깜짝 놀라 물었다. "한나라군이 이미 초나라 땅을 차지했다는 말이냐? 어째서 초나라 사람이 이렇게 많은 것이냐?" 항우는 지난날을 떠올리며 노래했다. "힘은 산을 뽑고 기상은 세상을 덮었다는데 때가 불리하니 추(騅, 항우의 애마를 일컬음-옮긴이)마저 가지 않는구나. 추야, 너마저 가지 않으니 난들 어찌하리. 우(虞)야, 우야 너를 어찌하리(力拔山兮氣蓋世, 時不利兮騅不逝. 騅不逝兮可奈何, 虞兮虞兮奈若何)." 격앙된 슬픈 노래에 우희(虞姬, 항우의 애첩-옮긴이)가 화답했다. 옆에서 들은 이들은 눈물을 흘리지 않는 이가 없었다.

밤이 깊었을 때 항우는 800여 기병을 이끌고 포위망을 뚫었다. 다음 날 수천 명의 한나라군이 항우를 추격했다. 강을 건너고 전투한 끝에 남은 기병은 겨우 28기였다. 항우는 천시가 불리하고 천명이 나에게 없어서 패한 것이라 생각하고 담담히 비극을 받아들이고자 했다. 그는 고삐를 조이며 말했다. "나는 어려서부터 종군해 지금까지 70여 차례 참전해 백전백승을 거두며 실패한 적이 없다. 지금 이 같은 곤경에 처한 것은 하늘이 나를 망하게 하는 것이지 싸움을 잘못했기 때문이 아니다. 믿지 못하면 내가 직접 결전을 펴서 한나라 장군을 죽이고 군기를 빼앗아 너희들을 데리고 포위망을 돌파해 삼전삼승을 거둔 후 산의 동쪽에서 만나자. 내가 전투만 하면 반드시 승리를 하며, 단지 하늘이 나를 망치려 하려는 것임을 보여주겠다!" 말을 마치고 기마대를 넷으로 나눠 각 방향으로 달려 포위망을 뚫으라고 명하고 자신도 말을 타고 돌격했다.

항우가 말을 재촉해 거세게 달리니 한나라군은 혼비백산해 도망가고 항우는 한나라 장군 하나의 목을 베었다. 한의 기병장수 적천후(赤

泉侯)가 말을 타고 추격하니 항우가 눈을 부릅뜨고 큰 소리를 치자 적 천후의 무리와 말이 크게 놀라 물러났다. 한나라군이 추격해 포위하니 항우는 다시 한 번 돌격해 한나라 도위를 하나 죽이고 수십 명을 죽여 포위망을 뚫었다. 성공적으로 돌파해 약속한 장소에 모여 인원수를 세어보니 기병 2기만 잃었다. 항우가 물었다. "어떠하냐?" 무리는 탄복해 말했다. "과연 대왕의 말대로입니다."

남은 기병들이 말을 달려 양자강 서안의 오강(지금의 안휘 화현 동북 오강)에 도착했다. 강은 이곳에서 크게 굽이를 돌아 남북 쪽으로 흘러 동남 방향에서는 '강동'이라 불렀다. 오강 포구에는 작은 배 한 척만 있었다. 오강의 정장(亭長)이 항우에게 어서 강을 건너라며 말했다. "강동은 비록 작지만 수천 리의 땅이 있고 수십만의 사람이 있습니다. 지금 배 한 척뿐이니 한나라 병사가 설사 추격해 와도 날아서 강을 건널 수는 없습니다." 마지막으로 도망을 쳐서 재기할 기회가 있었으나 항우는 포기하고 담담하게 말했다. "내가 애초에 8,000명 강동의 자제를 데리고 강을 건너 출정했는데 지금은 살아서 귀환하는 자가 없다. 부끄럽구나. 설사 강동의 부로가 계속해서 나를 왕으로 모셔도 나는 그를 마주할 면목이 없다!"

대를 이어 귀족 출신인 항우는 춘추 시기부터 이어져 내려온 귀족 정신이 남아 있었다. 생사의 선택 앞에서 항우는 자신의 생사를 생각한 것이 아니라 귀족이 마땅히 가져야 할 책임, 풍모를 생각하고 구차하게 생을 구걸하지 않고 흔쾌히 죽음을 마주했다. 이런 용맹한 풍모는 귀족의 수양이지 보통 사람이 할 수 있는 일은 아니다. 물론 유방이 선택할 수 있는 것도 아니다.

항우는 자신이 탄 오추마(烏騅馬, 흰 털이 섞인 검은 말. 항우가 타던 준마의 이름으로 쓰임–옮긴이)를 정장에게 주고 그에게 먼저 가라고 명했다. 자신은 남은 자들과 걸어서 육박전을 벌였다. 그는 수백 명을 죽이고 10여 곳에 상처를 입었다. 대군이 혼전하던 상황에서 항우는 한눈에 한나라의 기마를 담당하는 여마동(呂馬童, 항우의 옛친구–옮긴이)을 알아보았다. 항우는 크게 고함쳤다. "한에서 내 머리에 현상금을 걸었다니 오늘 너에게 인정을 베풀겠다." 여마동에게 다가가 스스로 머리를 베였다. 한군은 항우의 시신을 빼앗기 위해 수십 명이 서로를 죽였다. 여마동은 항우 시신의 일부를 얻었고 그 공으로 중수후(中水侯)에 봉해졌다.

항우의 흔쾌하고 고상한 기풍과 그의 시신을 얻기 위해 서로 잔인하게 죽이는 사람들의 행동은 얼마나 큰 차이를 보이는가. 이를 통해 무엇이 귀족의 풍모인지 알 수 있으며 공리를 위하는 사람의 인격적 매력과 미학적 가치를 엿볼 수 있다. 이 이야기가 천고에 전해지는 이유가 바로 여기에 있다.

초한전쟁(楚漢戰爭)에 대해 후세 사람들은 적지 않은 잘못된 인상을 가지고 있다. 예를 들어 어떤 사람은 성패의 원인이 유방이 교활하고 음흉하며 간교한 데 반해 항우는 지나치게 공명정대했기 때문이라고 여긴다. 사실 초한 성패의 원인이 인품으로 귀결된다는 것은 완전한 착각이다. 만일 개인의 차이를 이야기해야 한다면 유방이 비록 민초 출신이지만, 전략적 판단에서 항우보다 우세했던 것이 관건이다. 예를 들어보자. 한신이 항우를 따랐을 때 여러 차례 항우에게 제안했지만, 거들떠보지도 않았다(본질은 항우가 한신의 사상을 이해하지 못했던 것이다). 하지만 유방은 한신과 밤을 새워 이야기한 뒤 하늘이 내린 사람이라고 놀라워하며 바로 그를 대장군에 임명했다.

승리를 거둔 후 각지의 제후는 한왕 유방에게 서신을 올려 황제가 될 것을 권했다. 유방은 공손하게 사양을 하다가 범수 남쪽에서 황제의 자리에 올랐다. 처음에는 낙양에 수도를 정했다가 후에 장안으로 천도했다.

역사상 첫 번째 서민 왕조

한 왕조는 중국 역사상 첫 번째로 서민이 세운 왕조다. 지도자 집단의 유방·소하·조삼·진평(陳平, ?~B.C.178)·한신·영포(英布, ?~B.C.195)·팽월(彭越, ?~B.C.196) 같은 핵심 인물이 모두 사회 하층부의 변방 무리로서 육국의 귀족과는 전혀 달랐다. 실제로 중국 전통 귀족 엘리트의 교육 체계는 한 왕조 이후 단절되었다.

유방과 정권의 핵심 인물들은 진나라의 중앙집권, 군현제를 가슴 깊이 경외하며 계승했다. 하지만 한 왕조 초기에는 여전히 제국체제와 봉건체제의 혼합체였다. 진 왕조는 본래 39개의 군이 있었는데 유방은 15개를 한 왕조 직할로 남기고 나머지 24개는 한신·팽월 등에게 분봉해 각자 하나의 국가를 이루게 했다. 유방이 황제가 된 후 나머지 국군(國君)은 왕이라 칭하고 황제의 통제를 받았다. 후에 유방은 분봉한 성이 다른 제후 왕을 무력으로 자르고 중앙집권의 제국체제로 점차 정형화했다.

제국 초창기에 각지 제후는 여전히 한 왕조 창업 시기에 나눈 형제의 정이나 강호의 기가 남아 있어 황제가 된 유방과 호형호제하며 지냈는데 도가 지나칠 때가 있었다. 술에 취한 후 검을 뽑아 춤을 추거나 공로를 다투고 심지어 궁전의 기둥을 베기도 하는 등 무례하게 굴어 유방은 속으로 기분이 좋지 않았다.

이때 진나라에서 박사를 했던 유생 숙손통(叔孫通, ?~B.C.194?)이 유방을 따라 박사가 되고 유방이 천하를 차지한 뒤에는 한나라에 적합한 예절과 의례를 제정했다. 몇 개월의 시험과정을 거친 후 새로운 의식이 실시되자 효과는 빠르게 나타나 "군신이 두려워하며 감히 실례를 범하는 자가 없었다." 유방은 크게 기뻐하며 "내가 오늘 황제의 존귀함을 알게 되었다"라고 했다. 숙손통을 '태상(太常)'으로 승진시키고 황금 500근을 하사했다.

유방은 이전에 유가들을 경시했다. 군사를 일으켰을 때 어떤 사람이 유가의 관모를 쓰고 오면 심지어 그의 관모를 풀어 그 안에 소변을 누었다. 하지만 이제 유자를 다른 눈으로 보기 시작했으며, 후에는 노나라를 지나며 공자에게 제를 올리기도 했다.

유방은 7년간 재위하다가(B.C.202~195) 죽었는데 묘호(廟號)는 '태조 고황제(太祖 高皇帝)'였다. 한고조가 세상을 떠난 후 혜제(惠帝, B.C.210~B.C.188) 유영이 왕위를 계승했다.

숙손통은 아부의 고수였다. 혜제 때 궁중에 모친인 여후에게 문안을 드리기 위해 장락궁까지 가는 복도를 건설하는데 숙손통은 이 길이 제대로 보수가 되지 않았다며 한고조의 묘에 영향을 미친다고 했다. 혜제가 즉시 허물고 다시 지으려 하자 숙손통은 허물어서는 안 된다고 했다. "군주에게 잘못된 행동이 있어서는 안 됩니다." 황제는 영원히 틀리지 않는다는 것이다. 그는 모든 신비주의 요소를 흡수하여 황제를 성인, 신명으로 포장하고 황권을 영원한 천명으로 장식했다.

"군주에게 잘못된 행동이 있어서는 안 된다"는 말은 이후 모든 황제가 영원히 신봉하며 자신을 성인으로 가장하고 역사의 긴 길에서 내내 포장돼왔다.

한나라 초기의 경제 번영

유방이 죽은 뒤 혜제(모친 여후가 실제 권력을 장악함) · 문제(文帝, B.C. 202~B.C.157) · 경제(景帝, B.C.188~B.C.141)를 거쳐 한무제가 뒤를 이었다.

문제와 경제는 무위이치, 휴양생식(休養生息, 조세를 경감하여 백성들의 경제력을 넉넉하게 하는 생활-옮긴이)의 황노학파〔黃老學派, 황노학은 황제(黃帝)의 학과 노자(老子)의 학을 합칭한 것이다-옮긴이〕 철학을 실행해 사회에 자유를 방임하고 경제는 일시적으로 번영해 이를 역사적으로 '문경지치(文景之治)'라고 한다.

문경 연간에 경제정책은 자유롭고 농민의 부담을 줄였으며 예전의 요지와 교량의 통과세 다수를 폐지해 행상의 왕래가 매우 편리했다. 농업 방면에 소를 이용해 농사를 짓는 것이 점차 확대되어 생산효율이 대폭 상승했다. 질서가 안정되고 정책이 느슨하면 경제 성장은 자연히 따라왔다. 한나라 초기 60, 70년간 경제는 번영하기 시작했다.

이 시기 상공업의 번성은 사마천이 《사기》〈화식열전〉에 자세히 묘사했다. 그의 추측에 따르면 당시의 대도시에는 적어도 30여 개 대규모의 기업이 있었으며, 기업가들은 해마다 수입이 식읍(食邑) 천호의 봉군보다도 많았다(호의 연 수입은 200전). 전한 초기의 사상가 가의(賈誼, B.C.201~B.C.168)의 묘사에 따르면, 고대에는 천자의 옷에만 비단에 수를 놓아 입었는데, 문경 연간에는 부자들과 대상인들이 비단을 벽지와 커튼으로 사용했다.

한나라 건국 초기에 천하의 마필이 부족해 관리 대부분이 우마차를 탔다. 수십 년의 발전으로 국가가 부귀해지자 소와 말이 온 들판에 널렸다. 이는 후에 위청(衛靑, ?~B.C.106), 곽거병(霍去病, B.C.140~B.C.117)이 기병부대를 세우는 기초가 된다. 한무제 초기에 국력이 매우 강해진 데다가 스스로 분발해 성과를 내는 군주였기에 무제 연간(年間)은 중국 역사에서 핵심이 되는 기간이었다.

한무제의 친정: 이광, 곽거병을 보내 흉노를 대파하다

상주 시기의 귀방, 춘추 시기의 융적처럼 한대에 이르자 흉노가 화하의 최대 위협이 되었다. 흉노족은 문자가 없어 그들의 기원은 정확하게 알 수가 없다. 전국 말기에 흉노는 이미 중원의 화근이 되었다.

진시황 때 흉노를 토벌하려고 북쪽으로 출병하자 흉노는 멀리 도망쳤다. 진한 시기 중국의 내란을 틈타 흉노가 다시 소란을 일으켰다. 선우 모돈이 북방을 통일한 후 중원을 강하게 압박했다. 당시 남월 등도 중원의 내란을 틈타 독립을 회복했지만, 심각한 위협은 되지 않았다. 한대 국방의 중점은 흉노였다.

유방이 직접 대군을 이끌고 북쪽의 흉노를 공격했다. 평성 백등산에서 모돈에게 칠일 밤낮을 포위되어 병사들이 아사 직전에 처하자 강화(講和)를 제안했다. 모돈은 농경지인 한나라 땅을 얻기보다 조공을 받는 것이 낫다고 판단하고 뒤쫓아 오던 한나라의 지원군을 고려해 유방의 철군을 허락했다. 흉노 군대가 포위망 한쪽을 터주자 한나라군은 황급히 철수했고 포위망을 빠져나온 유방은 모사가 유경(劉敬)이 내놓은 계책에 따라 화친 조약을 제안했다. 정실의 장녀 공주를 흉노 선우에게 시집보내고 해마다 보석과 특산품을 보내어 양국의 우호관계를 꾀하자는 것이었다. 두 나라는 결국 친척관계가 되고 흉노는 재정적 수입까지 생겨 안정을 누렸다. 유방은 적에게 뇌물을 써서 평안을 구하기를 원했지만, 공주를 보내기가 아까워 종친의 딸을 대신 보냈다. 한나라는 이처럼 치욕을 참으며 화친 조약을 맺었다. 하지만 전체적인 결과는 굴욕을 자처한 셈이었다. 유방이 죽은 후 모돈은 사신을 파견해 국서를 보냈는데 거기엔 한나라의 실질적인 통치자가 된 유방의 본부인인 여태후(呂太后)를 성희롱하는 내용까지 있었다.

고조 초기에서 무제 초기까지 흉노와 일곱 차례 '화친'을 맺었고, 실제 '공주'를 보낸 것은 세 차례이며 다른 때는 다른 여자를 공주로 위장했다. 그러나 화친은 선우를 만족시키지 못했다. 매번 평화는 몇 년간만 유지될 뿐 다시 병사를 이끌고 와 약탈했다.

한나라 조정 내부에서 여러 차례 토론을 한 끝에 수치를 참고 병사를 보내 오직 방어에 치중하려 했으나 종종 대군이 아직 도착도 하기 전에 흉노 기병은 이미 멀리 숨어버려 결전이 이루어지지 않았다. 당당한 대국이 오히려 유목민족에게 돈과 여인을 바치다니 이제까지 없던 말할 수 없는 치욕이었다.

한문제 이후 유철이 즉위하니 바로 무제다. '철(徹)'자는 개벽의 의미로 유철이 이룬 평생의 업적에 걸맞은 의미를 가지고 있다.

무제가 어렸을 때 두태후(竇太后)가 실제로 권력을 장악해 대외적으로는 온화하게 정권이 유지됐다. 두태후가 죽은 후 무제는 친정(親征)을 실현했다. 두태후가 죽자 한나라의 통치이념도 변했다. 그녀가 집권하기 전에 한나라 황실은 무위이치의 학문을 신봉했으나 무제의 정책은 크게 변해 정부가 무위에서 분발로, 사회에 대한 소극적 방임에서 적극적 개입으로 바뀌었다. 학술계에서는 유가학파가 정통의 지위를 획득했다.

무제의 친정으로 확고하게 분발하고 활기를 찾았다.

무제의 사업은 크게 두 단계로 나뉜다. 첫 번째 단계는 전력을 다해 흉노를 물리친 시기이고 두 번째 단계는 남월·서남이(西南夷)·위만조선을 정복한 시기로 당시 이미 국가의 위상이 천하에 멀리까지 전파되었다.

두태후가 죽은 다음 무제는 병사를 동북쪽으로 파견해 선우를 거짓으로 유인하는 동시에 마을에 복병 30만 기병을 숨기고 선우의 군대를 단번에 전멸시키려는 계책을 세웠다. 이 음모는 선우에게 발각되어 성공하지 못했지만, 국운을 건 대항은 이때부터 시작되었다.

흉노인은 말의 등에서 바람처럼 왕래하며 기동성 면에서 우위를 차지했다. 그렇기 때문에 총인구는 비록 100~200만밖에 되지 않았지만, 전투력은 인구 수천만의 한나라에 뒤지지 않았다.

흉노와 치른 전투에서 한나라는 싸우면서 배우고, 배우면서 고쳤다. 기병, 전차, 보병을 끊임없이 조정하며 새로 편성했다. 무제 때부터 기병은 신속하게 발전해 기원전 119년 봄의 막북대전 때 위청, 곽거병 양군의 전마 수량만 14만 필에 달했다. 결국 한나라군 기병은 전략 군종의 변화를 완성해 주력 병종으로 성장한다. 한나라군은 기동성을 갖추고 적과 대응할 수 있게 되었고 원거리 습격에도 우회, 포위, 분할, 섬멸을 할 수 있어 전장에서 주도권을 장악했다.

게다가 한나라군은 기병, 전차, 보병의 연합작전을 특히 중시했다. 무제 때 위청이 무강차(武强車, 가죽으로 방어한 전차)로 군영을 둘러싸고 방어하는 동시에 정예 기병 5,000명이 흉노를 공격했다. 실전 경험을 부단히 쌓으면서 한나라군은 기병야전, 보병 요새 공격, 차병방어의 승리 전법을 형성해 협동작전도 점점 최고로 숙련되었다. 이 밖에 한나라군은 조직 관리가 엄격해 병기 장비가 매우 정교했다. 이는 모두 유목민족과 비교가 되지 않았다.

무제의 흉노 정벌은 수많은 전설 같은 이야기를 쏟아냈다.

이광(李廣, ?~B.C.119)은 전설적인 명장이었다. 흉노에게는 '비(飛)장군'이라 불렸다. 이광의 선조 이신(李信)은 진나라 명장으로 군을 이끌고 연나라 태자 단을 격파했다. 이광의 가족은 대대로 활쏘기에 능했다. 이광은 소년 시절부터 군에 들어와 공을 세웠다. 경제 연간에 이광은 흉노와 대진해 여러 곳을 전전하며 모두 필사적으로 싸워 이름을 알렸다.

한번은 30명가량의 한군 부대가 초원을 지나던 흉노인 세 명을 만나 충돌이 생겼다. 흉노인은 활을 들고 쏘아 수십 명의 한나라군에게 상처를 입혔다. 생존자가 이광에게 보고하니 이광은 틀림없이 흉노의 명사수일 것이라 단언하고 기병을 데리고 뒤를 쫓았다. 말이 없었던 명사수는 수십 리 밖에서 한나라군에게 추격당했다. 이광은 제일 앞으로 나가 그중 두 명을 활을 쏘아 죽이고 산 채로 한 명을 잡으니 과연 흉노의 명사수였다.

이광의 군대는 불행히도 흉노 좌현왕(左賢王, 흉노의 작위 중 하나 - 옮긴이)의 4만 대군에 포위된 적이 있다. 흉노군의 화살이 비처럼 쏟아져 한나라군의 절반이 죽고 화살이 거의 다 떨어졌다. 이광은 한나라군에게 둥글게 둘러쌀 것을 명령하고 활을 들고 당기되 쏘지 말라고 했다. 그런 뒤 아들 이감(李敢)에게 경기병을 이끌고 흉노 전선을 공격하라고 명하고 자신은 '대황노(大黃弩, 석궁 - 옮긴이)'를 들고 수 명의 흉노 부장군을 쏘아 죽이니 흉노군이 놀라 소란을 피웠다. 날이 어두워져 흉노군이 흩어지니 한나라군은 한나라군대로 놀라서 얼굴이 하얗게 질렸으나 이광은 태연자약하게 군을 정비하고 병사를 불러들였다.

한번은 이광이 사냥을 나가 풀숲에 커다란 돌을 보고 호랑이인 줄 알고 활을 쏘아 맞혔다. 후에 주둔지에 호랑이가 있다는 말을 듣고 직접 가서 호랑이를 포획하다 상처를 입었지만, 결국 직접 호랑이를 활로 쏘아 맞혔다. 하지만 이광은 천부적 재능, 개인적 능력과 경험에만 의지했기 때문에 규칙이 없고 군기가 산만해 군을 조직하는 데는 치밀하지 못했다. 이광 개인은 비록 널리 이름을 알렸지만, 정작 평생 군공은 세우지 못했다.

곽거병은 더욱더 전설적인 전쟁의 신이었다. 그는 평생 네 차례 병사를 이끌고 정식으로 흉노와 전쟁을 치러 모두 대승했다. 전공이 전체 중국 군사사에서 천고에 빛나는 전기적 인물이다.

《사기》는 이광에 대해 미국 서부극의 고독한 영웅처럼 묘사하고, 곽거병은 지루한 회계 장부처럼 숫자만 나열하고 멋진 문장 하나 없이 묘사했다(태사공 본인이 쌍방의 파벌 싸움에 말려들어 객관적인 평가를 하지 못했다). 하지만 곽거병의 용맹한 인생은 해석이 필요 없으며, 오직 숫자만으로도 사람들의 감탄을 자아내기에 충분하다.

곽거병은 17세 때 처음으로 삼촌인 대장군 위청을 따라서 흉노 정벌을 위한 출격에 나섰다(이 두 사람은 공훈이 탁월해 후세 사람들에게 '제국쌍벽'이라 불린다). 곽거병은 경용기병 800명을 이끌고 수백 리를 급습해 적 2,028명을 물리친다. 그중 흉노 선우의 숙부 등 흉노 고위층 인물이 포함돼 있었다. 공을 인정받아 '관군후(冠軍侯)'에 봉해졌다. 25세 되던 해에는 봄, 여름 두 번 군사를 이끌고 출격해 하서(지금의 하서주랑 및 황수 유역) 지역 흉노 혼야왕(混邪王)과 휴도왕부를 대파하고 4

만여 명을 섬멸했으며, 흉노왕 5명과 왕모, 왕자, 상국, 장군 등 120명을 포로로 잡았다. 같은 해 가을에 명을 받아 항복한 혼야왕을 맞이하는데, 일부 투항한 반란군이 소동을 피우는 위급한 순간에도 부대를 이끌고 흉노 군중으로 뛰어들어 반란자를 죽이고 국면을 안정시킨 뒤 혼야왕의 4만여 무리를 이끌고 한나라로 돌아왔다.

원수(元狩, 한무제의 네 번째 연호) 4년, 곽거병이 27세에 기병 5만과 대부대 보병을 이끌고 막북(漠北, 몽골 고원 대사막 이북 지역을 가리킴-옮긴이)으로 들어가 흉노 주력군을 섬멸했다. 곽거병이 군을 이끌고 2,000여 리를 북진해 이후산을 넘고 궁여하를 건너 흉노 좌현왕부와 접전을 벌여 7만 400명을 소탕했다. 그리고 흉노 돈두왕, 한왕 등 3인과 장군, 상국, 당호, 도위 등 83명을 포로로 잡고 승리에 힘입어 낭거서산(지금의 몽골 긍특산)까지 추격해 하늘에 제사하는 봉례를 올렸으며, 고연산(지금의 긍특산 이북)에서 땅에 제사하는 선례를 올리고 한해(瀚海, 지금의 러시아 바이칼호)까지 압박했다. 이 전쟁을 거쳐 흉노는 막남(漠南, 몽골 고원 대사막 이남-옮긴이)의 세력이 모두 소멸되어 선우는 막북으로 도망갔다. 즉 "흉노가 멀리 가 막남에는 왕정이 없었다." 이 전쟁은 한나라가 흉노를 가장 멀리까지 공격한 전쟁이 되었다.

곽거병은 소년 영웅으로 한무제의 사랑을 받았다. 무제는 곽거병을 위해 호화로운 관저를 지어주었으나 곽거병은 거절하며 말했다. "흉노를 아직 멸하지 못했는데 어찌 집이 필요하겠습니까?" 하늘은 영재를 질투해 곽거병

곽거병의 초상화

은 29세에 병으로 세상을 뜨고 말았다.[1]

무제는 매우 비통해했다. 그는 장안에서 무릉 동쪽의 곽거병 묘까지 철갑병을 줄 세웠다. 또한 곽거병의 묘를 기련산의 모양으로 만들어 그가 필사적으로 싸워 흉노를 이긴 공을 기렸다.

곽거병의 묘는 지금의 섬서성 흥평에 있는데 묘 앞에 '흉노를 밟는 말' 등 여러 개의 조각상이 있다.

유감스럽게도 곽거병이 이렇게 뛰어나고 공을 많이 세웠음에도 역사서에 그에 대한 기록이 상세하게 남아 있지 않다. 1,000년 후 밍나라의 명장 척계광(戚繼光, 1528~1588)이 북방을 지키며 곽거병의 전쟁의 지혜를 배우고자 했으나 역사 기록이 드문 것을 발견했다. 무제가 곽거병에게 손오병법(孫吳兵法, 춘추전국시대의 병법가인 손무(손자)와 오기의 병법 - 옮긴이)을 가르치려 했으나, 곽거병은 고대 사람들의 병법은 배울 필요가 없고 자신의 계획과 책략은 어떠냐고 반문했다.

그의 사인에 대해서도 마찬가지로 자세한 기록이 없다. 《사기》에는 단지 '졸(卒)'자 하나만 있고, 《한서》에는 '훙(薨)'자만 있다. 곽거병의 동생 곽광(霍光, ?~B.C.68)은 곽거병이 '병사'했다고 말한 적이 있다. 이것이 그의 사인을 설명한 유일한 사료다. 하지만 곽거병은 말 위에서 활쏘기에 능하고 건강하고 힘이 있었다는데, 도대체 무슨 병에 걸려 죽었을까? 후세 사람 중 흉노가 수원지에 소와 양을 묻어 전염병을 돌게 만들었고, 곽거병이 행군하다 물을 마시고 바이러스에 감염

---

1 《사기》 등 서적에는 곽거병이 죽은 해만 기록되어 있고 그의 출생연도는 적혀 있지 않다. 그의 생애는 상세하게 소개되어 있지 않다(연령에 대한 묘사는 몇 가지 읽는 방식이 다 말이 된다). 따라서 곽거병의 연령을 정확하게 단정하기는 어렵다. 일설에는 그가 23세에 죽었다고도 한다. 이 책은 첸무의 관점을 따라서 그가 29세에 죽었다고 보았다.

된 것이 아닐까 추측하는 이도 있다. 물론 진상이 무엇인지는 영원히 알 수가 없다.

여러 해 대전을 치르며 한나라군은 흉노의 세력을 크게 손상시켰다.

인구로 보면 한나라 초 흉노의 궁사수가 30만(총인구는 200만 정도로 추정)이었는데 한나라군이 총 아홉 차례 흉노를 정벌한 후 죽인 포로가 총 15만 명 이상이 되었다. 혼야왕이 곽거병에게 패한 후 선우에게 목이 베일 것이 두려워 4만여 군사를 데리고 한나라에 투항했다. 이렇게 계산하면 흉노 장정은 절반이 줄어든 것이다.

흉노의 토지 손실도 막대했다. 곽거병이 흉노를 대파한 후 흉노 사이에는 울며 하소연하는 노래가 유행했다.

연지산을 빼앗겨 여인의 아름다움을 잃고,
기련산을 빼앗겨 가축을 놓아먹일 곳을 잃었구나!

진나라 말기 흉노에게 함락된 오르도스(Ordos) 일대는 위청 장군이 수복했다. 무제는 《시경》 중 주선왕의 정벌을 찬미한 "전차 소리 요란하고, 저 삭방에 성을 쌓네(出車彭彭, 城彼朔方)"의 고전을 인용해 수복한 오르도스의 땅을 '삭방군(朔方郡)'이라 했다.

원수(元狩) 4년의 대전에서 흉노가 한해 이북까지 도망가자 한나라는 삭방에서 강을 건너 서쪽으로 무위 일대의 땅[지금의 녕하 남쪽, 완원(緩遠)과 감숙 사이]까지 점령했다. 그리고 그곳에 수로를 트고 토지를 개간해 사병 5, 6만 명을 주둔시켜 무장 식민의 방식으로 점차 북쪽 지역을 잠식했다.

강토를 개척해 13주를 세우다

흥노를 대파하고 나서 이제 한무제는 시선을 남서, 북서 등 더 먼 곳으로 돌렸다.

진한시대의 세계관으로 보면 서역(西域, 지금의 신강 지역)은 세상의 끝으로 신화 같은 곳이었다. 전국시대의 작품에 서쪽 곤륜산은 일월이 머물고 신선이 사는 곳으로 묘사되곤 했다.

무제는 흥노에게서 서역에 월지국(月支國)이 있고, 역시 흥노의 적이라는 말을 듣고 월지국에 사람을 보내 좌우에서 협공하여 흥노를 치자고 제안하려 했다. 이 임무를 한나라의 장건(張騫, ?~B.C.114)이 자처했다. 당시 장안에서 서역으로 가려면 흥노가 장악한 천리 길을 거쳐야 하는 매우 위험한 여정이었다. 장건은 100여 명을 데리고 출발했으나 흥노에게 잡혀 10년이 지난 후에야 도망쳐 결국 서역에 도착했다. 월지국은 찾았으나 그들은 흥노에게 내몰려 지금의 우즈베키스탄 일대까지 이동했다. 새로운 토지는 비옥하고 평화로워 월지국의 장로는 돌아가 원수를 갚을 마음이 없었다.

서역에는 당시 36개 나라가 있었다. 장건은 자세하게 각국의 정세를 관찰한 뒤 장안으로 돌아갔다. 돌아가는 길 또한 구사일생이었다. 출발할 때 139명이었으나 단지 2명만 살아 돌아왔다. 13년이 흘러 사람들에게 거의 잊혔던 장건이 서역에서 돌아오니 조정과 민간이 떠들썩했다. 그가 가져온 다른 세상의 귀한 소식을 공으로 인정받아 '박망후(博望侯)'에 봉해졌다.

원수 4년 위청과 곽거병이 흥노를 멀리 사막 북쪽까지 쫓아버리자 무제는 장건에게 다시 한 번 서역으로 갈 것을 명했다. 이번 목적지는 오손국(烏孫國)으로 '흥노의 오른팔을 자르고' 서역의 여러 국가를 속국으로 삼아 결연을 맺는 것이 목적이었다.

두 번째 외교 사절행은 매우 성대하게 이루어졌다. 장건이 이끄는 부대의 보좌와 장병만 300여 명에 이르렀고 각자에게 두 마리의 말이 내려졌으며 부대는 만 필 이상의 소와 양을 데리고 어마어마한 양의 황금 화폐도 가져갔다.

장건은 오손국에 가서 목적을 이루지 못하고 원정 2년(B.C.115) 만에 돌아왔다. 하지만 오손국도 일행 수십 명을 장건과 함께 한나라로 보내 감사를 표했다. 이는 서역인이 처음으로 한나라에 온 것으로 수도의 방대함을 우러러보았다〔한나라에 비해 이들 국가는 모두 작았다. 누란(樓蘭)의 총인구는 겨우 1만여 명이었다〕.

장건이 죽고 얼마 후 그가 다른 나라에 보냈던 부사도 답례사절인 이민족을 데리고 연달아 돌아왔다. 한나라와 서역 각국 간의 연계도 강화되었다. 관방 사신의 왕래가 빈번해지고 민간 상업 무역도 발전해 서역 각국은 한나라의 하사품을 받아들이고, 한족의 도장 끈을 패용한 왕후와 관리도 376명에 달했다. 더 먼 국가, 안식국(安息國, 지금의 이란), 오벌(지금의 아프가니스탄)에서도 사신을 보내왔다.

무제는 계속해서 서역으로 사신들을 보내 왕래가 끊이지 않게 했다. 사신들은 모두 풍성한 예물을 갖고 돌아왔다. 이후 장안의 젊은 멋쟁이들은 서역의 외교사절을 자처하거나 서역행을 지원했다. 서역의 포도, 거여목, 석류 같은 식물과 모하, 도락 같은 음악도 장안의 유행이 되었다.

기원전 108년에서 기원전 102년까지 서역에 두 차례 군대를 보낸 후 한나라는 서역에 더욱 영향력을 발휘했다. 누란, 고사, 대완을 모두 정복했다. 대완 동쪽의 소국들은 자제를 보내 개선하는 군대를 따라 한나라에 조공을 보내고 인질로 남았다.

남서쪽은 한나라가 사신을 파견해 귀순을 명한 뒤 관리를 배정해 관리했다.

남서쪽은 산이 밀집해 여러 민족이 산재했다. 진한 이전에 일부는 초나라에 정복되었다. 남은 일부는 중원을 들어본 적도 없었다. 전국(滇國)의 국왕과 야랑국(夜郎國)의 국왕은 한나라 사신에게 "한나라가 크오, 아니면 우리나라가 더 크오?"라고 물었다. 이 이야기는 장안까지 전해져 우스갯소리가 되었다. 그들은 한나라가 하사한 비단 예물만 탐냈을 뿐 도로가 통하지 않아 한나라 조정이 실제로 통제할 수 없을 것이라 여겨 한나라의 행정기구 설치를 약속하고 표면적으로 귀순했다. 한나라 조정은 파촉(巴蜀)의 노동자를 대거 동원해 길을 닦고 수륙 양로로 군사를 보내 군사적 분쟁을 일으키는 자들을 제압했다. 그러자 수백에 달하는 서남이들은 그제야 한나라의 천하를 알았다. 수년간의 전쟁과 무장 식민 등을 거쳐 한나라의 통제력이 오늘날의 운남, 귀주, 사천 일대까지 뻗어나갔다.

동북 방향으로 한나라군은 한반도에 군현을 설치했다.

마침내 무제의 지도하에 제국의 강토가 배로 확장되었다. 그는 우선 25개의 새로운 군현을 설치했다. 그 밖에도 정복했으나 군현에 포함되지 않은 토지가 여전히 많았다. 전반적으로 진시황부터 한무제까지 100여 년 동안 화하의 구역은 대폭 확장되었다.

무제는 행정 구획을 조정해 수도 부근과 속국을 제외하고 전국을 13개 주로 나누었다. 국토가 너무 커서 감독 관리를 위해 각 주마다 '자사(刺史)'라는 전문적인 감독관을 두었다.

무제는 54년간 재위하며 평생 무력으로 영토 확장에 힘썼다. 장기

한나라 무제

간의 정벌전쟁으로 국가의 재정이 심각하게 고갈됐다. 거대해진 제국을 유지하고 계속되는 전쟁 비용을 대기 위해 그는 엄혹한 수단으로 민간의 재산을 약탈했다. 심지어 관부에 부호의 은닉한 재산을 보고하는 전문적인 '밀고업자'까지 생겨나게 되었다. 무제의 통제식 경제정책은 '천하의 중산층을 대폭 파산'시키고 말았다. 이 때문에 무제의 정책은 적지 않은 반발을 불러일으켰다.

하지만 장기적으로 보면 고통은 한순간이나 공은 오랜 세월을 간다. 무제는 여전히 중국 역사상 위대한 인물로 손색이 없다.

무제 말년에는 모든 일이 순조롭지 않았다. 크고 화려한 궁을 이곳저곳에 지었으며 거액의 비용을 들여 태산에서 의식을 거행했는데 불로장생과 연결된다는 속설을 믿었기 때문이라고 한다. 옥좌를 둘러싼 음모와 유혈사태가 그치지 않는 가운데 태자는 억울하게 죽었다. 무제는 임종 전 기분이 저조해 참회록으로 자신의 반세기 집정 생애를 기록해 마무리 지었다.

무제 이후 수십 년간 흉노는 내분이 일어나고 눈 피해와 가축의 절반이 죽는 등 어려움을 겪었다. 결국 흉노는 동서로 분열되어 서로 적대시하고 각각 한나라에 아부하며 신하라 칭하고 왕자를 장안에 인질로 보내는 등 전반적으로 한나라에 위협적인 요인이 되지 못했다.

다음 번 중요한 충돌은 반세기 이후 한원제(元帝, B.C.76~B.C.33) 연간
에 일어난다. 서흉노의 선우 질지(郅支)가 점차 반란을 꿈꾸며 한 왕조
를 속이고 아들을 데려간 후 한나라 사신을 죽이고는 보복이 두려워
병사를 데리고 서쪽으로 도망갔다. 서쪽으로 천도하면서 많은 사람이
죽고 군사력은 겨우 수천 명만 남았지만, 노련하고 흉악한 이들이었
다. 서역 일대에서 민첩하고 용감한 병마로 소국들을 침해하고 능욕
하며 기세가 등등했다. 한나라의 법률과 제도가 미치지 않는 곳이어
서 한나라는 즉시 대처하지는 못했다.

한나라에 진탕(陳湯)이라는 변방의 관리가 있었다. 하급 간부로 깨
달은 바가 있어 학업에 매진해 기묘한 계략에 뛰어나고 웅대한 포부
를 실현하려는 마음이 강했다. 그는 기회를 잡아 선우 질지를 물리쳐
'보기 드문 공'을 세우기로 결심했다.

진탕은 치밀한 계획을 세운 뒤 상사가 병으로 쓰러진 틈을 타 천자
의 조서를 위조해 한나라군과 서역의 소국을 모아 대군을 여섯 지역
으로 나눠 이제 막 완공한 지 얼마 되지 않은 '선우성(單于城)'으로 진
군했다. 당시 연합군은 수만 명에 달했고 역량이 절대적으로 우세했
다. 선우성을 포위한 뒤 각 군이 연합해 공격하니 공격과 방어가 질서
있게 이루어졌다. 화살이 빗줄기처럼 쏟아지고 흉노의 손실이 막중
해 질지의 10여 명의 처와 첩이 직접 성에 올라 활을 쏘았지만, 대부
분 연합군의 화살에 맞아 죽었다. 질지도 코에 화살을 맞고 성벽으로
물러났다. 질지의 유일한 동맹인 서역의 강거국(康居國)이 기병을 보내
원조에 나섰지만 지휘권을 빼앗겼다. 반면 한나라군은 흔들림이 없었
다. 이틀 후 선우성이 무너지고 서흉노는 일거에 소탕되었다. 강거국
의 기병은 도망갔다.

이 전투는 전략적으로 효과를 크게 보았고, 이에 각국은 두려움을 느껴 복종하지 않는 이가 없었다. 동흉노의 선우 호한야(呼韓耶, 왕소군(王昭君)의 첫 번째 남편)은 더욱 순종해 직접 장안으로 와서 경의를 표하며 대대로 신하가 되겠다고 자청했다. 이 전쟁은 한나라에 장기간의 평화를 가져왔고, 이후 왕망의 내란 때도 흉노는 그 기회를 틈타 침입하지 않았다.

대승을 거둔 후 진탕과 그의 상사는 한원제에게 천고에 남을 유명한 "명확히 강한 한나라를 범하는 자는 비록 멀리 있더라도 반드시 주살한다(明犯强漢者, 雖遠必誅)"라는 글을 올려 조서를 위조한 죄를 자책하는 한편 전쟁에서 세운 공적을 보고한다.

서흉노를 토벌한 전쟁은 진탕 개인의 성공일 뿐 아니라 한나라 전체 국력의 축적, 정치제도(서역 행정체제)와 군사제도(둔전 등 군제)의 성공이다. 하지만 진탕은 위법으로 공을 세운 것이 분명해 조정에서 이를 두고 논란이 일었다. 결국 정부는 관대한 마음으로 진탕을 제후에 봉했다.

진탕은 사실 인품이 훌륭하지 못했다. 젊은 시절 가난해도 일하지 않고, 돈을 빌리고는 갚지 않기 일쑤였다. 그는 머리가 좋고 독서를 좋아해 박학다식했지만, 입이 가벼워 정치적 소문을 자주 날조했다. 게다가 탐욕스러워 부하직원이 뇌물을 바치면 거절하는 법이 없었으며, 청탁을 받고 대신 상소를 올리기도 했다. 한번은 황금 50근이나 되는 큰 뇌물을 받기도 했다.

후에 진탕이 수차례의 부패와 예전의 죄로 감옥에 갇혀 돈황(敦煌)으로 유배당했다. 하지만 그가 나라를 위해 혁혁한 공헌을 했기에 대신들이 그를 변호해주어 결국 한나라 황제의 허락을 받아 다시 장안에 돌아왔다. 공이 있으면 제후로 봉하고 죄가 있으면 징벌했으니 한 왕조는 진탕에 대해 매우 공정했다. 이와 달리 1,000년 후의 송 왕조는 장수에 대해 공정하지 못해 애국 명장은 모두 비명횡사를 당했다.

한 황실은 진나라의 폭정을 뿌리 뽑고 세워진 국가로 재난 속에서 만민을 구원했다. 그렇기 때문에 자신의 법적 정통성을 자신했다. 상대적으로 진(晉)·송 등의 왕조는 부당한 방법으로 나라를 빼앗았기에 통치자는 제발이 저렸다. 이는 강한 통제를 유발했고 통제는 왜곡을 유발했고, 왜곡은 사회의 기이한 형태를, 사회의 기이한 형태는 허약한 국가를 만들었고, 국가의 허약은 외민족의 침입을 유발해 망국을 야기했다.

백가를 배척하고 유가만을 중시하다
: 유가학설을 제국 정권에 사용하다

공자 이후 역대 유학자는 줄곧 정권과 합작을 적극적으로 도모했지만 계속해서 선택받지 못했다. 한무제 때 동중서가 마침내 기회를 잡았다.

두 사람이 손을 잡고 합작한 후 2,000년간 '백가를 배척하고, 유가만을 중시'하는 정책이 학술사상의 영역에서 절대적 통치 지위를 확보했다. 그 결과 후세의 보통 중국인은 유가만 알고 제자(諸子)가 있는지 모를 정도로 유가문화가 곧 중국 문화나 마찬가지라고 인식하게 되었다.

동중서가 이처럼 성공할 수 있었던 것은 그가 쓴 〈천인삼책(天人三策)〉 시리즈의 논문 덕분이다. 이 논문은 방대한 이론으로 한 왕조가 정권을 획득해 통치를 실시하는 합법성을 논증했다. 동중서는 유가학설을 기초로 전국시대 이래 수많은 기타 유파의 사상을 흡수하고 융합했다. 예를 들어 이미 유행한 음양오행학설로 우주 모형부터 인간사의 흥망까지 방대한 체계를 구축한 집대성자가 되었다. 동중서가 오행 상생상극의 이론으로 왕조 교체를 논증하고 내린 결론은 한 왕조가 진나라를 전복시킨 것은 '천명'을 따랐다는 것이다. 진은 '수'이고 한은 '토'이니 한이 진을 멸한 것은 오행 상생상극의 직접적 체현이다.

오행학설은 고대 그리스의 프톨레마이오스(Ptolemaeos)의 천동설처럼 논리가 완벽하고 해석력이 강해 설득력이 있어 보인다. 동중서는 한 왕조의 정권 획득에 대한 합법성을 논술한 후, 천하통일을 위해 사상과 의식 형태의 토대를 마련했다.

유가 사상은 본래 복고사상이다. 봉건제도와 주례(周禮) 체계는 유가의 이론 토대이며, 민주적인 권력 운행(공천하) 사상은 유가가 가장 아끼는 오래된 기억이다. 동중서는 시대의 신조류에 순응해 이론을 새로 썼다. 중앙집권 대통일 제도를 옹호하고 한 가정이 하나의 성씨를 따른다는 조정 권력 체계를 옹호했으며 이를 위해 신학적 미화를 더했다. 분명 그는 수정주의의 유가다.

동중서의 사상 체계는 그 시대적 배경이 있다. 전국시대 말년부터 각 유파가 서로 흡수되는 것을 본보기로 삼아 나날이 융합되는 추세였다. 동중서보다 약 100년 전에 집대성을 시도한 작품은 《여씨춘추(呂氏春秋)》이고, 이와 대략 동시대의 것으로는 《회남자(淮南子)》이 있으며 단지 이론 기초와 중점이 다르다. 〈천인삼책〉의 말미에 동중서는 "유가의 육례(六禮) 안에서 모든 것을 다스리고, 공자의 학술에 속하지 않는 것은 그 도를 끊고 관리로 임용해서는 안 된다. 이외의 학설은 금지시켜 그 후에 하나로 통일될 것이며 법도가 분명해지고 백성이 따르게 될 것이다"라고 적었다.

이것이 바로 백가를 배척하고, 유가만을 중시하게 된 배경이다.

동중서 이전에도 학술계는 활기를 띠었다. 비록 진나라가 분서를 했지만 학문은 결코 단절되지 않았다. 《한서》 6권 〈무제기(武帝紀)〉의 기록에는 승상 위관이 상주하기를 천거된 현량들이 신불해, 상앙, 한비, 소진, 장의 등의 말을 사용해서 국정을 어지럽히므로 모두 파직할 것으로 청한다는 내용이 나온다. 위관의 상소로 보아 당시 소진, 장의 같은 종횡가의 술책이 여전히 인기 있는 학문이었음을 알 수 있다. 각지에서 추천한 현량은 다른 학술 유파에 속했다.

유가 자체가 법가의 철천지원수이니 백가를 배척한 후 중국은 제도상이든 사상이든 법치 사상을 폐지하고 유가라는 '되돌릴 수 없는 길'을 걸었다.

거대 제국에서 유가 사상을 국가 통치 원리로 삼은 것은 필연적이다. 하 왕조의 건립부터 국가는 '공천하(公天下)'에서 '가천하(家天下)'로 변했으며, 이후 국가기구의 근본 성질은 공공시설에서 폭력에 의탁한 통치집단으로 변했고, 피통치집단인 일반 민중을 착취하였다(이상적인 인격을 갖춘 이세민(李世民, 당태종 - 옮긴이) 같은 소수의 제왕만이 국가기구의 공공성을 강화했다).

통치집단과 피통치집단의 갈등관계는 유가학설에서 조화를 희망하는 핵심 내용이다. 피통치집단(정치권력을 장악하지 않은 사람, 농민을 포함해 수많은 지주나 상인도 포함된다)에게 유가학설은 '천명(天命)'이론으로 정권의 합법성을 논술하고 인심을 통제함으로써 그들의 반항 의지를 약화시킨다. 유가학설은 통치집단을 향해 도덕적으로 권고하고 그들에게 세금 부담 경감, 공공복지 제공 등의 방식으로 '인정(仁政)'을 실시하도록 요구한다. 유가는 역사를 총괄하는 방식을 통해 통치집단과 피통치집단의 균형관계를 생각해내고 이론에 구체적인 묘사를 더해 장기간 사회의 평안을 실현하고자 한다.

한나라는 진 제국의 교훈을 총괄해 통치집단과 피통치집단의 균형관계를 새로 조정하고 통치책략과 통제형식을 조정했다. 통치집단은 자신의 행위를 통제하고, 이데올로기와 민심의 통제로 통치의 수고를 던다. 이로써 유가 사상이 상위에 자리 잡으면 조건대로 일이 자연히 성사되는 것이다.

하지만 현실 속에서 유가의 통치집단에 대한 도덕적 권고는 대부분 효과가 없었다. 자신의 이익 최대화를 추구하는 제국의 관료집단은 쉴 새 없이 사익을 추구하고 확장해갈수록 유가가 설계한 '왕도'에서 멀어졌다. 그렇게 통치집단과 피통치집단의 관계는 점차 균형을 잃었다. 균형이 철저하게 깨지자 왕조의 순환이 시작되었다.

무제는 비록 유가학설의 체계를 채택했지만, 그 자신이 유가에 충실하지는 않았다. 그가 임명한 유망한 조력자, 예를 들어 공손홍(公孫弘, ?~B.C.121), 상홍양(桑弘羊, B.C.152~B.C.80) 등은 모두 유생이 아니었다. 그의 전략적 사고도 유가의 영향을 받지 않았다. 유가는 "다른 지역을 정벌하려 하지 말고 통치 지역의 문과 덕을 진흥시켜 다른 지역 사람이 신복하도록 만들어야 한다"라고 말하지만, 그는 오히려 외부의 적은 무력으로만 처리할 수 있음을 잘 알았다(무제의 대 흉노 정책에 대해 동중서가 완곡하게 간언했지만 무제는 받아들이지 않았다).

한나라 정권은 유가학설을 이용했지 진심으로 신봉하지는 않았다. 무제의 증손자 한선제(宣帝, B.C.91~B.C.49)는 이에 대해 솔직하게 설명했다.

한무제의 손자 해혼후의 묘에서 출토된
용봉무늬 옥장

무제가 죽은 뒤 유불릉(劉弗陵)이 한소제(昭帝, B.C.94~B.C.74)로 즉위했지만 7년 후 약관의 나이로 죽었다. 그 후 무제의 증손자 유순(劉詢)이 황위를 계승하니 바로 재능과 지략이 뛰어난 한선제다. 《한서》〈원제본기〉의 기록에 의하면 부드럽고 어질며 유학을 좋아한 한원제가 아직 태자일 때 부친인 한선제에게 제안했다. "폐하는 형벌을 너무 가혹하게 주십니다. 유생을 중용하시지요." 한선제는 노발대발하며 말했다. "한가(漢家)에는 한가의 제도가 있으니 본래 패도(覇道)와 왕도(王道)를 섞어서 통치하는데 어찌 순전히 덕교(德敎)만으로 할 수 있겠느냐?" 그런 다음 탄식하며 "우리 가문을 망칠 사람이 태자로구나"라고 말했다. 전한이 각 학술 유파의 성질에 대해 어떻게 생각했는지 잘 알 수 있는 대목이다.

제도를 바꾼 왕망: 유가 근본주의의 대패

무제가 죽은 후 소제와 선제 두 황제가 집권한 44년간 평화와 번영이 이어지다가 원제가 황위를 물려받았다.

원제의 황후는 왕정군(王政君)이었다. 황후와 관계로 왕씨 가족이 점차 요직을 차지하면서 외척이 권력을 독점하고 세력이 강해졌다. 당시 사람들은 상서(尙書), 자사(刺史), 군수 모두 그 집안에서 나왔다고 말하곤 했다.

한원제가 죽고 성제(成帝, 劉驁, B.C.51~B.C.7)가 왕위에 오르자 삼촌인 왕봉(王鳳) 사형제가 계속해서 '대사마'(최고 군정장관)의 자격으로 보좌를 했다. 왕씨 공자들은 모두 교만하고 사치스러우며 방탕했지만, 유일하게 왕망이라는 자만 겸손하고 소박하며 학문에 매진하고 현자와 교류했다. 그는 지위가 높아질수록 사람들을 공손하게 대했다. 집안의 재물은 손님과 선비들에게 나누어주며 명사들과 교류해 인망이 두터웠다.

성제 원년(B.C.8)에 왕망의 숙부 대사마 왕근(王根)이 병으로 사퇴하며 후임으로 38세의 왕망을 추천한다. 왕망은 대신 중 관직이 가장 높았지만, 소박하고 검소한 태도를 계속 지켜나갔다. 하루는 어머니가 병에 걸려 공경과 열후의 부인들이 문안을 오자 왕망의 부인이 바닥이 끌리지 않는 무명옷을 입고 맞이했다(당시 귀족 부인의 옷은 바닥에 끌리는 옷이었다). 손님은 그녀가 시녀인 줄 알았다가 대사마 부인임을 알고 깜짝 놀랐다. 왕망은 상으로 받은 재산을 빈한한 선비들에게 나누어주고 현명한 자들을 관리로 뽑았다.

몇 년 후 한성제가 죽고 후세가 없어 19세의 조카 유흔립(劉欣立)이 왕위에 오르는데 바로 한애제(哀帝, B.C.27~B.C.1)다. 한애제는 유명한 동성애자로, 남자인 동현(董賢)을 총애해 강산도 그에게 다 주고 싶어 할 정도로 아끼며 늘 침식을 같이했다. 한번은 동현이 애제의 소매를 베고 낮잠을 자자 애제는 자리에서 일어나려다 그를 깨우고 싶지 않아 검으로 소매 부분을 자른 후 일어났다. 이것이 고사성어 '단수지벽(斷袖之癖)'의 유래다.

동현이 22세가 되자 그를 대사마로 책봉했고, 그뿐만 아니라 애제는 동현 부자를 연회에 초대해 거나하게 술에 취해 말했다. "내가 요순처럼 선양을 하고자 하는데 어떻소?"

요순의 선양은 유가의 맹자가 적극 제창했고, 유생들이 꿈에 그리던 정치 모델이었다.

애제가 동현을 대사마로 봉한 것은 원수 원년(B.C.2) 12월이었다. 그러나 다음 해 6월 애제는 미처 선양을 실시하기도 전에 갑작스레 병사하고 말았다.

애제가 재위한 몇 년간 새로운 외척(애제의 조모, 모친 집안)이 정권을 독점하니 왕망은 병을 핑계로 관직에서 물러나 문을 닫고 3년 동안 재능을 감추고 지냈다. 그동안 왕망을 위해 상소를 올린 관리들이 100명이 넘었다. 후에 조정에 과거를 보러온 선비들도 시험에 왕망의 현덕을 칭송했다. 애제는 그를 다시 궁으로 불러 황태후를 모시게 했다. 왕망이 돌아온 그해에 애제가 죽었다. 애제 또한 대가 끊기고 그의 모후와 조모도 먼저 죽어 대권은 다시 태황태후인 왕정군의 손으로 돌아갔다. 이때 그녀는 72세였다.

애제의 사후에 전 조정의 추천과 태황태후 왕정군의 허락으로 왕망이 대사마에 복귀했다. 왕망은 복직 후 바로 동현을 파면하고, 중산효왕(中山孝王) 유흥(劉興)의 9세 아들을 즉위시키니 그가 바로 한평제(平帝, B.C.9~B.C.5)다.

왕망은 평제의 친척이 경성에 진입하지 못하게 해 새로운 외척의 세도를 근절했다. 이어서 부(傅)·정(丁) 두 성씨의 외척 전부를 경성에서 내쫓았다. 왕망이 다시 집정한 후 모든 사람이 기뻐했다. 이 해에 왕정군은 왕망을 안한공(安漢公)으로 봉했는데 이는 오늘날 국무총리에 해당한다.

서기 2년(평제 원시 2년) 가뭄과 메뚜기 떼로 인한 재해가 발생한다.

왕망은 일련의 구휼정책을 실시한다. 자신이 먼저 100만 전을 기부하고 토지 30경을 내놓아 가난한 사람들을 구제하니 230명의 귀족들이 그 뒤를 따랐다. 이어서 백성들에게 메뚜기를 잡게 하고 수량에 따라 돈을 지급했다. 전국에 재해가 없는 지역 중에서 재산이 2만 전 이하의 사람들과 수재 지역의 재산 1만 전 이하의 빈민들은 조세를 면제해주었다. 질병이 창궐한 지역은 큰 집을 마련해 전문적으로 환자를 치료하게 했다. 한 가정에 6인 이상이 죽은 집에는 장례비 5,000전을 주었고 4인 이상은 3,000전, 2인 이상은 2,000전을 주었다.

왕망은 또한 장안성 5개 리에 200개의 방을 저렴하게 임대하는 지역을 건설해 빈민들이 거주할 수 있도록 제공하고, 태학의 학생 모집을 확대해 태학생이 1만 명을 넘어섰다. 또한 각지에 학교를 세우고 더 많은 아이들에게 독서를 장려해 지식을 늘리게 했다.

평제가 12세 때 결혼을 논하자 수천, 수만 명의 선비와 백성이 정부의 대문으로 몰려들어 자리를 떠나지 않으며 평제가 반드시 왕망의 딸을 아내로 맞아 국모로 삼아야 한다고 요구하니 다른 여자는 경쟁력을 완전히 상실했다. 왕망의 딸은 당연히 황후로 뽑혀 평제는 왕망의 딸을 아내로 맞이해 왕망에게 2만 5,600경의 토지를 하사했으나 왕망은 모두 되돌려주었다. 이후 조정은 왕망에게 상을 하사해야 한다고 논의했으나 왕망은 거절하고 결국 조정은 48만 7,572명의 상서를 받고 왕망에게 봉지를 받아달라고 간절히 청한다. 그 시대 학자들의 계산에 따르면 당시 중국 인구는 5,000만가량이 되지만 글을 아는 비율은 매우 낮았다. 한나라 때 글을 아는 자는 200만가량이었고 장안과 주변 지역에서 상서를 올릴 수 있는 지식인은 48만 명 정도 되었을 것이니 글을 아는 자 대부분이 여기에 참여했다고 볼 수 있다.

이 당시 왕망은 공자가 가장 숭배한 주공을 모범으로 삼았기에 조정과 재야도 그를 주공처럼 대했다. 전설에 의하면 주공이 성왕을 보필할 때 남쪽의 이족인 월상씨가 와서 하얀 꿩을 바쳐 주공의 공덕이 멀리까지 알려졌음을 상징했다고 한다. 이때도 익주 변방(지금의 베트남 부근) 만이가 자칭 월상씨라며 하얀 꿩과 검은색 꿩을 바쳤다. 그후 사방의 이족이 경모의 뜻이라며 조공을 하는 이가 끊이지 않았다.

서기 5년 한 왕조는 왕망에게 구석(九錫, 한나라 때 천자가 공이 큰 신하나 황족에게 준 아홉 가지 특전-옮긴이)을 내린다. 왕망을 유씨 황제 대신 황제로 세워야 한다는 운동도 일어나기 시작한다.

진한 이래 사람들 마음에 깊이 자리 잡은 '오덕종시설'은 어느 왕조도 영원할 수 없음을 명시했다. 한소제 이후 유가들이 한나라의 운이 끝나고 하늘의 도리가 바뀔 것이라고 공개적으로 외쳤다. 소제 때 휴홍(眭弘)이라는 학자는 조정에 상서를 올려 한나라 왕실의 기가 이미 다했으니 한 황실이 "현인을 찾아 제위를 양보하고 물러나 100리를 스스로 봉하고, 은과 주 두 왕조의 후예처럼 천명을 따르시오"라고 제안했다. 휴홍은 '요사스러운 말'을 했다는 죄목으로 감옥에 갇혀 죽었다. 하지만 선양에 대한 신념은 백성들에게 널리 퍼졌고, 자연히 뒤를 잇는 사람이 적지 않았다. 20년 후 성제 때 어떤 사람도 같은 이야기를 했다가 사형을 당했다. 성제 때는 대신인 곡영(谷永), 방사(方士) 감충가(甘忠可) 등이 같은 상서를 올렸다.

왕망 시대가 되어 선양의 이념이 점점 더 빈번하게 언급되었다. 어째서 무능한 유씨의 후손이 영원히 강산을 점령하고 왕망 같은 성인이 황제가 될 수 없다는 말인가? 사람들은 오직 왕망만이 폐단이 심각한 국가를 다시 살릴 수 있다고 여겼다.

얼마 후 평제가 병사하고 역시나 후손이 없었다. 왕망은 점복과 관상을 본 후 2세 된 유영(劉嬰)을 황태자로 뽑고 '섭정'을 실행해 황제를 대신했다.

서기 8년 하늘의 뜻에 따라 왕망이 황제가 되어야 한다는 '상서로운 징조'가 연달아 일어났지만 왕망은 모두 거절한다. 형세가 매우 긴박한 지경에 이르자 그가 거절할수록 신민의 마음은 더욱 급했고, 그가 사심이 없음을 보일 때마다 신민은 열광했다. 전국에 그가 황제가 될 것을 추천하는 기운이 이미 치솟는 파도처럼 모여들었고 '길조'와 '기적'이 매일 대량으로 일어났다. 신민들도 매일 논의를 벌이며 독촉하여 왕망의 후퇴를 용인하지 않았다.

같은 해 11월 왕망은 황태후에게 상소를 올려 천하를 다스릴 수 있도록 허락을 구하고, 자영이 자란 후에는 제위를 돌려주겠다고 했다.

다음 달 어느 날 황혼 무렵 애장(哀章)이라는 사람이 황색 옷을 입고 동으로 만든 상자를 들고서 한고조 묘를 찾아왔다. 상자 안에는 두루마리 두 개가 있었는데, 왕망이 마땅히 진짜 천자이니 황태후는 바로 천명에 응답하라는 내용이 적혀 있었다. 묘를 지키는 사람은 왕망에게 연락을 했고, 다음 날 아침 왕망은 고조의 묘에서 이 상자를 받은 후 황태후를 알현하고 왕좌에 앉아 천명을 받겠다고 말하며 '신(新)' 왕조를 세우고 천자에 즉위한다.

왕망은 유영의 황태자 명호를 빼앗고 그를 정안공(定安公)으로 봉한 뒤 100리의 땅을 하사해 한나라의 종묘를 그곳에 모셨다. 전한 214년의 역사는 여기서 마침표를 찍는다. 왕망이 황제가 되는 과정을 훑어보면 백성들이 선거를 한 것이나 다름없었다. 그래서 역사학자 덩광밍(鄧廣銘)은 왕망이 역사의 요구에 순응해 정권을 장악하고 개혁 방안을 제정했다고 평했다.

왕망은 즉위 후 유가의 인의 정치에 따라 《주례》에 기재된 내용에 근거한 사회 대개혁을 실시한다.

서기 9년 왕망이 조서를 내려 사회 폐단을 비판했는데, 그중 가장 주된 내용은 토지 문제와 노예 문제였다. 조서에는 권세가 집안은 무수히 많은 땅을 차지하는데, 가난한 이들은 송곳을 세울 만한 땅도 없다고 지적했다. 또한 노비 시장을 언급하며 노비를 우마와 함께 가두어놓고 노비의 생명을 독단적으로 결정하는 것은 사람의 도에 어긋난다고 했다.

유가의 정치 이상은 복고이고 정전제는 맹자가 추종한 가장 이상적인 토지 제도다. 왕망은 토지를 '왕전(王田)'이라 이름 붙이고 고대의 정전제를 회복하려 했다. 상앙이 직접 정전제를 폐지한 지 이미 300여 년이 지났으니 왕망은 역사를 너무 많이 후진시켰다. 당시 토지와 노비의 상황에 대해 왕망은 천자의 명령을 내려 천하의 토지는 일률적으로 왕전이라 부르고 천하의 노비는 일률적으로 사속(私屬)이라 바꾸었으며 노비 매매를 금지했다. 남자가 여덟 명이 되지 않으면서 토지가 1정(900무)을 넘는 가족은 초과한 토지를 친족, 이웃, 향당〔鄕黨, 주(周)나라 제도 중에서 500가구를 '당(黨)', 12,500가구를 '향(鄕)'이라 하였음-옮긴이)에게 나누어주어야 했다. 토지가 없는 사람은 남성 한 명에 100무씩 받았다. 거역하는 자는 추방되었다.

이 단호해 보이는 황제의 명령은 사실 국면을 조금도 전환시키지 못했고, 결국 토지와 노비의 매매만 동결시키고 후에 사회 전반적으로 커다란 반발을 불러일으켰다. 서기 12년(시건국(始建國) 4년)에 왕망은 부득이하게 이 명령을 바꿔 왕전은 매매할 수 있다고 선포했으며,

노비를 매매한 죄인도 처벌하지 않았다. 이렇게 왕망이 당시 가장 중요한 사회 갈등을 해결하려는 시도는 곧바로 실패했다.

왕망은 농민에 대한 상인의 과도한 착취도 몹시 증오했기에 개혁을 결심했다. 대도시에 행정기구를 세우고 물가를 결정하게 했다. 민중은 제사나 장례에 돈이 필요했고, 정부는 싼 이자의 자금을 융자해주었다. 장사를 하려 하나 원금이 부족한 사람도 저금리로 돈을 빌릴 수 있었다. 물가 체계와 융자 체계는 시장경제의 양대 핵심 요소로 왕망은 이 문제를 한번에 처리했다. 결과는 당연히 철저한 참패로 벼슬아치의 배만 불렸다.

왕망은 화폐 제도도 개혁했다. 새로운 돈을 주조하면서 동시에 거북이 등껍질, 조개도 화폐로 사용했다. 백성들은 왕망이 발행한 화폐를 신뢰할 수 없었다. 모두 한대의 원래 화폐인 오수전(五銖錢)을 몰래 사용했고 왕망은 이를 엄격하게 금지했지만, 백성은 계속 저항했다. 화폐개혁에 따른 소동은 경제 혼란을 유발했고, 재정의 붕궤와 사회경제의 파산에 속도를 올렸다.

왕망은 좋은 의도를 가졌고 열정이 넘쳤지만 개혁정책은 성공하지 못했다. 국내의 갈등은 나날이 심화되었고, 왕망은 시선을 돌리기 위해 적극적으로 사방의 이민족과 투쟁을 벌였다. 그는 고의로 부속국의 지위를 깎아내리고 모욕했다. 예를 들어 흉노 선우를 '항노복우(降奴服于)'로 이름을 바꾸고, 고구려를 '하구려(下句麗)'라고 불렀

신(新)나라 왕망대의 화폐 _ 대포황천과 화포

다. 그 후 동북, 남서 각 부족과 흉노와 전쟁을 잇달아 일으켰다. 우선 10만 명을 파견해 서남쪽의 구정족(鉤町族)을 진압하기 위해 보냈는데 그중 60, 70퍼센트의 병사는 아사하거나 병사했다. 다시 각지에서 30만 명을 모아 흉노를 공격했다. 무거운 노역과 병역 부담은 사람들에게 지대한 고통과 재난을 가져왔다. 당시 많은 농민은 곡식 가격이 오르자 정처 없이 떠돌아다니게 되었다. 사회는 혼란에 빠졌다. 왕망 말년에 "유랑민 중 국경을 넘는 자가 수십만이고 아사자가 열에 일고여덟이었다."《한서》〈식화지(食貨志)〉)

천봉 4년(서기 17년) 형주 일대에 기근이 발생해 굶주린 백성 수백 명이 새로운 근거지를 만들고(지금의 호북 경산) 왕광(王匡), 왕봉(王鳳)을 우두머리로 의거를 일으켰다. 봉기군은 녹림산을 근거지로 삼아 '녹림군(綠林軍)'이라 불렸다.

전한 종실이자 남양 대지주인 유연(劉縯)·유수(劉秀) 형제는 '고조의 업을 복귀'한다는 구호로 부근 각 현의 지주에게 연락하고 종족, 빈객으로 7,000~8,000명의 군대를 조성해 '용릉군(舂陵軍)'이라 이름을 짓고 왕망에 저항하는 행렬에 동참했다.

녹림군은 왕망군을 연이어 무찌르고 10여만 명으로 늘었다. 녹림군의 지도자는 영향력을 확대하려고 유현(劉玄)을 황제로 옹립하고 한 나라의 국호를 회복해 연호를 다시 시작했다(서기 23년).

용릉군, 녹림군이 연합한 후 왕망군과 곤양에서 대전을 벌였는데, 크게 패한 왕망군은 병졸들이 서로를 밟으며 100여 리를 도망갔다. 정부군과 봉기부대의 역량은 역전되었다. 소식이 전파되자 사방의 호걸들은 급히 군사를 일으켜 군수를 죽이고 스스로 장군이라 칭했다. 이들은 새로운 연호를 쓰며 새 주인의 명령을 기다렸다. 다른 녹림군은 장안으로 달려가 뒤흔들자, 장안성의 시민들도 폭동으로 호응했다. 왕망은 폭란 중에 한 상인의 손에 피살되었다. 그의 시체는 조각이 났고 머리는 녹림군에게 보내졌다. 왕망은 섭정부터 멸망까지 20년이 걸리지 않았다.

왕망의 실패는 개인의 실패일 뿐 아니라 중국 정치가 이 단계까지 발전해오며 경험한 총체적 실패다. 유가학설은 왕망의 문제를 해석하며 난처한 지경에 처했다. 후대 사서는 왕망이 가짜 군자로 고상한 품덕은 모두 거짓으로 꾸며낸 것이라고 말할 수밖에 없었다. 사실 왕망은 진실하고 성실한 호인이었다. 그의 잘못은 지나치게 유가 사상에 의지했던 데 있다. 유가 이념은 수신이나 치국의 철학으로 쓸 수는 있지만, 실제 정책으로 직접 나라를 통치하기에는 적합하지 않았다.

왕망의 실패로 한나라 유가의 선양 이념도 파산했다. 하지만 왕망의 난의 근원은 정확하게 인식되지 못했다. 이 대혼란은 사람들의 사상과 인식을 향상시키지 못했다. 결국 비싼 수업료만 헛되이 지불한 셈이었다.

후한: 소시민의 마음으로 나라를 세우다

전한 말 서기 2년, 중국의 인구는 이미 6,000만 명으로 증가했다. 왕망부터 후한 초까지 전란으로 총인구는 급격히 줄어들어 3,500만 명이 되었다. 후한 후기의 영수 3년(157년)에야 다시 6,000만 명을 돌파했다.[2]

---

2 인구 데이터는 당대 학자의 계산을 따랐다.

신 왕조가 무너진 후 혁명 세력의 분화와 충돌이 끊이지 않았으며, 분열과 내전이 14년간 지속된 후 전 중국은 유수(劉秀)의 손에 통일되었다. 그가 황제에 즉위한 후 건무(建武)로 개원하고 다시 한(漢)을 국호로 삼았다. 그는 한고조가 세운 한 왕조를 광복했기 때문에 광무제(光武帝, 6~57)라고 불렸다. 유수 이후의 한 왕조를 역사가들은 '후한' 또는 '동한'이라 부르며 유수 이전의 한 왕조를 '전한' 또는 '서한'이라 부른다.

유수 본인은 커다란 꿈이 없는 평범한 사람이었다. 그는 젊은 시절 유학해 경전을 배웠지만 그의 꿈은 단지 '벼슬을 한다면 집금오(執金吾)가 되고, 아내를 얻는다면 음려화(陰麗華)를 얻겠다'는 것 정도였다. 집금오는 경성의 경찰 국장으로 조정의 3, 4등급 관리다. 음려화는 남양의 한 부호 집안의 미녀로 유수가 봉기한 다음 해에 그의 아내가 되었다. 유수가 무장 투쟁을 한 것은 어떤 정치적 이상을 품어서가 아니었다. 황제가 된 후 마음속에 가장 큰 정치적 문제도 어떻게 하면 자신과 자손의 권위를 공고히 할 것인가였다. 그가 실시한 얼마 되지 않은 제도상의 변혁은 모두 자신과 자손을 위한 것이었다.

가장 중요한 개혁은 병제의 변혁이다. 광무제는 건무 7년 3월에 중요한 명령을 내리고 '경차(輕車), 기사(騎士), 재관(材官, 노를 쓰는 무관-옮긴이), 루선(樓船, 다락을 얹은 고대 군선-옮긴이)' 같은 지방 상비군을 해체하고 무기 종류를 없앴다. 원래 전한 때 평민 중에서 '재주가 뛰어나고 용맹한 자'를 선발해 '경차, 기사, 재관, 루선'의 병종을 조직하고 평원전(경차, 기사), 산지전(재관), 수전(루선)을 각각 대응하게 했다. 그들은 매년 가을에 집중적으로 강의를 듣고 훈련을 받았다.

지방 상비군 폐지 명령으로 이후 후한의 일반 백성은 더는 군사훈련을 받을 기회가 없었다. 전국의 군비와 대외 토벌은 경사의 호위군이 담당했다. 이에 백성들은 군역에서는 벗어났으나 점차 허약해졌다. 후한의 사대부는 백성들이 외적 앞에서 어린 양같이 무력한 것을 알아챘다.

후한 후기, 군국의 병력이 허약해서 변경에 일이 생기면 매번 고용한 이민족 군대, 즉 이른바 호병에게 의지해야 했다. 호병은 포악하고 변경의 백성을 유린했으며 비용도 많이 들었다. 후에 한 왕조를 무너뜨린 동탁(董卓, ?~192)도 호병의 우두머리였다.

재관과 기마병 등을 없앤 이유에 대해 유수는 조서에서 중앙군대가 이미 강대해 그들을 사용할 필요가 없다고 명확하게 설명했다. 그렇지만 이는 진정한 이유가 아니었다. 유수의 진정한 목적은 자신의 정권을 보호하고 전복을 예방하는 것이었다. 애초에 유수가 입추(立秋) 후에 장정이 모여 훈련을 받는 기회를 이용해 군사 반란을 일으켰던 것이다.

이는 전제권력의 상무정신에 대한 거세다. 후한을 결국 멸망하게 하고 화하족을 1,000년 동안 약체로 만드는 후환을 심어놓은 것이다.

후한시대는 화하족이 상무정신을 상실하는 관건이 되는 시기다. 춘추 시기 귀족은 문과 무에 능하고 보편적으로 '육예', 즉 예·악·사·어·서·수를 배웠으며 궁술과 전차 조종은 기본이었다. 한대 이후 육예는 점차 《시》·《서》·《예》·《악》·《역》·《춘추》 6경의 경서로 변했다. 유수가 의식적으로 민간의 무력을 억제해 상무정신은 더욱 약화되었다. 민국의 저명한 군사가 장바이리(蔣百里)는 진나라와 한나라 이후 정권, 무력, 지식이 분열되었고 (이전에는 이것들이 귀족집단에 집중되어 있어 귀족들은 문과 무에 모두 능했으나 분열 후 지식인은 보편적으로 문약화되어 정권의 예속물로 전락했다) 정치상 끊임없이 경쟁하다 화하는 점차 약해졌다고 했다.

역사학자 첸무는 후한이 불균형적이고 정적이며 수세적 자세로 나라를 세웠다고 평했다.

이런 마음가짐이니 당연히 유수는 흉노와 서역의 사무에 모두 관심을 갖지 않았다. 그는 무제와 한선제가 100년에 걸쳐 서역에 세운 패권을 포기한다. 최전방 초소 옥문관(玉門關)을 닫고 간편하고 돈이 덜 드는 일만 찾았다. 단기적으로 보면 이것도 합리적이었지만, 서역의 형세가 분열되어 사차국(莎車國, 타림 분지에 있던 국가로 야르칸드(Yarkand)라고도 부른다-옮긴이)과 흉노가 강해지자 이후 다시 화하에 위협이 되었다.

부흥은 잠시, 지속된 어둠: 후한 이후 400년간 드리운 그림자

후한은 총 12대 196년간 지속되었다.

후한 시기, 중앙정부의 운영은 줄곧 혼란스러웠다. 황제의 전제권력은 더욱 집중되었다. 조정기구 중 상서대(尙書臺)를 설치하고 행정 권력을 장악해 승상은 이름만 남았다. 정상적 상황에서 황제는 정무를 결재했으나, 황제가 일찍 죽고 태자의 나이가 어리면 누가 정무를 보좌하느냐에 따라 새로운 문제가 나타났다. 태자가 어린 나이에 즉위하고 젊은 태후가 조정에 나오면 직접 대신들과 접촉하기가 불편하니 부득이하게 처가의 부친과 형제를 중용해 정무를 돕게 했다. 이렇게 외척이 대권을 빼앗는 기회를 만들어주었다. 외척은 친분에 의지해 교만하고 난폭하게 전권을 휘두르며, 어린 군주를 무시하고 조정

대신은 모두 그에게 아첨했다. 황제가 성인이 되면서 외척의 협박을 참기 어렵게 되고 대권을 되찾기 위해 자기 신변의 심복 환관과 결탁해 정변을 일으켜 외척을 제거했다. 황제 친정 후 자연히 쟁권 박탈에 공이 있는 환관을 중용하니 또 다시 환관이 정권을 장악하는 국면이 생겼다. 하지만 황제가 죽은 후 환관은 정치적 신분이 비천하여 보좌할 수 없고 이어서 또 다른 새로운 외척이 등장한다. 이런 외척과 환관이 교대로 정권을 독점하는 악순환은 후한 후기 정권 운영의 특징이 되었다.

후한은 전형적인 인치 사회였다. 그 특징은 첫째, 법이 있으나 그에 의존하지 않고 게임의 법칙은 사람에 따라 변했다. 둘째, 선한 정치는 오랫동안 지속되지 못하고 수시로 사람이 죽으면 정치도 같이 사라졌다. 광무제 유수는 사태를 예측하기 어려운 경쟁에서 승리한 만큼 출중한 능력이 있었다. 이후의 명제(明帝 劉莊, 28~75), 장제(章帝 劉炟, 57~88) 두 황제는 비록 뛰어난 재능이 있다고 말할 수는 없지만, 안정되고 노련하게 정책 결단도 현명하게 처리했다. 광무제·명제·장제 연간에는 사회가 꽤 발전하는 기운이 있었다. 그 후 국면은 썩어 문드러지고, 정치는 어둡고, 국운은 나날이 나빠졌다.

한명제는 광무제의 계승자다. 명제는 상당히 장기적인 안목을 지녀 외부의 위협 때문에 관문을 닫거나 쇄국에 의지해서는 안 된다는 것을 알았다. 당시 흉노는 남북으로 나뉘어 남쪽은 후한에 의존해 후에 점차 화하에 동화되었고, 북쪽의 흉노는 후한을 적으로 여겼다. 명제는 두고(竇固), 경병(耿秉)에게 북흉노 정벌을 명하여 크게 승리를 거두었다.

흉노의 재앙은 후한 때 대체로 끝났다. 흉노는 이후 중국사의 무대에서 점차 사라졌다. 마지막은 서진 말년 '오호의 난'으로 흉노가 일시적으로 두 개의 할거 정권을 세워 국호까지 지었다. 하지만 남북조 분열 국면이 끝난 후 흉노는 중국사에서 사라졌다. 흉노의 후예가 중원에 들어온 후 점차 한나라 성으로 바꾸었다. 예를 들어 독호(獨弧)는 류(劉)로, 하뢰(賀賴)는 하란(賀蘭), 하(賀) 등이다.

10여 년 후 두고의 종손 두헌(竇憲)이 다시 군대를 이끌고 북벌해 북흉노의 선우를 추격해 3,000여 리 밖의 연연산(지금의 내몽골 항애산맥)까지 내쫓았고 두헌과 부하 장수들이 산에 올라 멀리 내다보며 대학자이자 역사학자 반고(班固, 32~92)가 《봉연연산명(封燕然山銘)》을 써서 공을 새겼다.

두고의 가장 큰 정치적 공적은 반초(班超, 반고의 남동생)를 서역에 사신으로 보낸 것이다. 왕망의 시건국 원년에서부터(서기 9년)부터 서역과 중원이 관계를 단절한 지 65년 만에 다시 왕래한 것이다. 후한 황실은 행정기구인 '서역도호부(西域都護府)'를 설립해 대완 동쪽과 오손 이남의 50여 개 국가를 관리해 각국 왕공, 대신이 모두 한 왕조의 인수(印綬)를 패용해 한 왕조의 관리임을 확인했다.

반초는 후한 시기의 걸출한 인물로 서역에서 30여 년간 일하며 외교를 위해 소부대를 이끌며 임기응변과 군대 통솔력으로 적의 군사력을 물리치고 서역의 51개 국가를 복종시켰다. 처음에는 몇 개의 소국에 사신으로 가서 북흉노의 사신을 만나 그곳에서 활동했다. 그는 기묘한 계략으로 북흉노의 사신을 기습해 전부 참살해 사신으로 간 국가의 국왕을 깜짝 놀라게 해 복종시켰다. 이후 그는 '이이제이(以夷制夷)'의 책략으로 이들 국가의 군대를 이끌고 서역에 군주를 세우고 난을 평정해 서역 각국에서 최종적으로 완전히 한 왕조에 순종하게 만들었다. 반초는 서역에서 명망이 대단해 한 왕조에서는 그를 불러들이려 했으나, 현지 백성들이 반초의 말 다리를 붙잡고 놓아주지 않았다. 심지어 어떤 장수는 자살로 만류하며 "한나라 사신은 부모와 같으니 가실 수 없습니다!"라고 해 반초는 결국 서역에 남기로 하고 늙어서 임종 전에야 낙양으로 돌아왔다.

반고는 감영(甘英)을 대진(大秦, 로마 제국)에 사신으로 보냈는데, 감영이 지중해에 도착해 망망대해 앞에서 걸음을 멈추고 되돌아오니 동서양의 두 제국이 악수하지 못한 점은 역사적 유감이다.

반초는 비록 국외에서 공을 세웠지만, 국내의 정치 부패는 저지하지 못했다. 또한 장기적으로 효율적인 체제를 세워 자신이 자리에서 물러난 후 한 황실이 서역에서 영향력을 어떻게 확보할지는 고려해본 적이 없다. 물론 이는 본래 황제가 걱정해야 할 문제였지만, 황제는 더더군다나 이를 고려하지 않았다. 하지만 이야기를 원점으로 되돌리면 반초의 성공은 개인의 천부적 능력에 의지한 것이지 체계적인 방법이나 정책에 의한 것이 아니기에 그도 자신의 성공 경험을 정확하게 총괄할 능력이 없었다. 그렇기 때문에 그의 후임이 그에게 소감을 물었을 때, 단지 뭉뚱그린 허무한 이야기만 들을 수 있었다. 반초가 죽은 후 그가 서역에서 세운 한나라를 중심으로 한 체계는 연기처럼 사라졌다.

장제의 아들은 화제(和帝)이다. 한화제(和帝, 劉肇, 79~106)부터 후한 왕조의 '운명'은 풍전등화 격이었다. 아홉 명의 황제가 잇달아 모두 단명해 평균 수명이 20세가 되지 못했다. 황제는 모두 어려서 즉위해 외척세력과 환관이 판을 쳤고 조정은 나날이 쇠퇴해갔다. 한영제(靈帝, 劉宏, 156~189)는 즉위 후 주색에 빠져 환관을 중용하고 심지어 공개적으로 가격을 붙여 관직을 팔았다. 마침내 184년에 태평도가 조직한 '황건(黃巾)의 난'이 발발해 조정은 병사를 모집해 기세가 대단한 변란을 진압했다.

농민군의 유린하에 후한은 점차 유명무실해졌고, 서기 190년 권신 동탁(董卓)이 정권을 독점하고 황제의 대권이 그에게 넘어갔다. 지방의 독재자들도 기회를 틈타 들고일어나 후한 말년 군벌 혼란의 대막을 열어 삼국 국면의 형성을 유발했다.

서기 220년 북방의 최대 군벌인 조조(曹操, 155~220)의 아들 조비(曹丕, 187~226)가 한헌제(獻帝, 劉協, 181~234)를 핍박해 양위하도록 하고 낙양에서 황제로 칭하며 국호를 '위(魏)'라고 하니 역사에서는 이를 '조위(曹魏)'라고 했고 후한시대는 막을 내렸다. 중국은 이때부터 400년에 이르는 암흑의 대분열기로 들어선다.

만일 국가기구 체계를 기계에 비유한다면 이 기계는 사용 수명이 있다. 중국 역사의 경험으로 보아 한대(漢代) 기계의 유효기간은 100년 정도가 되며 100년 후 부식, 썩어 문드러짐, 폐기 신고 단계로 들어간다. 두 단계는 일반적으로 200년을 넘지 않는다. 이것이 바로 중국 고대 역사상의 흥망성쇠 주기율이다.

흥망성쇠 주기율을 구성하는 핵심은 정치 부패가 주를 이룬다. 그 밖에 잔혹한 '맬서스의 인구법칙(Malthusian Law of Population)'이 있다. 동아시아 대륙에 위치한 고대 중화 문명은 전형적인 농업이 주도한 문명이다. 농업 문명은 토지에 의존한다. 역사상 중화 문명이 황무지를 개간한 구역은 점차 확장되어 중국 인구의 수도 크게 증가했다. 하지만 상대적으로 토지 자원의 증가는 자연과 사회 조건의 제한을 받아 인구 증가의 폭은 종종 토지의 적재량을 뛰어넘었다. 사회적 부가 새로 증가한 인구에 의해 상쇄될 때마다 사회는 빈곤해졌고, 생존자원의 쟁탈은 더욱 심해졌다. 사실 역사상의 이른바 '태평성세'는 금방 사라져버리지 않은 적이 없고 결국 모두 쇠락으로 향했다. 초과한 인구가 소멸하는 방식은 종종 가장 잔혹한 전쟁이었으며, 인구와 토지는 새로 균형을 맞추었다. 필자의 대략적 계산에 따르면 진나라 말기부터 청나라까지 왕조가 바뀌는 전란으로 소멸한 인구는 수억에 달한다.

후한은 이후 400년 동안 어두운 그림자를 드리웠다. '오호의 난'의 근원은 서진(西晉)의 폐단에서 기원했고 서진의 폐단은 후한에 있었다. 문벌세족이 부패한 수단으로 관리 선거를 농단했고, 재야의 명사는 공리공담을 숭상해 사림 중 이름을 알리기 위해 남자도 화장하고 자기 포장을 중시했다. 이런 서진 시기의 사회 병폐는 후한 시기에 이미 출현했다.

모든 것은 수당이 흥기한 이후 상무정신을 진흥하고 문벌 사족의 권력 농단을 깨뜨리고 대담하게 평민 중에서 우수한 인재를 기용하고 나서야 사회는 다시 진흥되었다. 이 중간에 어둠의 시기는 400년에 달했다.

반짝 번영한 과학기술: 과학은 어째서 계속 발전하지 못했나

후한시대는 유학이 크게 흥해 태학이 즐비하고 학술적 분위기가 농후했다. 전한시대에 세계에서 가장 최초의 대학인 태학을 세웠고, 후한시대에 이르러 천하의 선비들이 고시에 앞다투어 참가해 총 5,000여만 인구의 나라에서 태학생이 3만여 명이나 되어 2,000명 중한 명이 태학생이었다. 2,000명은 대략 마을 하나의 규모다.

따라서 후한은 중국 역사상 과학과 문화의 발전 중 매우 특수한 지위를 차지하며 전대미문의 거대한 성과를 이루었는데, 예를 들면 채륜(蔡倫, 50?~121)이 제지술을 개선하고 장형(張衡, 72~139)이 지진계와 혼천의(渾天儀)를 발명한 일을 들 수 있다.

한대에 배출한 태학생 장형은 걸출한 예다. 장형의 자는 평자(平子)다. '형(衡)'자는 매우 아름답고 재미있는 글자로, '어(魚)'와 '행(行)'이 결합한 것이다. 물고기가 앞으로 헤엄쳐 갈 때 좌우 양측은 반드시 균형을 이루어야 한다. 이렇듯 장형은 뛰어난 문학가이자 과학자였다. 장형은 고관 가정에서 태어났다. 어려서부터 배움을 즐겨했고 커서 태학에 들어가 학문에 정진했다.

육안으로만 천체 관측이 가능하던 시대에 장형은 평생 1만여 개 항성(恒性)의 자료를 기록했다. 그는 천문 관측을 근거로 새로운 우주관을 제시했다. 우주는 끝이 없고 지구는 달걀노른자처럼 생겼으며 우주를 떠돌아다닌다고 주장했다(화형을 당한 브루노(Giordano Bruno, 1548~1600)를 생각해보라. 하지만 그는 당시의 관측 조건의 한계를 벗어나지 못해 지구가 반구체이며 하반부는 물이라고 여겼다). 장형은 달이 단지 햇빛을 반사할 뿐 자신은 발광하지 않는다고 주장했으며 월식의 원인을 정확하게 해석했다. 달이 지구 주위를 돌 때 태양이 비춘 광선이 지구에 의해 가려진다는 것이다.

장형은 지진의 원리에 대해서도 깊게 연구해 지동의(地動儀)를 제작했다. 어느 날 지동의 중의 한 청동구가 용의 입에서 두꺼비의 입속으로 떨어져 서북쪽에 지진이 발생했음을 확인했다. 하지만 모두들 느끼지 못했기에 지진의가 소용이 없다는 의견을 앞다투어 냈다. 하지만 며칠 뒤 서역에 가까운 농서(隴西)에서 과연 사람을 보내 지진이 발생했음을 보고했다(《사서》에 기록된 이 지진 사건은 현대 과학으로 추산한 결과 실제로 발생했음이 증명되었다).

한묘(漢墓) 기리고거 조각의 탁본

　장형은 기계의 대가이기도 했다. 그는 직접 모의 항성 운행의 혼천의를 제작했는데 복잡하고도 정밀했다. 또한 재미있는 자동 일력도 제작해 '서륜협(瑞輪莢)'이라고 불렀다. 이 일력은 신화에 나오는 나무에 기생하는 달력풀의 특징을 모방해 흐르는 물을 동력으로 매월 초하루부터 시작해 하루에 잎사귀 하나가 나타나 보름달에는 15개가 되었다가 매일 하나씩 접혀 월말에는 다 사라져, 열리고 닫히는 순환이 이루어졌다. 장형은 차동기어(differential gear) 원리를 이용해 지남차와 행차 노정을 계산하는 '기리고거(記里鼓車)'를 제작했다. 이 원리의 발견은 유럽보다 1,800년이나 앞섰다.

　장형은 재능이 너무 뛰어났다. 그는 구체의 체적을 계산하고 원주율을 계산해 수학 방면의 저서를 썼다. 그의 문학 작품 《이경부(二京賦)》, 《사현부(思玄賦)》, 《귀전부(歸田賦)》는 문학의 최고 경지에 올랐다. 하지만 제국체제에서 인치의 미묘함을 헤아릴 수 없는 정치 환경에서 장형의 생활은 쉽지 않았다. 그가 한순제(順帝, 劉保, 115~144)의 조정에서 '시중'으로 일하던 어느 날 한순제가 그에게 천하 백성이 가장 증오하는 사람이 누구인지 물었다. 당연히 권력을 휘두르는 환관임은 말할 필요도 없었다. 하지만 환관들이 양측에 서서 두 눈을 똑바로 뜨고 그를 주시하니 장형은 어쩔 수 없이 얼버무릴 수밖에 없었다. 그렇지만 환관들은 경계심을 갖고 결국 그를 조정에서 내쫓았다.

만일 주변의 환경이 더러운 흙탕물이라면 그 안에서 생활하는 과학의 물고기는 자랄 수가 없는 법이다. 화하에 천재는 많았지만 하늘이 내린 재능을 제대로 발휘하기가 어려웠다. 장형은 만년에 우울해 더는 글을 쓰지 않아 많은 사람이 안타까워했다. 그의 귀한 지혜는 당시 전파되지 못했고, 저술한 몇 권의 책도 후에 대부분 소실되었다. 그가 제작한 지동의도 이미 사라졌다. 현재의 모형 지동의는 효과가 조잡한 모방품이다. 지동의를 제작하려면 지구 물리학과 지진파에 대해 깊은 연구를 해야만 한다. 안타깝게도 지동의의 이론 부분도 이미 유실되어 전해지지 않는다. 상대적으로 정부의 지지를 받은 동중서는 '저술한 10만 자가 모두 후세에 전해진다'고 하니 천양지차라 하지 않을 수 없다!

유럽의 역사에 영향을 미친 후한

대략 한나라와 동시대거나 약간 늦게 유럽에서는 로마 제국이 이미 지중해 일대에서 일어나 정벌 전쟁을 벌였다. 동서양의 두 대제국의 사이에는 중앙아시아의 대사막이 놓여 있었다.

서기 1세기 이전 로마 제국과 중국 간에는 직접적인 인적 왕래가 없었다. 상업적 왕래는 중간에 위치한 중앙아시아 지역 사람들에게 의지했다. 하지만 중국인과 로마인은 서로 상대방의 존재에 많은 관심을 가졌다. 중국인은 로마인에 대해 좋은 인상을 갖고 있었다. 그들이 키가 크고 중국인과 비슷하게 생겼다는 말을 듣고는 로마 제국에 '대진(大秦)'이라는 이름을 지어주었다. 다른 민족을 만(蠻, 오랑캐의 총칭 - 옮긴이)이라고 무시한 것에 비하면 나쁘지 않은 대우였다.

감영이 대진에 사신으로 갔다 실패하고 결국 바다를 건너지 못했다. 한환제 연희 9년(166년)에 한나라와 로마 제국은 정식으로 접촉했다. 《후한서》〈서역전〉의 기록에 의하면 대진의 왕 안돈(安敦)이 사신을 보내 상아, 코뿔소 뿔, 바다거북을 선물했다. '안돈'은 바로 마르쿠스 아우렐리우스(Marcus Aurelius, 121~180, 161~180 재위)로 로마황제 안토니누스 피우스(Antoninus Pius, 86~161, 138~161 재위)의 후계자다. 최근 낙양시 북곽에서 로마 금화가 출토되었는데 당시 로마 상인이 중국에서 생활했음을 알 수 있다.

중국인은 이미 비단(누에를 보고 옷을 만들 생각을 했다는 것은 신기한 일이 아닐 수 없다)을 발명했는데 로마인은 일찍이 본 적 없는 화려하고 아름다운 옷감에 미친 듯이 열광했다. 오늘날 우리가 유화에서 볼 수 있는 로마 원로원의 원로들이 입고 있는 실크는 바로 중국에서 수입한 것으로 당시 로마의 사치품이었다.

오늘날 로마가 위치한 이탈리아의 명품 구찌(Gucci), 제냐(Zegna) 같은 '사치품'이 중국에서 열렬한 사랑을 받고 있는데, 사실 이들 사치품은 당시의 실크의 지위와는 비교가 될 수 없다. 서기 552년쯤이 되어서야 로마는 양잠 기술을 터득하고 아라비아인에게 자랑하니 아라비아인들은 깜짝 놀란다. 오늘날 이탈리아와 중국은 나란히 실크 강국이지만 이탈리아의 디자인 수준이 조금 더 앞선다.

불행히도 로마 제국의 두 차례 멸망은 모두 중국과 간접적인 관계가 있다.

후한시대 화하가 북흉노를 대파한 후 북흉노가 중국의 역사서에
서 사라져 '어떻게 되었는지 알 수가 없었다.' 후세 유럽 학자의 고증
에 의하면 북흉노의 남은 이들이 서쪽으로 도망가고 이주해 침략을
일삼았다. 100~200년 뒤에는 유럽에 진입해 유럽을 뒤흔들어놓았다.
그들은 우선 게르만족의 영토를 침입해 게르만족은 서쪽과 남쪽으로
계속 쫓겨났다. 게르만족 중 일부(앵글로 색슨인)는 잉글랜드 현지인을
정복하고 나중에 영국이 되었으며, 다른 일부는 로마 제국의 중심에
진입해 최종적으로 로마 제국을 잠식했다. 이로 인해 로마 제국의 남
은 동쪽의 절반은 동로마 제국이 된다. 흉노가 유럽 역사서에서는 훈
(Huns)족으로 불리는데, 그들은 점차 헝가리 초원에 거주하게 되었다.
훈족 역사상 가장 유명한 지도자는 훈족 왕 아틸라(Attila, 406?~453)
다. 훈족과 마자르인이 섞인 후 오늘날의 헝가리 사람이 된다. 상술한
과정은 수백 년에 걸쳐 일어난다.[3]

수당 시기 중국이 돌궐족을 대파했을 때 돌궐이 서쪽으로 도망쳐
동로마 제국의 중심으로 진입해 투르크 왕조(Türk, 돌궐의 음역)를 세우
고를 세우고 후에 콘스탄티노플(Constantinople)을 공격해 동로마 제국
을 함락한다. 상술한 과정 또한 수백 년에 걸쳐 일어난다.

후한은 숭고한 국제적 명성으로 주변의 조선(고구려, 백제), 베트남,

---

3 중외 사학계의 수많은 역사학자들은 이 학설을 인정하고 상세하게 논증한다. 하지만 반대하는
이도 적지 않다. 북흉노의 소실은 훈족이 유럽 사서에 출현할 때까지 사이에 280년의 공백이 있다.
중간 과정은 정확하게 고증하기 어렵다. 관심 있는 독자는 팡수치앙의《헝가리인과 흉노 관계의 역
사의 수수께끼》, 푸차이쿤의《흉노와 헝가리인의 연원》등을 참고하길 바란다. 필자는 여러 편의
학술 논문을 종합해 흉노가 유럽이 말하는 'Huns'라는 학설이 믿을 만하다고 생각한다.

유럽을 제패한 아틸라

미얀마 등 동남아 여러 국가들에게 종주국으로 존중받는다. 일본열도에서는 후한시대에 100여 개의 소국이 있었다. 서기 57년 일본 국왕이 한의 수도 낙양에 사신을 보내 공물을 바치고 한의 속국이 되길 자처하며 한 황실이 이름을 내려주길 간구했다. 한은 일본인들이 왜소해 '왜국(倭國)'이라는 이름을 하사했다. 그 왕은 한 황실이 봉해줄 것을 청하니 광무제는 '왜노왕(倭奴王)'이라 하고 '한왜노국왕인(漢委奴國王)'이라는 금인(황금으로 만든 도장-옮긴이)을 하사했다(《후한서》〈동이열전〉). 이 금인은 1784년 일본 규슈 시카노시마에서 출토되어 일본 국보가 되었으며 현재 후쿠오카시 박물관에 소장되어 있다.

위진남북조

: 화하의 첫 번째 생존 위기

서기 190년 후한이 멸망하기 30년 전이었다. 2월 말 찬바람이 수도 낙양성 밖 기나긴 난민의 대오를 재촉했다. 노인을 부축하고 어린아이를 이끌고 가는 난민들의 울부짖는 소리가 멀리서도 들렸다. 이들은 권신 동탁에 의해 장안으로 쫓겨나는 수도의 백성으로 그 수가 수백만 명에 달했다. 뒤편의 낙양성은 그 시각 이미 동탁이 이끄는 호병들이 깡그리 약탈해서 폐허가 되어버렸다.

동탁이 장안으로 천도하라는 명을 내린 지 5일 뒤 사람들은 이상한 기상 현상을 목격했다. 하얀 무지개가 태양을 통과한 것이다. 사람들은 이는 한 황실이 망할 징조일 뿐만 아니라 심각한 피해를 입힐 난세가 곧 닥치리라는 것을 암시한다며 벌벌 떨었다.

중국 고대사상의 위진남북조(魏晉南北朝) 시기는 비바람이 캄캄하게 눈앞을 가리고 피비린내가 진동한 어두운 역사다. 만일 196년 조조가 한헌제를 허(許, 지금의 하남 허창)에서 맞이한 때부터 계산해서 589년 수(隋)문제(文帝) 양견(楊堅, 541~604)이 진나라를 멸할 때까지라고 따지면 393년에 달한다. 이 시기는 대략 삼국·서진(西晉)·동진(東晉) 십육국·남북조의 네 단계로 구분할 수 있다. 이 중 서진은 단기간에 전국을 통일했고, 나머지 기간은 모두 분열 및 할거와 전쟁 상태였다. 내우외환이 동시에 압박하는 와중에 화하는 유사 이래 첫 번째로 전체가 멸망하는 위기에 처한다.

후한 말기 굶주린 백성들이 사방에서 반란을 일으켜 중앙의 군대가 진압에 나섰다. 반란군이 소멸됨에 따라 각 지방군대는 세력이 커졌고 중앙 조정은 세력이 점차 기울어 군벌 할거의 혼전 국면이 점차 형성되었다. 수십 년의 전란을 거쳐 사회의 기운이 크게 상했다.

후한 전성기 때 전국에는 6,000만 명에 가까운 인구가 있었으나 삼국 말기에는 단지 700여 만 명만 남아 전쟁으로 '열에 아홉 집이 텅 비는' 상황이 되었다. 사회 경제는 극도로 위축되고 상업 활동은 거의 사라졌으며, 상품의 매매에도 '오수전' 같은 화폐는 거의 사용되지 않고 직물을 사용하는 방식으로 퇴보했다.

예전 번화했던 대도시 장안과 낙양은 쥐들의 고향이 되었고, 여행객이 길을 가면 수백 리 안에 사람 그림자는 보이지 않고 풀덤불에 뒤엉킨 백골만 보였다. 아득한 밤이 되면 때때로 들판에서 황계의 울음소리가 들려왔다.[1]

사회발전 수준은 춘추 시기 이전으로 후퇴했다. 춘추 시기에는 적

---

1 밤에 닭이 우는 것을 황계(荒鷄)라고 했다. 날이 아직 밝기 전이기 때문에 고대의 황계는 상서롭지 못한 소리로 여겨졌다.

어도 사회의 정신 체계는 견고했고 고전 학술 체계는 잘 보전되었으며, 사회 투쟁은 선을 넘지 않았다. 위진 시기는 전해져 내려오는 일부 서적을 제외하고는 유물이 거의 없다. 사람들은 생명의 고통을 감당하지 못해 새로 전해진 불교에서 위안을 찾았다.

서진이 전국을 통일한 후 사회질서가 어느 정도 회복되었다. 서진의 통치자는 몇 대에 걸쳐 대물림된 부잣집 자제로, 일단 안정이 되면 사치와 부패의 경쟁을 시작했다. 황실의 사마씨 일족 내부에 정권 쟁탈의 '팔왕의 난'이 발생해 사회는 다시 혼란에 빠졌다. 나라에서 스스로 다스리지 못하면 후세 사람들이 반드시 징벌한다. 국가가 쇠약해지면 이민족의 침입이 뒤따른다. 다섯 오랑캐를 뜻하는 오호(五胡), 즉 흉노(匈奴)·선비(鮮卑)·갈(羯)·강(羌)·저(氐)가 기회를 틈타 군사를 일으켜 백성을 도살하고 재산을 약탈해 할거 정권이 세워졌다.

민족적 관점에서 보면 이는 정글의 법칙이 횡행한 시대로 원시적이고 잔혹한 생존 경쟁이 만연했다. 오호가 중원에서 서로 잔혹하게 죽이며 혼전을 벌일 때 북방의 선비·유연·돌궐·거란 같은 부족이 점차 들고일어나 민족 생존 경쟁의 혼전에 뛰어들었다. 유사 이래 화하가 약하기 그지없었던 첫 번째 시기다. 북방은 전란과 도살로 살아남은 자가 얼마 없었고, 강남은 쇠락한 가운데 위태롭게 유지되고 있었다.

문명의 관점에서 보면 이는 중화 문명이 한 방향으로 확장해 각 민족 간에 서로 융합한 시대다. 중화 문명은 다른 민족 무리와의 동화[2]를 통해 문화 변방에서 점차 확장해갔다.

---

2   이 시기에는 '역행 동화'도 가끔 있었다. 고환(高歡), 고양(高洋) 부자의 선비화가 그 예다. 하지만 이런 현상이 주류를 이룬 것은 아니다.

오호가 화하를 어지럽히기 전: 화하민족의 부패

후한 말기 굶주린 백성이 사방에서 반정부집단을 구성해 각지 제후들이 연달아 군을 이끌고 평정에 나서 점차 군벌이 할거하는 양상으로 발전했다. 군벌은 서로 정벌과 합병을 하며 점점 위·촉·오 삼국이 병립하는 국면으로 발전했다. 위나라의 지도자는 조조, 촉나라는 유비, 오나라는 손권이 이끌었다.

위나라가 북방을 통일한 후 힘을 모아 남벌을 준비하며 천하를 통일하려 했다. 이때 조조의 아들 조비가 한헌제에게 '양위'를 강요해 권력 찬탈의 방식으로 정권을 쥐었다. 천하통일의 전쟁이 연달아 일어났고 촉과 오가 멸망했다. 이와 동시에 조위 정권 내부의 권신 사마의 부자는 아무런 제약 없이 점차 세력을 키워 선양을 다시 한 번 요구했고 조위 정권을 찬탈해 서진(西晉)을 개국했다.

위와 진 두 왕조는 잘못된 정치로 사회를 부패시킨 왕조다. 정권의 합법성은 모든 사회 정의의 근원인데 참주가 법통을 왜곡하니 자연히 근본이 훼손된 것이다. 조위가 한나라 왕권을 찬탈한 것은 이미 악평을 받을 일인데, 그 틈을 타서 일어난 사마씨가 조씨 천하를 다시 찬탈한 것은 더더욱 어떤 명분도 없었다.

이에 대해 천하의 사람들은 물론 진 왕실 자체의 사람들도 두고 볼 수가 없었다. 수십 년 후 오호 시기 원래 일자무식한 노예였던 갈족(羯族, 흉노 계통의 유목민-옮긴이) 우두머리 석륵(石勒, 274~333)은 매우 무시하는 태도로 "조조나 사마중달(司馬仲達, 179~251)은 알랑거리며 남을 홀려 고아나 과부의 손에서 천하를 빼앗았지만, 대장부는 그렇게 하지 않는다"라고 말했다. 진 왕실에서는 이런 일이 있었다. 동진때 대신 왕도(王導, 276~339)가 명제(明帝, 299~325)에게 그 조상이 권력을 찬탈해 건국한 과정에 대해 설명했다. 명제는 이를 듣고 부끄러워하며 고개를 숙인 채 말했다. "이런 정권이 어떻게 오래 지속될 수 있겠는가!" (황제가 이를 듣고 얼굴을 가리며 말했다. "만일 공의 말과 같다면 제위를 길게 가져갈 수 있겠느냐?")

진 왕실의 찬주 정권은 세족과 선비 가문 엘리트 집단 등의 진심 어린 옹호를 받을 수 없었다. 사마씨는 공개적으로 정통성을 찾을 수 없었다. 단지 음모와 독계(毒計, 악독한 계략)로 사회를 무너뜨리고 통제했다. 순전히 폭력으로 통치한 대가 또한 크고 위험했다. 사마씨는 사상의 통일을 빌려 통치효과를 극대화하고 싶었다. 그래서 대대적으로 명교(名敎)를 제창하고 조씨가 얻지 못한 민심을 모으려 시도했다. 하지만 역적이 윤리를 말하는 것은 어불성설이라는 것은 모두 명백히 알았다. 그들은 단지 '효'를 제창할 뿐 감히 '충'을 제창할 수는 없었다. (후에 여러 명사들이 '불효'라는 우스운 죄명으로 도살되었다).

고대로부터 중국 건국의 튼튼한 기둥을 고찰해보면 천하를 공으로 삼는 건국정신, 선비집단의 지도, 상무를 중시하는 민풍이 있었다. 후한 중기부터 이 몇 개의 건국 기초는 이미 역사에서 점차 무너졌다.

전한 시기와 비교해 위진 시기의 사회 풍속은 이미 크게 변했다. 이 시대 귀족들의 생활은 부패에 찌들어 빈둥거리는 부잣집 자식들이 넘쳐났다. 예를 들어 조위 시기에 하안(何晏)이라는 유명한 미남자가 있었다. 피부가 분을 칠한 듯 하얘서 '분칠한 하랑'이라고 불렸다. 하안은 주색에 빠져 몸을 상해 독성이 있는 단약인 '한식산(寒食散)'을 다량으로 복용했다. 약을 복용한 후 정신이 극도로 흥분하니 현대인이 마약을 흡입한 것과 같았다. 하안은 이부상서까지 관직에 올라 전국의 관리 선발을 책임졌으니 영향력이 대단한 인물이었다. 그의 영향하에 귀족들은 뒤따라서 약을 복용하고 소매가 크고 넓은 두루마리를 입고 열을 발산하는 것이 일순간에 사회 유행이 되었다. 후세의 연구에 따르면 이후 100년간 약을 복용한 자가 100만 명에 달했고 중독으로 죽은 자도 10만 명 이상이 되었다. 방탕한 예는 부지기수였다. 서진의 개국 황제인 무제(武帝) 사마염(司馬炎, 사마의의 손자, 236~290)은 수만 명의 미녀를 후궁으로 두고 매일 양이 모는 차를 타고 마음대로 둘러보다가 차가 멈추는 곳에서 즉시 음탕한 행위를 하고 돌아다녀 사람들이 자주 황제의 소재를 파악하지 못했다.

무제의 뒤를 이은 황제는 혜제(惠帝) 사마충(司馬衷, 263~307)으로 그는 천성적으로 어리석어 개구리 울음소리를 듣고 주변에 이 개구리가 공을 위해 우는지 아니면 그냥 우는지를 물었다. 또한 천하의 백성들이 굶어 죽는다는 이야기를 듣고 백성들이 어째서 고기를 먹지 않는지를 물었다.

진나라 대신들은 변태에 가까운 생활을 즐기는 데 관심을 가졌다. 명사 왕제(王濟, 왕무자라고도 한다)는 사람의 젖에 담가 새끼 돼지를 삶고 바닥을 돈으로 깔았다. 대신 왕의(王顗)는 기녀에게 피리를 불게 하고 음을 틀리면 그 자리에서 죽였다. 또한 미녀에게 술을 바치게 해서 손님이 다 마시지 않으면 역시 죽였다. 대사마 석포(石苞, ?~272)의 아들 위위(衛尉) 석숭(石崇, 249~300)은 무제의 외삼촌 왕개(王愷)와 부(富)를 겨루었다. 왕개가 맥아당으로 솥을 씻자 석숭은 백랍을 땔감으로 썼다. 왕개가 보라색 비단으로 40리의 장막을 치자 석숭은 더 좋은 비단으로 50리에 달하는 장막을 쳤다. 석숭이 향료 열매로 방의 벽을 바르자 왕개는 더 고급 염료로 담을 발랐다. 석숭은 매번 연회를 열어 손님을 초대한 뒤 미녀에게 술을 따르게 하고 손님이 마시지

음악을 듣는 석숭 _ 화암의 〈금곡원도〉

않으면 그 미녀를 대신 죽였다. 석숭의 친구이자 대신인 왕돈(王敦)은 일부러 술을 마시지 않으며 석숭이 미녀를 죽이는 모습을 보며 즐긴 적도 있다.

위진 시기에는 동성애와 남색이 크게 성행했다. 이에 호응해 수많은 창백하고 허약한 미남자들이 몰려들었다. 《송서(宋書)》의 기록에 따르면 "(서진) 함녕, 태강 이후 남자를 총애하는 것이 흥해 여색보다 더 심했다. 사대부 중에 이를 따르지 않는 이가 없어 천하가 이를 본받았다."

사치가 극도에 다다른 외에도 진대의 귀족들은 수다에 심취해 정무는 수치스러운 잡무라고 여겼다. 그들은 문과 무를 다 배우지 않고 고시를 보면 사람을 사서 베껴 쓰고 연회를 열면 사람을 불러 대신 시를 쓰게 했다. 사치스러운 생활을 유지하기 위해 갖은 수단을 써서 부를 축적했다. 토지를 사취하고 뇌물을 받았다. 석숭이 형주지사로 있을 때는 백성의 피와 땀을 쥐어짜냈으며 외국의 사신이나 상인들을 약탈했다.

후세에 존경받는 이른바 위진 시기 명사들은 사실 지식인들의 정신적 고뇌가 정면으로 감히 표현되지 못해 배출된 결과다. 예를 들어

완적(阮籍, 210~263)이나 혜강(嵇康, 223~262)은 종일 술에 취해 노자와 장자의 현담을 나누었다. 완적과 혜강은 사실 고충이 있으나 말하지 못했고, 그들 이후의 이른바 명사들은 독창성 없이 비슷하게 완적과 혜강을 모방해 사회에 아무런 책임도 지지 않고 세상일에 전혀 관심을 두지 않으며 그것이 높은 경지라고 여겼다.

피라미드의 꼭대기에 위치한 황실, 사대부 엘리트 집단의 부패는 전 백성을 몰락으로 빠뜨렸다. 국가는 흐리멍덩한 통치자와 부패한 사대부와 생존선상에서 고통에 몸부림치는 천만 명가량의 농민으로 구성되었다.

서진의 통일은 12년이 채 지나지 못하고 조정은 혼란에 빠졌다. 총 4대 52년 만에 멸망했다. 남은 사람들은 남쪽에서 양자강을 건너 동진(東晉) 정권을 세우고 계속 의미 없고 이룬 일도 없이 생활했다.

농업 사회의 생산력은 본래 저조했다. 백성들의 고혈을 짜낸 통치자들이 토지를 장악하니 일반 백성들의 생활이 얼마나 힘들었을지 알 수 있다.

이때는 반초가 서역을 통괄한 지 200년가량 지난 때였다. 어째서 이렇게 짧은 200여 년 사이에 사회에 큰 변화가 생긴 걸까? 위진 참주 정권의 과오 외에 일부 책임은 후한 시기로 거슬러 올라간다. 후한의 정치 풍토는 문을 숭상하고 무를 억제했다. 그 당시는 상대적으로 공평한 과거제도를 아직 발명하지 못하고 정부 관직은 점차 명문가에서 독점했다. 선비의 자식들이 관직에 들어서고 승진하는 것은 능력과 재능에 의한 것이 아니라 세도가 집안, 허영이 가득한 사교장의 지명도에 의해 결정되었다. 풍습이 이렇게 전해지자 선비들은 그때부터 점차 용모를 가꾸고 화장하고 현학적 이야기를 숭상하는 분위기에 젖어들었다.

국가는 본래 민족이 조직한 통치기구다. 대내로는 사회 통치의 기능을 수행하고 대외로는 안전한 방어 기능을 해야 한다. 진나라 때 국가의 지도집단이 부패해 대내로는 통치와 착취만 일삼고 효과적으로 다스리지 못했다. 대외적으로는 나약하고 겁에 질려 적을 방어하지 못했다. 국토가 함락되고 국가가 무너지고 분열의 형국을 맞을 수밖에 없었다.

오호의 난 초기의 사회 형세

양한 이래 중원은 끊임없이 서북 이민족과 전쟁을 벌였고, 전후 '멀리 있는 사람을 회유'하는 관념을 기초로 투항한 부락을 국경 안으로 이주시켜 화하와 뒤섞여 거주하게 했다. 위진시대에는 북방은 일부 소수 민족이 내지로 이주했는데, 그들은 중원에서 거주하며 대부분이 국가에 백성으로 편입되었다. 하지만 여전히 부족이 모여 살았으며, 한족과 왕래를 했다. 이 다민족의 복잡한 국면이 춘추 이후 처음으로 출현했는데, 이는 유럽 사회의 상황과 많이 비슷하다.

장성 바깥에는 여전히 유연, 거란 같은 이민족이 있어 호시탐탐 기회를 엿보며 남쪽을 빼앗으려 했다.

중원은 한말의 전란을 거치면서 인구가 급감해 1,000만이 되지 않았다. 오랑캐와 한족의 인구 비율에 이미 커다란 변화가 생겨 한족의 비중이 대폭 줄었다. 서진의 강통(江統)은 "서북의 여러 군은 모두 융이 거주하고 있다", "관중의 사람은 100여만 명이며 융적이 반을 차지했다"라며 융인과 적인을 색출해 몰아내야 한다고 했다.

이때 한족 통치집단은 이미 극도로 부패한 데다가 몇 년간 연이은 가뭄으로 굶어 죽은 백성들의 시체가 도처에 널렸다. 진(晉)나라는 황실 일족에게 변방을 지키게 하고 각자 토지를 봉해주면서 정권을 세웠다. 실질적으로 진(秦)나라 이전의 봉건제도로 되돌아간 것이다. 이는 무력 정권 쟁탈인 '팔왕의 난'을 유발해 제왕들이 군사를 이끌고 서로 죽이는 사태가 16년간 지속되었다.

천재와 인재가 교차하며 화하족은 이미 심각하게 허약해졌다. 민족이 쇠약하자 난국이 자연스럽게 발생하고 오호가 중화에 혼란을 일으켰다.

선비는 동호에서 기원하는데, 남흉노가 중원 내지로 옮기고 북흉노가 서쪽으로 이주한 후 선비인들은 흉노의 땅을 점거하게 되었다. 중·동부 선비인 모용씨, 우문씨, 단씨는 점차 강해져서 서진 말년의 동란에 말려들었다. 갈족은 콧대가 높고 눈매가 깊으며 수염이 많고, 화장(火葬)을 지내고 조로아스터교를 신봉한 것으로 보아 아마도 서역의 오랑캐에서 유래한 것 같다. 그들은 원래 흉노에 기대 살던 부락이었는데, 흉노를 따라 중원으로 들어와 거주하게 된 것이다. 저족은 청장고원 변경의 산지에서 생활한 부족으로 후한 시기부터 계속 안쪽으로 이주했다. 이특의 유민 반란으로 저족이 가장 먼저 서진에 난을 일으켰고, 이어서 강족과 갈족의 소규모 반항이 있은 후에 흉노 귀족의 거병이 있었다. 그런 다음 흉노 귀족의 봉기가 일었다. 서기 304년 흉노인 유연(劉淵, 252~310)이 서진 사회의 혼란을 틈타 봉기를 일으키고, 건국 이름을 '한(漢)'이라 했으며 자칭 한왕(漢王)이라 일컬었다. 유연의 군대는 수도 낙양을 향했다.

흉노는 전한과 후한 군대가 400년간 끊임없이 다투는 동안 이미 분화했다. 일부는 서쪽으로 도망가 점차 중앙아시아를 거쳐 유럽으로 진출했고, 나머지는 한나라에 투항해 중원 부근에 정해진 구역에서 살았다. 이때 서양에서는 서쪽으로 밀려난 흉노족이 아시아와 유럽의 대초원에서 게르만인들을 서쪽으로 내쫓고 있었다. 후자는 파도처럼 로마 제국으로 향해 로마 제국을 점차 잠식한다. 중원에 거주하는 흉노들은 이때 이미 부분적으로 한족화가 되었다. 예를 들면 유연 부자가 유가 학문에 대해 대략적이 이해를 하고 유연의 조카 유요(劉曜, ?~328)도 서예에 능했다.

흉노군이 일어나자 사대부들은 겁쟁이로 변해버려 "의관을 갖춰 입은 선비 중에 변절하지 않는 자가 없고 대의에 따라 진취적으로 행동하는 자가 없었다." 서기 311년 흉노군이 낙양을 함락하고, 회제(懷帝, 司馬熾, 284~313)를 포로로 잡고 태자 사마전(司馬詮)을 죽이고 종실, 관리와 사병 백성 3만여 명을 죽였다. 또한 황릉을 도굴하고 궁전을 불태우니 이 해가 바로 진회제 영가(永嘉) 5년으로 역사에서는 '영가의 난'이라고 부른다.

설상가상이라고 영가의 난 이후 북방 여러 지역에서 메뚜기들이 사방에 출몰해 '초목과 우마가 모두 사라질' 정도였다. 뒤를 이어 도둑이 사방에서 일어나 도둑에게 살해당한 백성의 시신이 강에 가득하고 백골이 들판을 뒤덮었다. 기아와 가뭄, 전염병이 유행하고 백성들은 배고픔 때문에 심지어 자식까지 팔았다.

서기 316년(건흥 4년) 흉노가 장안을 함락함으로써 서진 정권은 멸망했다.

304년 흉노 귀족 유연이 한왕이 되고부터 북방 지역은 정권이 끊임없이 교체되는 혼란에 빠져든다(표 참고). 역사에서는 십육국이라 하

오호십육국시대 주요 국가

국호	존속 기간	건국 군주	도읍	멸망 국가
전조	304~329	유연. 유요	좌국성(산서 석북), 장안(서안)	후조
성한	306~347	이웅	성도	동진
전량	317~376	장궤, 장식	고장(감숙 무위)	전진
후조	319~351	석륵	양국(하북 형태) 업(하남 안양북)	염위
전연	337~370	모용황	업(하남 안양북)	전진
전진	351~394	부건	장안(서안)	후진
후연	384~409	모용수	중산(하북 정주)	북연
후진	384~417	요장	장안(서안)	동진
서진	385~431	걸복국인	원천(감숙 위중동북)	하
후량	386~403	여광	고장(감숙 무위)	후진
남량	397~414	독발오고	락도(청해)	서진
남연	398~410	모용덕	광고(산동 익도)	동진
서량	400~421	이고	주천(감숙)	북량
북량	401~439	저거몽손 (1대 왕은 단업이나 실질적인 건국자는 저거몽손으로 볼 수 있다-옮긴이)	장액(감숙)	북위
하	407~431	혁련발발	통만성(섬서 횡산서)	토욕혼
북연	409~436	풍발 (1대 왕은 고운이나 풍발이 건국을 하고 고운을 추대했다-옮긴이)	용성(요녕 조양)	북위
대	338~376	탁발십익건	성락(내몽골 화림격이)	전진
염위	350~352	염민	업(하남 안양북)	전연
서연	384~394	모용홍	장자(산서 장치)	후연

지만 실제로 존재한 크고 작은 할거 정권은 23개다. 이 기간에 전란이 계속되고 잔혹한 도살이 이어져 사회 경제 문화는 심각하게 파괴되고 사람들은 이루 말로 표현할 수 없는 고통에 시달린다. 장안, 낙양 두 도시는 거의 황무지가 되어버렸다.

그중에 갈족 석륵, 저족 부견 및 선비 탁발부가 세운 정권은 북쪽 지역을 기본적으로 통일했지만, 최후에는 와해되었다.

망국의 추태와 의관 남도

311년 유요가 서진의 수도, 낙양을 공격해 점령하고 진회제가 포로로 잡혔다. 5년 후 민제(愍帝, 300~317) 건흥 4년, 유요가 장안을 함락하자 민제가 결국 항복했다. 이때 서진이 멸망함으로써 중국은 남과 북으로 나뉜다.

서진 통치집단이 붙잡힌 후 그 처참함과 추함은 사서를 읽는 자들을 탄식하게 만든다.

회제가 포로가 된 후 유총(劉聰, 유연의 넷째 아들)은 그를 '회계군공'으로 봉했다. 유총은 젊은 시절 알현했던 옛일을 떠올리고는 물었다. "과거 당신이 예장왕일 때 공을 방문한 적이 있었는데 기억하시오?" 회제가 대답했다. "신이 어찌 감히 잊겠습니까? 당시 용안을 일찍 알아보지 못한 것이 한스러울 뿐입니다." 유총이 물었다. "경의 집안은 어째서 골육상잔을 벌인 것이오?"(골육상잔이란 팔왕의 난을 가리킨다.) 회제는 "폐하를 위해 장애물을 청소하기 위해서입니다. 이는 하늘의 뜻이 틀림없습니다"라고 했다.

유총이 회제와 민제 두 황제에게 정월 조회에서 푸른 옷을 입히고 손님들에게 술을 따라주는 시종 역할을 시키자 그 자리에 있던 진나라 옛 신하들이 대성통곡했다. 유총은 사냥을 할 때 민제에게 창을 들고 앞장서게 하기도 했다. 이를 본 백성들이 둘러싸고 말하기를 "장안의 천자다." 나라의 군주가 포로가 되었으니 백성들도 통한의 눈물을 흘렸다.

유요는 포로로 잡은 황후 양헌용을 첩으로 삼으며 물었다. "나와 사마 집안의 아들과 비교하면 누가 더 나은가?" 양황후가 대답했다. "어떻게 비교가 가능하겠습니까? 폐하는 나라를 세운 주인이고 사마 씨는 망국의 남자로 가족도 제대로 보호하지 못했는데, 첩이 어찌 폐하께 만족하지 못하겠습니까? 첩은 명문 집안에서(상서 우복사양 손녀, 상서랑 양현의 딸)에서 태어나 세상 남자들은 다 똑같은 줄 알았습니다. 폐하를 모신 이후로 천하에 대장부가 있음을 알게 되었습니다."

이번에는 '명교(名敎)'의 교육을 받은 대신에 대해 살펴보자.

유연 부대의 장군이자 갈족의 우두머리인 석륵(石勒)이 진나라 대신 왕연(王衍)을 포로로 잡아 진나라에 대해 물었다. 왕연은 진나라 정권이 패배한 원인을 진술할 때 자신의 책임을 숨기기 위해 국가정책은 자신이 제정한 것이 아니며 자신은 국가의 핵심 기구에 참여하지 않았다고 말했다. 그는 기회를 틈타 석륵에게 황제의 자리에 오르라 권했다. 본래 진나라 중신이었던 왕연이 책임을 전가하는 모습에 화가 난 석륵은 그를 처단하라고 명했다. 왕연은 포로가 된 후 예전에 열심히 노력했더라면 지금 이 지경에 처하지는 않았을 것이라며 후회했지만 때는 이미 너무 늦었다.

유애(庾敳)·호모보지(胡母輔之)·곽상(郭象)·원수(阮修)·사곤(謝鯤) 등은 당대 명사들로 왕연과 함께 진나라 동해왕(東海王) 사마월(司馬越)

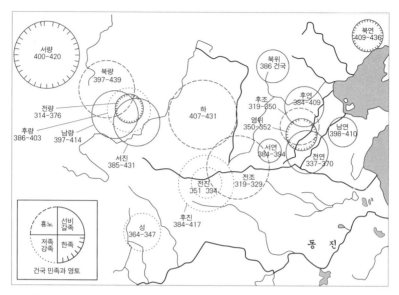

오호십육국 분포도

의 군에 있었다. 이들은 현학적이고 정무를 등한시하고, 방종한 생활을 했다. 사마월의 군이 패할 때 함께 포로로 잡혔다. 석륵은 '이 무리들은 칼도 아깝다'고 하며 밤중에 벽을 무너뜨려 죽였다.

서진이 무너진 후 진나라 황실의 유신과 젊은이들, 문벌 귀족들은 양자강을 건너 도망친 후 건강(建康, 지금의 남경)에 동진 정권을 세웠다. 이를 '의관남도(衣冠南渡)'라고 한다.

동진 황실은 귀족들에 의지해서 유지되다가 결국 운명을 다해 권신들이 권력을 빼앗아 각자 국호를 세워 송·제·양·진의 작은 조정을 세웠다. 송 외에는 되는 대로 살아가며 부정부패와 권력 농단을 일삼아 상황이 동진과 일맥상통했다.

남쪽으로 내려간 동진은 원제(元帝)부터 공제(恭帝)까지 103년간 유지되었다. 그 후 송 60년, 제 24년, 양 56년, 진 33년까지 총 170년을

'남조(南朝)'라고 한다. 북방의 제후 정권은 이에 상응해 '북조(北朝)'라고 불렀다.

의관남도 이후 북방은 혼전이 계속되었지만, 남쪽은 기본적으로 질서가 안정되었다. 도망 온 전대의 유신들은 여전히 의미 없이 흥청망청 보냈다. 강남의 이 당시 풍토는 서진과 다를 바 없었다.

북방의 군대가 양자강까지 압박해오자 남조의 장군 저담지(褚湛之)는 신체 단련을 시킨다며 아들에게 짚신을 신고 달리기를 하게 했다. 이에 아들은 세상의 웃음거리가 되어 차마 고개를 들지 못했다. 무장 장세흥(張世興)의 아들 장흔태(張欣泰)는 예서(隷書)와 문학·사학을 좋아하고, 말 타기를 무서워하며 활을 쏠 힘도 없어 조정 대신들이 놀려댔다.

후에 '후경의 난(侯景之亂)' 때 갈족인 후경(자칭 '우주대장군')은 군을 이끌고 건강을 침략해 사족(士族, 문벌이 좋은 집안─옮긴이)들이 도망칠 능력도 없어서 죽은 이들이 서로 뒤엉켜 널브러질 정도였다. 후경은 병마로 부유한 강남을 유린해 '천리에 인적이 끊기고 백골이 산을 이룰 정도'가 되었다《안씨가훈(顔氏家訓)》).

건강령(建康令) 왕복(王復)은 나약하여 한 번도 말을 타본 적이 없었다. 도망을 갈 때 말이 날뛰는 것을 보고 크게 놀라 "분명 호랑이인데 어찌 말이라고 하느냐?"라고 했다《안씨가훈》).

황제도 예외는 아니었다. 남조 때는 변태적인 황제가 많았다. 남조의 송 황제 유욱(劉昱)은 학살을 즐기고 쇠망치로 사람의 고환을 망가뜨리는 등 잔학한 행동을 했다. 주변에서 이를 보며 눈살을 찌푸리는 자가 있으면 그자의 견갑골을 창으로 뚫어버렸다. 다른 황제들도 사당에 들어가 개를 훔치는 것을 좋아하는 자가 있는가 하면 어머니에게 건장한 남성을 바치고, 여동생에게 멋진 남성을 데려다주어 음탕한 생활을 즐기게 했다. 또 황후가 수십 명의 남자와 즐기는 모습을 보길 좋아하는 황제가 있었고, 귀족들을 모아 황혼 무렵 거리에 내보내 약탈을 시키기도 하는 등 기행을 일삼았다. 이런 풍토에서 걸출한 장군들〔조적(祖狄), 환온(桓溫), 유유(劉裕) 등〕은 북방을 수복하고 싶어도 조정의 허락과 지지를 구할 수 없어 결국 성공하지 못했다.

이민족은 자신들의 문화를 가지고 이동했다. 중국 역사상 남쪽으로 도망 온 작은 조정은 기존의 여러 폐단을 계승해 실패를 부르는 유전자를 스스로 개혁하지 못하고 결국 죽음의 운명을 피하지 못했다. 후세의 남송·남명도 마찬가지다.

이어지는 전쟁과 정권쟁탈: 북방의 혼전

의관의 사족들이 남쪽으로 도망간 후 북쪽은 계속 혼전이었다. 오호는 연이어 반란을 일으키고 북쪽의 모든 사람은 정치권의 권력 다툼에 말려들어 서로를 죽였다.

흉노 이후의 기병은 석륵이 이끄는 갈족이었다. 석륵은 사회의 밑바닥에서 살아남아 전쟁 중 점차 두각을 드러내 흉노 유연의 부장이 되었다. 진·한의 반란군, 북방 선비족과 여러 해에 걸친 혈전을 치르며 갈수록 실력이 커진 석륵은 후에 유요(유연의 오촌 조카로서 전조의 제5대 왕-옮긴이)를 죽이고 건국 호를 '조(趙)'라고 정한 뒤 호와 한의 분리 통치를 실행했다.

석륵은 남북으로 정벌 전쟁을 벌이며 여러 차례 승리를 거두었다. 그에게 가장 큰 위협은 동진의 명장군 조적(祖逖)이었다. 조적은 황하

이남 지역을 차근차근 점령했다. 하지만 동진 정권의 지지를 받지 못한 조적은 결국 울분을 참지 못하고 병사한다. 이후 석륵은 계속 세력을 키워 북방에서 공개적으로 흉노 정권에 도전했으며, 결국 흉노족이 군사를 일으킨 지 25년 만에 흉노족 전부를 말살하고 북방을 통일했다.

수십 년 후 갈조 정권에 내란이 일어났다.

염민(冉閔, ?~352, 한족)은 본래 갈조 정권의 장군으로 시기와 질투를 받고, 나라의 원한과 가정의 원한이 뒤섞이게 되자 아예 자립했다. 염민은 업(鄴)성에서 명을 따르고자 하는 자는 남고 원하지 않는 자는 떠나라고 명을 내렸다. 결국 갈족인들은 분분히 떠나 도로가 막힐 정도였으나 반경 100리 밖의 한족은 하나둘 모여들었다. 염민은 민족 간의 원한이 이처럼 깊은 것을 보고 한숨을 내쉬지 않을 수 없었다. 당시 갈족의 통치자는 매우 잔혹했다. 석륵의 장손이 미녀의 머리를 잘라서 씻은 뒤 손님들이 구경할 수 있게 쟁반에 올려두고 놀았다고 한다. 석륵의 후임자 석호(石虎, ?~349)는 백성들을 강제로 징집하고, 무거운 세금을 징수해 길가의 나무에 목을 매고 자살하는 백성들이 넘쳐났다.

염민은 무력으로 오랑캐들을 제거해야겠다고 결심했다. 또한 동진 정권과 연합해 한족으로 연합군을 만들어 오랑캐를 몰아내고자 했다. 염민의 '민족통일전선' 호소에 강남의 동진 정권은 '황권 정통'의 속셈을 품고 호응하지 않았으며, 강 건너 불 보듯 바라보며 승리의 과실만 취할 준비를 했다.

염민은 홀로 전쟁을 벌여 치열하게 전투한 결과 갈족의 사망자가 20여만 명에 달했고, 석호의 38명의 손자가 전부 피살되었으며 갈족 전체가 멸망했다. 서기 352년 염민이 후조를 멸할 때, 한족과 호족은 각자 본토로 돌아가는 도중 길에서 만나 서로 약탈하고 죽이니 결국 고향으로 돌아간 자들은 열에 두셋밖에 되지 않았다.

염민은 전쟁에 임하면 물러서지 않고 매우 장렬하게 싸웠기에 연이은 전쟁에서 끊임없이 승리를 거두었지만 군사력의 손실은 어쩔 수 없었다.

이때 동북의 선비, 서북의 저족이 들고일어나 남하해 중원을 침범했다. 선비 모용씨(선비 분파 중 하나)의 대군이 남하해 염민 부대와 조우했는데, 결국 염민이 포위되고 말았다. 홀로 창을 든 염민이 포위망을 뚫고 20여 리를 달려갔을 때 그가 타던 천리마가 갑자기 쓰러져 죽는 바람에 포로로 잡혔다.

영화 8년(352년) 5월 3일 선비족의 수령 모용수(慕容垂, 326~396)가 염민을 용성으로 보내 우경산에서 목을 베어 죽였다.《진서(晉書)》의 기록에 따르면 염민을 죽인 후 산의 좌우 7리의 초목이 전부 시들고, 메뚜기 떼가 몰려들고, 5월부터 가뭄이 들어 12월까지 이어졌다. 모용수는 후에 사신을 보내 염민을 위해 제사를 지내니 당일 곧바로 눈이 내렸다. 이런 신비한 기상은 우연일지 하늘이 감동한 것일지는 알 수가 없다. 하지만 모용씨가 염민을 위해 제사를 지낸 것은 당시 그가 한족들에게서 많은 추대를 받은 점을 고려한 것이다.

다음 해, 즉 영화 9년 봄 왕희지(王羲之, 307~365)가 불후의 명작《난정집서(蘭亭集序)》를 썼다. 왕희지는 부드럽고 따뜻한 바람이 부는 정경을 묘사하며 북방의 비린내 나는 바람과 피가 섞인 비와는 대조적으로 표현했다.

북방에서는 저족 군대가 이미 중원을 장악했다. 370년 저족 대군이 선비 모용씨의 '연(燕)' 정권을 무너뜨리고 '양(凉)' 등 작은 정권을 평정하며 점차 북방을 통일하고 새로운 정권인 '진(秦)'을 세웠다. 역사적으로는 '전진(前秦)'이라고 부른다. 이후 병마를 정돈하고 남하해 중국을 통일할 준비를 한다.

저족은 중원에 들어온 지 이미 오래되어 점차 중화 문명의 영향을 받아들였다. 수령 부견(苻堅, 338~385)은 어려서부터 중원에서 나고 자라 이미 유가문화의 신실한 신도였다. 그는 성인들이 제창한 인덕으로 모든 사람들을 감화할 수 있다고 믿었다. 따라서 이민족 군마에 대해 우려하지 않고 크게 경계하지 않았다. 진실한 그는 이 일이 후에 어떠한 재난을 가져올지 예상하지 못했다.

383년 부견이 직접 각 민족 연합군을 이끌고 기세등등하게 남하해 강 건너 동진 정권을 멸하고 무력으로 중국을 통일하려 했다. 남쪽의 동진 왕조는 이때 사현(謝玄)이 집정했는데, 몇 년 만에 새로운 군을 훈련시켰다.

이 둘의 전투가 유명한 '비수의 전(淝水之戰)'이다. 비수의 전은 역사상 굉장히 중요하다. 북방이 승리하면 마치 후세의 원 왕조가 남송을 정복한 것처럼 부견의 저족 정권이 중국을 통일할 수 있고, 남방이 승리하면 남북 대치의 국면이 안정될 수 있었다.

동진의 군대가 비수에 도달해 북방 군대에게 후퇴를 요구하며 강을 건너 결전을 벌였다. 부견은 진나라군이 강을 건널 때 허를 찔러 공격하려고 명을 내려 후퇴시켰다. 뜻밖에 그의 다민족 연합군은 전형적인 오합지졸들로 한 번 뒤로 물러서자 다시 수습하기가 어려웠다. 각자 기회를 틈타 대거 도망을 가버렸고 결전은 다민족 연합군의 참패로 끝이 났다.

비수전의 패배로 저족 전진 정권은 명성을 잃어버리고 북방 정치 질서도 갑자기 와해되어 선비족, 강족이 들고일어났고, 한족 내에서도 끊임없이 소규모 봉기가 발생했다(하지만 염민이 조직한 규모에는 미치지 못했다). 남쪽의 승리는 장기간의 평화를 가져왔고 남북 대치의 국면이 형성되었다. 이후 100여 년간 남과 북은 누구도 상대방을 철저하게 삼킬 능력이 없었다.

강남에서 작은 조정이 잇달아 정권을 찬탈하고 바뀌었지만 북방의 선비 북위 정권은 약 100년간 큰 변화가 없었다.

북위는 당시의 세계에서 대단히 영향력이 있어 중국의 유일한 합법적 대표가 되었다. 서역, 중앙아시아 및 천축(인도) 등 여러 나라들이 소문을 듣고 경배하러 왔다. 북위의 사신이 서역, 중앙아시아, 천축으로 방문을 가서 그 나라의 국왕이 무릎을 꿇지 않으면 그 자리에서 질책했다니[3] 국제적 지위가 어떠했는지 추측할 수 있다. 북위 왕조는 문화적으로도 자신만의 특색이 있었다. 오늘날 우리가 볼 수 있는 용문석굴(龍門石窟, 중국 하남성 낙양에 위치한 불교 석굴군으로 북위시대에 착공하여 초당시기(初唐時期)에 완성했다-옮긴이), 힘 있고 활달한 필치의 위비체(魏碑體) 모두 북위문화의 유산이다.

선비 탁발 정권은 한족화 정도가 심했다. 《낙양가람기(洛陽伽藍記)》의 묘사에 따르면 시·가·부·의복·예의 등에 대해 심지어 강남보다도 더 조예가 깊었다. 통치자의 성이 탁발인 것만 제외하면, 거의 순수한 중화 정권이었다. 후에 선비 통치자는 아예 '탁발'이라는 성을

---

3 《낙양가람기》에 천축의 어느 나라 왕이 북위의 국서를 맞이하며 무릎을 꿇지 않자 북위의 사자가 크게 질책했다는 기록이 있는 걸로 보아 무릎을 꿇고 경배하는 것은 일상적인 예의였음을 알 수 있다.

한족의 성인 '원(元)'으로 바꾸었다.

100여 년 후 북위 정권이 내분으로 분열되어 동서가 서로 적대시했다. 이때 더 북쪽에 위치한 돌궐은 이미 전투 능력이 강한 대부족이 되었다. 서쪽(북주)이 동쪽 지역(북제)을 결국 멸한 뒤 북으로 돌궐을 멸하고 남으로 진나라를 멸해 천하통일을 이루었다. 수 왕조는 이미 강대한 북주 정권의 안에서 자라나며 통일된 태평성세의 탄생을 예고했다.

멸망과 동화: 오랑캐들의 결말

종합해보면 잔혹한 생존 경쟁을 거쳐 당시의 오랑캐들은 전란으로 소멸되거나 한족에 동화되었고 극소수만이 오늘날까지 생존한다.

(1) 흉노: 후한 시기 한족에게 소멸되었고, 남은 일부는 유럽으로 도망가 마자르인과 융합해 오늘날의 헝가리 민족을 구성했다. 나머지 일부는 오호시대에 갈족에게 완전히 전멸했고 살아남은 자들은 한족에 동화되었다.

(2) 오환과 선비: 동호 시절 흉노에게 멸망하고 그 후 오환과 선비 둘로 나뉘었다. 오환은 조위(曹魏)에게 소멸되고 선비는 한족에게 동화되었으며, 일부 남은 세력은 유연으로 돌아갔다가 결국 소멸되었다.

(3) 유연: 돌궐에게 패배한 뒤 실위(몽골)와 거란으로 나뉘었다(일설에는 실위와 거란에 들어갔다가 소멸되었다고 한다).

(4) 저: 오호시대에 대부분이 소멸되었고, 남은 일부는 한족에 동화

되었다.

(5) 갈: 염민에게 한 번에 20만 명이 도살되어 이때 갈족 대부분이
사라졌다.

(6) 돌궐: 이들은 아마도 흉노나 정령(丁零)의 한 분파일 것이다(당시
인원이 매우 적어 총인원이 몇 만 명이 되지 않았다. 문자도 없어 선조에
대해 고증하기 어렵다). 남북조 말기에 갑자기 흥성해 유연을 멸망
시켰다. 주된 세력들은 당나라 때 위구르와 화하족에게 제거되
고, 남은 이들은 서쪽으로 도망가 투르크 민족을 형성했다.

(7) 강: 지금까지 생존해 있지만 한족화가 많이 되었다. 강족의 일
부는 토번, 즉 지금의 장족이다.

당시 여러 오랑캐 간에는 서로 적대시하고 경시하거나 잔혹하게 살
해하는 일이 있었다. 북방은 각 소수 민족이 사방에서 일어나 중원을
쟁탈하는 전쟁터가 되어 북쪽에 남은 한족들은 이민족의 노예가 되
어 비참한 운명에 처했으며 염민이 단 한 차례 제대로 된 반격을 했을
뿐이다.

민족 융합과 중화 문명의 확장

오랑캐들은 중원으로 진출해 한족과 뒤섞여 살게 된 후 빠르게 한
족화되었다.

저족 수령 부견은 열렬한 유가문화 신도였다. 그는 유가의 이상에
따라 인정(仁政)을 펼쳤다. 어떻게 다민족이 뒤섞인 국가를 통치하는
가의 문제를 그는 성인이 말한 인덕(仁德)으로 적을 감화할 수 있다고

한족문화 동화 정책을 편 북위의 효문제

믿으며 천하 대동을 실현했다(하지만 결국 실패했다).

《자치통감》에 따르면 선비 탁발부가 중국에 들어온 후 고대의 예를 따라 천지, 종묘, 여러 신들에 제사를 지내며 옛 풍습을 따랐다.

종교와 신은 본래 한 민족의 핵심 문화다. 북위 정권이 이를 단번에 폐기한 것은 선비족 탁발부(拓跋部)의 한족화가 어느 정도였는지를 보여주는 대목이다.

북위 정권은 원굉(元宏, 탁발굉이 처음 원굉이라 하면서 원씨가 되었다-옮긴이)이 전면적인 한족화 개혁을 펼쳤다. 선비족의 언어문자 사용을 금지하고, 일률적으로 한어를 사용하게 했으며, 선비족 복장을 금지하고 한족의 복장을 입게 했다. 선비족 성씨도 한족의 성씨로 바꾸게 하고 자신이 솔선수범을 보여 탁발(拓跋)을 원(元)으로 바꾸었다.

일부 한족의 '오랑캐화' 현상도 있었다. 예를 들면 북위가 동서로 분열된 뒤 고씨와 우문씨가 집정을 하며 선비화 정책을 추진했다(고환은 혈통상 한족이었지만, 자신을 선비인이라고 여겼다. 그의 눈에 한족은 유약하고 무능함의 대명사였다). 당시의 북방은 선비어를 배우는 열풍이 불었다. 하지만 종합적으로 보면 '오랑캐화' 현상은 주류가 되지 못했다. 관방 언어로서 선비어는 수나라 이후 철저하게 사라졌다.

역사서에 묘사된 바를 보면 화하족과 주변의 유목민족은 역사상 몇 차례의 커다란 민족 융합을 거쳐 현대 중화민족을 형성했다. 위진 남북조 시기는 바로 이런 전형적인 민족 대융합 시기다. 하지만 민족 융합의 정도에 대해서는 수치를 확인할 수 있는 역사적 기록이 없다. 과학기술의 발전으로 오늘날 DNA의 통계와 분석으로 어쩌면 사람들의 인상을 뒤바꿀 수 있을 것이다. 현대 인류의 유전학자들은 고대 묘에서 출토된 골격에서 샘플을 채취해 연구를 진행 중이며 새로운 발견을 많이 했다. 어떤 연구는 당대 한족과 3,000년 전의 한족 인구(예를 들면 진시황릉을 만든 노동자 무리 등) 유전자가 기본적으로 완전히 일치한다고 주장한다. 하지만 흉노, 선비 등 민족의 유전자는 영향이 매우 미미하다. 선비는 장기간 중국 북방을 통치했지만, 민족 혈통의 혼합은 예전에 상상했던 것 만큼 심하지 않았던 것으로 보인다.[4]

서기 581년 북주의 중신 양견(楊堅, 541~604)이 북주의 황제 대신 왕위에 오르고 국호를 수(隋)라고 했다. 이는 비록 정권 찬탈이지만, 사람들의 마음속에는 사마씨의 정권 찬탈과 성질이 전혀 달랐다. 이번 제위의 변화는 정통의 회복을 상징한다.

양견은 문무를 다 갖춘 일대 영웅으로 빠른 속도로 질서를 정돈한 뒤 군대를 거느리고 진 왕조를 물리치고 천하를 통일했다. 진나라의 후주(後主) 진숙보(陳叔寶, 553~604)가 쓴 《옥수후정화(玉樹後庭花)》는

---

4 〈한족의 기원과 발전의 유전학 탐색〉,《길림대학 학보(자연과학판)》, 2012년 제4기.

유명한 망국의 노래가 되었다.

　양견의 지도하에 중국의 건국정신이 하나하나 회복되었고 태평성
세가 다가왔다.

시진핑 시대 '중국몽(中國夢)'을
이해하기 위한 단 한 권의 책

- 김진우

《이것이 중국의 역사다(至简中国史)》는 5,000년 중국 역사를 한 책에 담아내는 중국사 입문 교양서다. 저자는 복희(伏羲)·신농(神農) 등의 신화와 전설의 시대는 '혼돈의 시대', 하·상·주 삼대에서 춘추전국시대까지는 '봉건시대', 진한시기부터 명청시기까지는 '제국시대', 19세기 이래 현재까지는 '대국의 길을 묻다(大國問路)'라고 해서 중국 역사를 네 단계로 분류하여 살피고 있다. 단순히 역사를 서술하는 데 그치는 것이 아니라 마지막 장에서는 21세기 현재 중국이 앞으로 나아갈 방향에 대해서도 모색한다. 이른바 통사(通史)를 짚어보고 미래를 예측해보는 것이다.

이처럼 쉽지 않은 작업을 하기 위해서는 무엇보다 전체를 관통하는 저자의 일관된 관점이 있어야 하고, 이를 기준으로 삼아 수많은 역사적 사건을 취사선택해서 정리해야 한다. 저자의 관점은 상고 이래 중화민족은 문명을 창조할 수 있는 창조력을 가진 민족 유전자를 지녀왔고, 이런 점이 역사 속에서 제도(制度)와 사상 방면으로 구현되었다는 것이다.

저자는 그 제도의 핵심은 '법치(法治)'이며 이 법치가 무너지고 인치(人治)가 우세해지면 쇠락과 위기의 국면이 왔다고 보았다. 특히 상무(尙武)정신을 상실하는 후한(後漢)을 분수령으로 이후 중국 역사는 몇 차례의 생존 위기를 넘기면서 하강했다. 그러다가 청말부터 다시 상승하여 지금 대국의 길을 모색하는 단계다. 저자는 이러한 관점에서 지난 중국 역사를 정리하면서, 현재 중국도 제도를 확립하고 그 안에서 중화민족의 문명 창조력을 발휘함으로써 새로운 인류문명의 가치를 창조하는 대국의 길을 걷는 방향으로 가야 한다는 주장을 펼친다.

《이것이 중국의 역사다》는 저자도 밝히고 있듯이 중국 고등학교 1학년 정도의 지식을 가진 40세 정도의 중국인을 대상으로 하고 있다. 학술적 목적을 위한 책이 아니고 특정 계층, 즉 엘리트 계층을 위한 책도 아니며, 그야말로 '평균적인 일반대중'을 독자로 삼고 있는 것이다. 이런 종류의 책을 보면 대체로 당대의 평균적인 역사인식을 이해할 수 있다. 1990년대 이전까지 중국에서 출간되는 역사서는 대부분 사회주의 이념의 선전과 교육을 위한 '사회주의 애국주의'를 강조하는 내용이 중심이었다.

그런데 1990년대 이후, 소련과 동구권 등 현실 사회주의 정권이 붕괴하고 중국이 개혁·개방으로 본격적인 고도 경제성장을 하면서 상황이 달라졌다. 이념적인 색채가 약해지고 일반대중의 흥미와 관심을 불러일으키는 다양한 역사서가 나오기 시작한 것이다. 그러나 역시 변하지 않는 점도 있는데, 바로 지금의 '중국(中國)'과 '중화민족(中華

民族)'을 기준으로 상고시대부터 현대까지 '하나의 중국'과 '중화 대가
정'을 이루었던 경우를 정상으로 인식한다는 것이다. 즉 그렇지 못하고
분열된 상태는 비정상으로 인식하는 일관된 기조는 유지하고 있다.

이 책도 중국의 역사를 되짚는 내내 '하나의 중국'과 '중화민족'이
라는 기본 입장을 취하고 있다. 하지만 '혼돈의 시대', '봉건시대', '제
국시대', '대국의 길을 묻다' 등으로 중국 역사 전체에 대해 저자 나름
대로 독창적인 시기 구분을 하고 있다. 그리고 근래 새롭게 나온 자료
도 적극적으로 활용하고, 고고학·인류학·경제학·유전학 등 다양한
학문의 성과도 폭넓게 이용했다. 이와 함께 저자는 단순히 과거의 역
사를 정리하는 것이 아니라, 과거의 역사를 바탕으로 해서 현재 중국
의 진로를 제시하고자 하는 매우 적극적인 집필 목적을 드러낸다.

즉 최근 시진핑 집권기에 들어와 부쩍 강조되고 있는 '21세기 신중
화대국으로서의 중국'이라는 위치에서 과거 중국 역사의 흥망성쇠를
바라보는 것이다. 최근 중국 헌법에까지 명기된 시진핑의 '신시대 중
국특색 사회주의'는 2050년까지 진행될 중국의 장기 발전 전략을 담
고 있는데, 여기에는 전면적인 샤오캉(小康, 중산계층)사회 실현·사회주
의 현대화 등과 함께 중화민족의 위대한 부흥을 표방하는 이른바 시
진핑의 '중국몽(中國夢)'이 구체적·종합적으로 제시되어 있다. 국가·
사회·개인이 하나의 중국, 하나의 중화민족이라는 운명공동체로 강력
하게 결속하여, 미래에 인류 문명에 주도적으로 공헌한다는 '중국몽'
은 21세기 중국의 대국굴기(大國屈起)이자 신중화주의에 다름 아닌 것
이다. 그리고 이를 위한 방법으로 중국공산당의 지도력 강화, 개혁의
심화를 통한 법치와 제도의 확립, 군사력의 강화 등이 제시되고 있다.
이것은 바로 이 책의 핵심어라고 할 수 있는 문명 창조력을 가진 민족

유전자, 법치에 입각한 제도의 확립, 상무(尚武)정신 등과 거의 정확하게 일치한다고 할 수 있다.

즉 저자는 중국 역사를 새로이 되새겨보는 방법으로 21세기 시진핑 시대의 '중국몽(中國夢)'을 설명하면서 중국의 일반대중에게 그 방향을 가리켜보이고자 하는 것이다. 우리 한국인에게 이 책의 내용이나 용어, 관점 등은 불편하고 받아들이기 어려운 부분이 다수 있을 것이다. 특히 중국사를 연구하는 입장에서는 더욱 그러할 것이다. 그럼에도 오늘날 중국과 중국인의 사고방식과 중화사상, 그들이 국제외교와 정치 무대에서 서고자 하는 위치를 알고자 한다면, 다시 말해 21세기 시진핑 시대 중국의 '중국몽(中國夢)'을 본질적으로 이해하고자 한다면, 상고시대 이래로 문명의 창조성을 가진 중화민족의 우월성을 유구한 역사 속에서 증명하고자 하는 이 책이 매우 유용할 것이다.

핵심 내용

상고시대

- 인류 역사상 수만 개의 민족이 있었지만 지금까지 생존하고 인구수가 10만을 넘는 민족은 겨우 300여 개 정도이며 화하, 즉 중화민족은 그중 하나다.

- 생존 경쟁은 역사의 변화 발전 과정의 핵심 구동력이다.

- 상고시대에 전쟁은 일상이었으며 민족과 국가 형성의 촉매제였다.

- 오제에서 요·순·우로 이어진 상고시대의 성왕 체계는 전국·진한 시기 역사학자들이 편집한 것일 뿐 역사의 실제 발전 과정은 그렇게 진행되지 않았다.

- 화하족의 특징은 무엇인가? 상고 신화를 분석하고 고고학 자료와 역사의 발전 과정으로 볼 때 핵심 특징은 문명의 창조력이다.

- 중화민족은 생존 경쟁의 강자다. 중원에서 기원해 무장 식민통치로 원주민을 대체하고(상호 융합이 아니었다) 점차 확장해 결국에는 동아시아 대륙을 뒤덮는 가장 방대한 무리가 되었다.

- 요·순·우가 선양한 전설은 역사적 사실은 아니지만, 그 전설 속에 상고시대의 정서와 원시적 민주주의의 유전자가 담겨 있다.

봉건시대

- 하·상·주는 세 개의 다른 부족 집단이 정권을 서로 교체한 과정이다.

- 서주가 견융에 망한 것은 진이 오호에 망하고 북송이 여진에 망한 것과 비슷하다. 상고사는 지리상 동서로 전개되었기에, 서주 왕실이 동으로 퇴각한 것이지 후자처럼 강남으로 후퇴하지 않았다.

- 춘추 패권 다툼은 일종의 중화민족 내부의 '국제'질서다. 대내적으로는 질서와 평화를 유지하게 하고 대외적으로는 중화민족을 단결시켜 침입에

에 저항했다. 전국 쟁패와는 근본적으로 성질이 다르다.

- 전국 시기에 인애와 순종은 평화를 가져올 수 없었지만, 무력과 실력은 언제나 그것을 가능하게 했다.
- 전국 시기 열국의 총력전은 제도를 장악한 나라가 마지막에 승리했다.

제국시대

- 강한 진나라가 천하를 통일하며 봉건사회의 다양한 조직 형태가 전부 사라졌다. 강한 정부와 약한 사회구조가 이때 형성되었으며 후세 중국이 쇠약해지는 계기가 되었다.
- 전한은 민초가 건국했다. 고전 귀족집단과 귀족 문명의 생태계가 동시에 단절되며 중국사의 퇴화가 시작되었다.
- 동중서는 고전 유가학설에 '유전자 전이' 식 개조를 진행했다. 무제는 그와 손을 잡고 후세 2,000여 년간 유지된 '문화 경로 의존성'의 기점을 형성했다.
- 한나라 왕실은 유가를 이용했을 뿐 믿지는 않았다.
- 한나라부터 청나라까지의 역사는 순환되고 중복되었다. 흥망성쇠는 주기적이다. 만일 국가기구 체계를 기계에 비유한다면 그 유효 기간은 약 100년이며, 그 후 부식되기 시작해 썩어 문드러지고 폐기된다. 두 단계를 합치면 200년을 넘기 힘들다.
- '흥망성쇠 주기'를 조성하는 핵심 부분은 '맬서스의 법칙'이다. 인구의 신장 폭이 토지 수용 능력을 초과해 한도를 넘어서면 인구는 생존할 수 없다. 초과한 인구를 소멸하는 방식은 잔혹한 (새로운 왕조를 세우는) 전쟁이었다. 전쟁 후 인구와 토지는 다시 균형을 이루었다.
- 대략 추산하면 진나라 말기부터 청나라까지 새로운 왕조를 세우는 전란

으로 소멸된 인구는 수억 명에 달한다.

- 국운의 흥망성쇠와 무(武)를 숭상하는 정신은 밀접한 관계가 있다. 후한은 중화민족의 강약에서 분수령이 되었다.
- 왕망이 대패한 것은 유가 이데올로기 때문이다.
- 비수의 전은 화하문명이 생존할 수 있었던 핵심 사건이다.
- 남북조 시기의 민족 융합 정도는 현대 분자인류학으로 살펴보면 그다지 높지 않아 보인다. 전통 역사서의 기록은 일부 내용으로 전체적인 면을 대신하니 정확하지 않다.
- 양견의 수나라 건립은 화하 정통의 회복을 상징한다.
- 당나라 시기의 탈라스전투는 화하 세계와 이슬람 세계가 처음으로 부딪친 사건으로 서역이 이후 1,000년간 발전할 기회를 열어주었다.
- 제도는 국운의 흥망성쇠에 장기적 영향을 미친다. 좋은 제도는 모든 생산 역량에서 작용하는 전제조건이다. 송나라는 취약한 제도 때문에 멸망했다.
- 국가의 두 가지 중요 요소는 제도와 민족 유전자 자질이다. 명나라 300년의 고난과 영예는 이 두 가지 요소의 작용으로 이루어졌다.
- 문화에는 '경로 의존성'이 있다. 송나라 성리학은 명나라의 운명을 결정했다.
- 자본주의는 일종의 체계로 법치와 제도는 이 체계의 토양에서 나고 자란다. 명나라 말기에 나타난 이른바 자본주의의 싹은 자본주의 사회로 성장하지는 못했다.
- 유가는 고심해서 도덕으로 권력을 길들이려 했지만, 한 번도 성공하지 못했다. 권력은 폭력에서 기원하며 도덕 설교는 운명적으로 무기력하다. 도덕으로 권력을 상자 안에 가두는 것은 역부족이다.
- 유가학설은 위로 권력을 길들이는 데는 부족했지만, 아래로 인민을 길들

이는 데는 충분했다.

근현대

- 세계체제가 근현대 중국 운동을 결정했다.

- 청나라 사대부 무리 가운데 앞선 세계관을 가지고 변화를 일으킨 혁흔, 임칙서 같은 자들이 시대의 지도자가 되었다. 보수적인 세계관을 가진 강의, 서동 같은 자들은 시대의 순장품이 되었다.

- 임칙서, 증국번 두 사람은 '소아(小我)'의 측면에서는 성현이었으나 '대아(大我)'의 측면에서는 나라를 망쳤다.

- 민국 역사는 제도를 찾는 역사다.

- '5·4 운동' 시기 지나치게 우쭐대던 문인들은 대부분 뻔뻔스럽게 큰소리 치는 천박한 인사들이었다.

- 화하는 상고시대부터 진한까지 2,000여 년간 상승 주기였으며, 진한부터 청나라 말기까지 2,000여 년간은 하강 주기였다가 청나라 말기부터 시작해 다시 상승 주기로 들어섰다.

- 중국은 현재 역사 대전환의 과정에 있으며 아직 목표점에 다다르지 못했다.

이것이 중국의 역사다 **1**

초판 1쇄 인쇄 2018년 7월 20일
개정판 1쇄 발행 2020년 7월 20일

지은이 홍이
옮긴이 정우석
감수 김진우
펴낸이 이범상
펴낸곳 (주)비전비엔피·애플북스

기획 편집 이경원 차재호 김승희 김연희 이가진 황서연 김태은
디자인 최원영 이상재 한우리
마케팅 한상철 이성호 최은석 전상미
전자책 김성화 김희정 이병준
관리 이다정

주소 우) 04034 서울특별시 마포구 잔다리로7길 12 (서교동)
전화 02) 338-2411 | **팩스** 02) 338-2413
홈페이지 www.visionbp.co.kr
이메일 visioncorea@naver.com
원고투고 editor@visionbp.co.kr
인스타그램 www.instagram.com/visioncorea
포스트 post.naver.com/visioncorea

등록번호 제313-2007-000012호

ISBN 979-11-90147-24-8 04910
        979-11-90147-20-0 (SET)

「이 도서의 국립중앙도서관 출판시도서목록(CIP)은 서지정보유통지원시스템 홈페이지(http://seoji.nl.go.kr)와
국가자료공동목록시스템(http://www.nl.go.kr/kolisnet)에서 이용하실 수 있습니다.(CIP제어번호: CIP2018009582)」